Clarté

1924-1928

Historiques

Dirigée par Bruno Péquignot et Denis Rolland

La collection "Historiques" a pour vocation de présenter les recherches les plus récentes en sciences historiques. La collection est ouverte à la diversité des thèmes d'étude et des périodes historiques.

Elle comprend deux séries : la première s'intitulant "Travaux" est ouverte aux études respectant une démarche scientifique (l'accent est particulièrement mis sur la recherche universitaire) tandis que la seconde, intitulée "Sources", a pour objectif d'éditer des témoignages de contemporains relatifs à des événements d'ampleur historique ou de publier tout texte dont la diffusion enrichira le corpus documentaire de l'historien.

Dernières parutions série 'Travaux'

Fernando MONROY-AVELLA, *Le timbre-poste espagnol et la représentation du territoire*, 2011.
François VALÉRIAN, *Un prêtre anglais contre Henri IV, archéologie d'une haine religieuse*, 2011.
Manuel DURAND-BARTHEZ, *De Sedan à Sarajevo. 1870-1914 : mésalliances cordiales*, 2011.
Pascal MEYER, *Hippocrate et le sacré*, 2011.
Sébastien EVRARD, *Les campagnes du général Lecourbe, 1794-1799*, 2011.
Jean-Pierre HIRSCH, *Combats pour l'école laïque en Alsace-Moselle entre 1815 et 1939*, 2011.
Yves CHARPY, *Paul-Meunier, Un député aubois victime de la dictature de Georges Clemenceau*, 2011.
Jean-Marc CAZILHAC, *Jeanne d'Evreux et Blanche de Navarre*, 2011
André FOURES, *L'école du commissariat de la Marine (Brest 1864-1939), Regard sur soixante-dix promotions et un millier d'anciens élèves*, 2010.
Nenad FEJIC, *Dubrovnik (Raguse) au Moyen-Age, espace de convergence, espace menacé*, 2010.
Jean-Paul POIROT, *Monnaies, médailles et histoire en Lorraine*, 2010.

Dernières parutions série 'Sources'

Claude VIGOUREUX, *Servir la « Gueuse », Lettres d'officiers (1894-1929)*, 2010.
Henri-Charles de Thiard de Bissy, *Correspondance du comte de Thiard (Textes revus, avant-propos et notes par Bernard Alis)*, 2010.
Yves BLAVIER, *Fournier l'Américain. Mémoires secrets et autres textes*, 2010.
Lydia OLCHITZKY-GAILLET, *Spoliation et enfants cachés*, 2010.

Alain Cuenot

Clarté

1924-1928

Tome II

Du surréalisme au trotskisme

Itinéraire politique et culturel

DEUXIÈME PARTIE (suite)

CLARTÉ DÉCEMBRE 1924-JUIN 1926

DU MÊME AUTEUR

Autogestion, la dernière utopie
(sous la direction de Franck Georgi)
Sorbonne, 2003

*Pierre Naville (1904-1993),
biographie d'un révolutionnaire marxiste*
Bénévent, 2008.

© L'Harmattan, 2011
5-7, rue de l'Ecole-Polytechnique, 75005 Paris

http://www.librairieharmattan.com
diffusion.harmattan@wanadoo.fr
harmattan1@wanadoo.fr

ISBN : 978-2-296-55497-9
EAN : 9782296554979

Chapitre XI

Contre Maurice Barrès et Anatole France

L'année 1924 se caractérise par une attaque en règle menée par *Clarté* contre le pilier du nationalisme, Barrès et contre le représentant de l'humanisme bourgeois, Anatole France. Ce travail de dénonciation des plus violents constitue le point fort de l'activité culturelle de la revue. C'est une critique enragée que mène *Clarté* contre la pensée française. Il s'agit, à ses yeux, d'écraser les « idoles », et les « faux dieux » de la bourgeoisie, de montrer « la ruine ignominieuse » de la culture française classique. Comment expliquer ce soudain extrémisme ? Plusieurs éléments de réponse peuvent être avancés.

L'antimilitarisme, l'antipatriotisme de *Clarté,* plus ou moins spontanés, ne sont pas morts. La haine farouche des soldats et des écrivains-combattants contre les plumitifs de l'arrière, contre les services de propagande habite toujours les consciences. L'introduction des principes soréliens dans le cadre des recherches culturelles menées par la revue sur l'art prolétarien permet de mieux organiser la sensibilité et le jugement artistique de *Clarté*. La décadence de l'art bourgeois, l'étouffement par l'appareil capitaliste des valeurs intellectuelles, la confiscation de la pensée par la classe dominante sont clairement assimilés par *Clarté*. La crise d'octobre 1923 révèle plus ou moins confusément aux responsables clartéistes les insuffisances et les limites de leur démarche politique. Après l'échec de la poussée insurrectionnelle du peuple allemand, les collaborateurs clartéistes constatent le retrait de toutes formes de lutte révolutionnaire. Si, pour l'heure, on ne peut plus tendre vers l'action immédiate, pourquoi ne pas placer sa foi dans une besogne critique et blasphématoire ? L'actualité littéraire offre à *Clarté* l'occasion de se manifester.

« Barrès, fossoyeur et faussaire »

La mort de Barrès, survenue le 4 décembre 1923, mobilise toute l'attention de la presse qui salue respectueusement un tel écrivain et lui rend le plus pompeux hommage. *Clarté,* pour sa part, dénonce avec violence l'attitude criminelle de ce romancier, son sadisme patriotique. L'ensemble de la rédaction se mobilise pour dresser le procès de cet intellectuel méprisable.

Dans son éditorial du 1er janvier 1924, *Clarté* s'acharne sur ce romancier et son fanatisme guerrier. Propagandiste forcené, il a maquillé le tragique des combats tel un faussaire :

« Il a répandu à profusion la fausse monnaie de la joie, de la rigolade dans les tranchées. Il a clamé que de toute tombe s'exhalait le parfum inouï des vertus mirlitonnesques et non la rage inexpiable des sacrifices inutiles

[...] Pour un sou, pour deux sous, il vendit dans toute la France une fausse âme de soldat combattant. Faussaire[1] ! »

Ce maquillage effroyable des souffrances des combattants pousse *Clarté* à lancer avec violence :

« Quiconque se souvient d'avoir entendu à ses côtés un copain cracher sa rage de moribond ou de condamné, qu'il haïsse Barrès, qu'il le haïsse, lui et sa classe, lui et tous les siens[2]. »

Dans le même numéro, Jean Bernier oppose au nationalisme de Barrès et de la société bourgeoise les cris de révolte des soldats, en se référant au livre de Jolinon « Le valet de gloire ». Il lance avec mépris :

« L'homme qui de son bureau de *L'Écho de Paris* bafoua tout au long de la guerre, les agonies des premières lignes, n'a pas le droit au respect dont jouissent conventionnellement les morts. Le patriote en chambre qui souille de sa prose emphatique les morts, nos camarades que nous piétinâmes nuit et jour en attendant notre tour et dont nous raclâmes à nos bandes molletières, à nos genoux, aux coudes de nos capotes, à la crosse de nos fusils, les fibres pourries, ce patriote-là appartenait à la justice des mutinés. »

Il ajoute rageusement :

« C'est en pensant à la tranchée, c'est en pensant ainsi aux paysans de Lorraine, que nous refusons de respecter sur son entassement de couronnes officielles, la tombe fraîche du grand homme de la Revanche. L'envie nous prend d'y cracher[3]. »

Maurice Parijanine, de son côté, se montre tout aussi violent :

« Barrès mérite avec tant d'autres au lieu d'une croix, selon l'expression russe, un pieu bien aiguisé sur sa tombe, le crachat de la nation, suprême décoration du corrupteur, de l'imposteur[4]. »

Il est cependant important de noter que Maurice Parijanine, journaliste à *l'Humanité,* s'efforce tout au contraire de ménager Maurice Barrès. Dans l'article qu'il fait paraître dans les colonnes du journal communiste, il tient à souligner l'influence que Maurice Barrès a exercée sur la génération d'avant-guerre. Il écrit :

« Vers 1900, nous découvrions Barrès, D'Annunzio et Nietzsche. [...] Le pathétique de Barrès nous émouvait. Sa politique nous laissait indifférents[5]. »

En fait, cette attitude singulière traduit la différence de ton qui existe entre *l'Humanité* et *Clarté*. D'un côté, la génération d'avant-guerre dont fait partie Maurice Parijanine qui garde de Barrès l'image d'un écrivain

---

[1] Editorial, « Barrès, fossoyeur et faussaire », *Clarté,* 1er janvier 1924.
[2] *Ibid.*
[3] Jean Bernier, « La réponse du soldat », *Clarté,* 1er janvier 1924.
[4] Maurice Parijanine, « Barrès devant ses disciples de 1900 », *Clarté,* n° 50, 1924.
[5] Maurice Parijanine, « Barrès le rhéteur », *l'Humanité,* 16 décembre 1923.

distingué et néo-classique, de l'autre la génération sacrifiée de 1914 dont font partie les gens de *Clarté* et qui ne peut oublier le fanatisme de Barrès louant et divinisant le sacrifice des combattants.

Avec Georges Michael et Edouard Berth, *Clarté,* usant d'un vocabulaire essentiellement sorélien, démontre que la production littéraire de Barrès est la parfaite expression de la décadence culturelle de la civilisation bourgeoise.

Georges Michael explique que la littérature barressienne, reflet du romantisme moribond du XIXe siècle, ne vise qu'à servir les intérêts de la classe dominante :

« Pas d'écrivain romantique qui n'ait un jour au moins lancé son petit ou grand anathème contre l'argent, contre la bourgeoisie. Avec Flaubert cela devient même une jolie déclaration de guerre. Barrès le premier rompt cette tradition [...] Avant Barrès, *Clarté* se devait de déserter sa classe en quelque façon, depuis Barrès l'écrivain revendique sa qualité de bourgeois[1]. »

Edouard Berth rappelle que le néo-classicisme de Barrès n'est en fait qu'un romantisme médiocre et impuissant. Il est l'aboutissement de la réaction inaugurée par Chateaubriand et de Maistre. Pour Edouard Berth, le romantisme du XIXe et du XXe siècle s'identifie à un mouvement littéraire vulgaire et pitoyable, empêtré de conservatisme. Seul le classicisme bourgeois du XVIIe et du XVIIIe siècle a su, selon Edouard Berth, engendrer des valeurs spirituelles de progrès qui ont abouti à la révolution de 1789. Les romantiques comme Barrès ou Chateaubriand ne sont que « des faibles à qui le rude talon de fer de la bourgeoisie ne peut qu'arracher des plaintes, des lamentations et des jérémiades ». Le romantisme pessimiste n'est que « factice » et « hypocrite ». Les thèmes barressiens comme le culte du moi, des anciens, l'amour de la terre, le culte de Jeanne d'Arc ne sont que des « utopies réactionnaires ». L'œuvre de Barrès est la claire affirmation « du désarroi spirituel le plus profond et le plus irrémédiable » de la classe dominante, poursuit Edouard Berth. Barrès est « l'artiste de la décomposition sociale, le chantre du sang de la volupté et de la mort. » Face à cette décadence intellectuelle et morale de la bourgeoisie, Edouard Berth oppose l'épopée prolétarienne de 1917 et l'ère nouvelle qui s'annonce, celle de la puissance spirituelle des travailleurs[2].

---

[1] Georges Michael, « L'anti-Barrès : une psychologie du parasite », *Clarté,* n° 51, 1924.
[2] Edouard Berth, « L'anti-Barrès : du génie du christianisme au génie du Rhin », *Clarté,* n° 53-54, 1924.

« Anatole France, social-démocrate, social-traître, social-chauvin »

Le procès que dresse *Clarté* d'Anatole France vise à mettre en pièces l'intelligence et le classicisme bourgeois. Il s'agit de dénoncer la décadence de la culture capitaliste et d'y opposer la force jeune de l'art prolétarien. Il s'agit également de s'en prendre au conformisme politico-littéraire des communistes qui voient dans cette personnalité un serviteur de la révolution.

A l'occasion de la cérémonie de son jubilé, *Clarté,* dans son éditorial du 1er mai 1924, s'engage dans une critique impitoyable. Elle montre que l'œuvre de cet écrivain correspond à une sorte de brocantage littéraire et que cet intellectuel traduit, au même titre que Barrès, la décadence inéluctable de la culture bourgeoise. Elle s'insurge contre « l'Union sacrée de l'intelligentsia française », particulièrement contre l'attitude conventionnelle et classique de la gauche et des révolutionnaires qui rendent hommage à un tel écrivain :

« C'est pourquoi, il est temps pour nous, qui voulons servir la révolution prolétarienne arrachée du fatras social-démocrate et dressée toute vive sur le monde par le génie de Lénine de dire avec une calme fermeté aux révolutionnaires français : Anatole France n'est pas des vôtres, le prolétariat n'a que faire de cette œuvre d'art tout imprégnée des idées libérales, républicaines et sociales qui présidèrent et président encore à son sommeil. Ce n'est que par une complaisance littéraire, un esthétisme d'ailleurs aussi mal fondé qu'il se peut, et qui montre bien que la rhétorique bourgeoise, gracieuse et vide, conserve encore du prestige aux yeux du peuple dressé par la bourgeoisie à rougir de soi, que les intellectuels d'extrême gauche ont cru devoir célébrer France en compagnie de monsieur de Jouvenel et de l'Action française ; apportant ainsi au nihilisme souriant, au scepticisme fleuri et au protestation vague, l'hommage de ceux qui se sont jurés avec une foi incorruptible d'abattre le capitalisme et de construire la société prolétarienne. »

A la mort d'Anatole France, *Clarté* renouvelle ses accusations dans l'éditorial du 15 novembre 1924. Posant la question de savoir si Anatole France est révolutionnaire, Edouard Berth, en bon sorélien, l'assimile à un artiste de luxe appartenant à la classe des lettrés :

« En vérité, le socialisme n'a rien à voir avec lui, car que pourrait devoir la nouvelle culture prolétarienne, cette culture de producteur, à ce parasite et sybarite des lettres, qui incarne éminemment l'ancienne culture ? »

Il poursuit :

« Anatole France, c'est comme dit Nietzsche « la décadence opulente, aimable et malicieuse, aimant le luxe et l'art. » Il pourrait séduire un socialisme réformiste, bourgeois, parlementaire, forme extrême au fond de la démocratie et de la décadence moderne. Un socialisme vraiment révolutionnaire qui doit apporter au monde les valeurs nouvelles ne peut que l'ignorer et déclarer qu'il n'a rien à faire avec ce « représentant soi-disant « hors ligne » de l'art capitaliste[1]. »

Edouard Berth n'hésite pas à rappeler à l'ordre les communistes et mettre en doute les affirmations de *La Pravda* :

« En vérité, le concert de la presse bourgeoise est une puissante incantation. Bon nombre de camarades n'ont pas caché non plus leur vénération envers Anatole France, que *La Pravda* cependant qualifiait de « représentant hors ligne de l'art capitaliste ».

Je crois bien que *La Pravda* en écrivant que « en la personne d'Anatole France, l'ancienne culture tend la main à l'humanité nouvelle » a fait à l'auteur de « Thaïs » encore beaucoup trop d'honneur. Anatole France en réalité appartient tout entier à l'ancienne culture aristocratico-bourgeoise ; je n'aperçois en lui aucun élément nouveau qui puisse développer la nouvelle culture[2]... »

Cette mise en accusation d'Anatole France se poursuit. Marcel Fourrier rappelle qu'il est vain et ridicule d'annexer Anatole France au prolétariat révolutionnaire :

« Nous répudions l'œuvre de Monsieur France. Nous sommes animés dans cette revue par un trop vif souci de probité intellectuelle pour pouvoir parler autrement à un public qui apprécie notre franchise. L'œuvre de Monsieur France, disons-nous, nie toute l'idéologie prolétarienne dont est issue la révolution russe. Par son scepticisme supérieur et sa rhétorique onctueuse, Monsieur France s'apparente singulièrement à toute la lignée des socialistes bourgeois dont les méfaits vis-à-vis de la classe ouvrière ne se comptent plus[3]. » Marcel Fourrier s'attache à dénoncer ensuite la position militariste adoptée par l'écrivain durant la guerre. Anatole France en effet, dès la déclaration de guerre, demande avec frénésie à être enrôlé comme combattant. De 1914 à 1917, il accomplit un travail de propagandiste. Son recueil de textes « La voie glorieuse » est, en cette matière, éloquente. Marcel Fourrier lance alors :

« Nous pouvons dire qu'un seul homme fut aussi totalement méprisé par les combattants : Barrès et France, ces deux dociles porte-plumes des services de propagande[4]. »

Il déplore d'ailleurs que *La Pravda* elle-même, ignorant cette compromission effroyable de l'écrivain, soit allée jusqu'à déclarer « que bien plus que l'affaire Dreyfus, la grande guerre détermine le représentant

---

[1] Edouard Berth, « Le bloc des gauches a perdu son grand écrivain », *Clarté,* n° 67, 1924.
[2] *Ibid.*
[3] Marcel Fourrier, « Anatole France, social-démocrate, social-chauvin, social-traître », *Clarté,* n° 68, 1924.
[4] *Ibid.*

hors ligne de l'art capitaliste à rompre avec le capitalisme pour passer dans le camp adverse ». Et d'ajouter : « Non seulement, Monsieur France ne rompt pas avec le capitalisme mais il s'en fit le plus ardent défenseur de 1914 à 1917. A cette époque-là, ajoute-t-il, il refusait de donner sa signature à un manifeste que lui apportait Séverine[1]. »

Marcel Fourrier s'en prend aussi à la gauche et à l'extrême gauche françaises qui pour leur part n'ont dit mot de ces événements. Retraçant l'évolution politique de l'écrivain à partir de 1918, son revirement, son adhésion à *Clarté,* son soutien au PCF et à la révolution russe, Marcel Fourrier démontre en fait que cet apparent révolutionnarisme s'identifie à un parfait social-démocratisme. L'épisode, renchérit-il, du procès des socialistes révolutionnaires[2] ne fait que confirmer l'appartenance toute formelle et toute gratuite d'Anatole France à la révolution russe.

Dans ces conditions, il n'est pas possible, pour Marcel Fourrier, d'admettre que la gauche révolutionnaire française se joigne au concert de louanges qui accompagne la dépouille d'Anatole France. La position de *l'Humanité* est à ses yeux insupportable :

« *L'Humanité,* elle-même, s'est laissée aller jusqu'à exprimer son admiration sans réserve pour Anatole France, écrivain qui « au grand scandale des bourgeois s'affirme socialiste voire communiste. » De telles déclarations ne peuvent qu'hélas contribuer à entretenir autour du prolétariat français la légende d'un Monsieur France révolutionnaire, ce qui est pour le moins bouffon[3]. »

Et de rappeler sévèrement :

« Il est encore parmi les communistes français des hommes qui cherchent à se raccrocher – jusqu'à travers Monsieur France – aux pires formes du socialisme français d'avant-guerre[4]. »

Pourtant, Marcel Fourrier note avec satisfaction que seules « Les Jeunesses communistes » et leur journal *L'Avant-garde* ont refusé leurs suffrages à Anatole France. Il précise que, dans le camp anarchiste, *Le Libertaire* et surtout *Les Humbles* et son directeur Wullens ont répudié, les premiers, Anatole France.

Jean Bernier, en ce qui le concerne, s'attachant à l'œuvre romanesque d'Anatole France, considère qu'elle est un poids mort dans le monde des

---

[1] *Ibid.*
[2] Anatole France protestera, en compagnie de Maxime Gorki, contre l'inculpation et la condamnation de plusieurs socialistes révolutionnaires, prononcées par le tribunal de Moscou, en août 1922.
[3] Marcel Fourrier, « Anatole France, social-démocrate, social-chauvin, social-traître », *Clarté,* n° 68, 1924.
[4] *Ibid.*

lettres.[1] L'opportunisme « mondain » d'Anatole France vise, selon lui, à l'agrément, au délassement. Ce dilettantisme littéraire produit un langage artistique faux et artificiel, reflet de la décomposition sociale et morale de la bourgeoisie. L'art vrai, selon Jean Bernier, « tend à la passion et à la conception du monde, il met en jeu tous les ressorts de l'homme ». Dans ces conditions, il est anormal, rappelle Jean Bernier, de voir les communistes français confondre culture démocratique et culture bourgeoise.

Cette série d'attaques cinglantes contre Maurice Barrès et Anatole France permet à *Clarté* de retrouver une dimension à la fois culturelle et révolutionnaire tout à fait dynamique. Rompant avec une activité classique et quotidienne d'analyse, *Clarté* réussit à soutenir une argumentation ambitieuse, fondée sur un travail de critique et de dénonciation d'une réelle agressivité. Les dernières et violentes accusations qu'elle lance contre Anatole France ne sont pas sans conséquence pour son avenir et celui de sa rédaction. En effet, le groupe surréaliste d'André Breton s'est appliqué lui aussi, bien avant *Clarté*, à rompre le concert unanime de louanges autour de l'auteur de « Thaïs ». Son pamphlet intitulé « Un cadavre » malmène très durement l'écrivain. Dans ces conditions, un possible rapprochement entre les deux groupes n'est pas exclu. La parenté de leurs réquisitoires antifranciens permet d'envisager une telle éventualité. De plus, Jean Bernier, responsable clartéiste, connaît personnellement plusieurs surréalistes ou sympathisants. Afin de mieux saisir la réalité même de cet accord qui peut se dessiner dans les mois à venir, il est important de se pencher attentivement sur le rôle joué par Jean Bernier, à l'époque.

Vers un rapprochement clartéistes-surréalistes

Jean Bernier est, en effet, le seul clartéiste à connaître le groupe surréaliste. Il est un ami personnel de Drieu la Rochelle qui, à ce moment, est très proche des surréalistes[2]. Grâce à lui, il fréquente Aragon. Victor Crastre raconte, dans son « Drame du surréalisme », que Jean Bernier lui présenta Aragon et rappelle que l'un des poèmes du « Mouvement perpétuel » d'Aragon lui est dédié.

Lorsque les surréalistes préparent la publication de leur libelle contre Anatole France pour le 15 octobre 1924, Jean Bernier est au courant de leur démarche. Victor Crastre va jusqu'à affirmer que Jean Bernier est l'auteur du texte « Un cadavre ». Pierre Naville pense que celui-ci participa à sa rédaction. En fait, Aragon et Drieu sont les auteurs de cette parution, Aragon lançant l'idée, Drieu apportant son soutien financier.

---

[1] Jean Bernier, « France ou le poids mort », *Clarté*, n° 68, 1924.
[2] Jean Bernier, dans *Clarté*, salue, à chaque occasion, les ouvrages de Drieu la Rochelle et rend hommage à son talent.

Il n'est donc pas impossible de penser que Jean Bernier, après la publication du célèbre texte surréaliste en octobre 1924, suggère à la direction de *Clarté* de mener la même attaque frontale contre Anatole France. Le numéro spécial sur Anatole France paraît en effet un mois plus tard après la diatribe surréaliste, soit le 15 novembre 1924. Dominique Rabourdin penche pour cette hypothèse.[1] Il est vrai qu'après l'éditorial de *Clarté* sur Anatole France à l'occasion de son jubilé, succède quelques mois plus tard un numéro spécial dont la violence et l'agressivité sont notoires. Attaché à sensibiliser *Clarté* et ses collaborateurs à l'activité des surréalistes et à leurs publications, Jean Bernier rédige, dans la rubrique « Les Livres », plusieurs lignes sur « Les pas perdus » d'André Breton et analyse très favorablement l'œuvre d'Eluard « Mourir ou ne pas mourir[2] ». Dans sa critique contre Anatole France, il commence même son article par une citation d'Eluard « Un vieillard comme les autres : la beauté, cadavre, nous la connaissons bien et si nous y prêtons, c'est qu'elle ne nous donne pas précisément à sourire. »

Par ses diverses interventions, Jean Bernier cherche à préparer le contact futur qui doit normalement réunir *Clarté* et les surréalistes. En fait, un incident particulier viendra mettre un terme à un tel rapprochement.

La polémique Aragon-Bernier

Une polémique assez vive éclate entre Louis Aragon et Jean Bernier. Aragon écrit en effet dans sa contribution au pamphlet antifrancien :

« Il me plaît que le littérateur que saluent à la fois le tapir Maurras et Moscou la gâteuse, et par une incroyable duperie Paul Painlevé lui-même, ait écrit pour battre la monnaie d'un instinct tout abject, la plus déshonorante des préfaces à un conte de Sade lequel a passé sa vie en prison pour recevoir à la fin le coup de pied de cet âne officiel. »

Cette déclaration, par son audace, ne peut que provoquer une réaction hostile de la part des responsables clartéistes et ainsi mettre un terme au rapprochement possible entre surréalistes et clartéistes. Comment expliquer ce coup de tête d'Aragon ? André Breton se contente de ce commentaire : « Ce propos est alors bien dans la manière frénétique – au sens de P. Borel – qu'il (Aragon) a adopté en 1922 ». Il s'agit donc d'un excès de langage propre aux démonstrations verbales des surréalistes. Victor Crastre qui a fréquenté le camp surréaliste tente, dans son titre « Le drame du surréalisme », d'aller plus au fond des choses. Il s'étonne, tout d'abord, qu'André Breton n'ait pas opposé un veto à la publication de cette diatribe.

---

[1] Jean Bernier, *L'amour de Laure*, préface de Dominique Rabourdin, Paris, Flammarion, 1978, 199 p.
[2] Jean Bernier, « Paul Eluard », *Clarté,* n° 65, 1924.

Approuvait-il alors une telle critique ou bien ignorait-il son existence ? Considérant le comportement d'Aragon, il suppose qu'effrayé par les conséquences d'un accord avec les communistes, ce dernier ait pris prétexte de l'erreur de quelques-uns des communistes (leur admiration pour Anatole France) et qu'il ait tenté de rompre les ponts. Aragon d'ailleurs, dans le conflit qui l'opposera à *Clarté,* manifestera singulièrement sa mauvaise humeur.

La phrase agressive d'Aragon au sujet de la Russie appelle une mise au point rigoureuse de la part de *Clarté*. Les responsables de la revue comme Georges Michael, Edouard Berth et Marcel Fourrier en sont convaincus. Rédacteurs de *Clarté* ou de *l'Humanité,* d'une foi marxiste indiscutable, ils ne peuvent supporter qu'on s'attaque ainsi au régime bolchevique, bastion de la révolution prolétarienne. Marcel Fourrier se charge alors dans *Clarté,* de jeter le blâme sur Aragon et de démontrer à Jean Bernier qu'on ne peut compter sérieusement sur de tels alliés :

« ... Aragon anarchiste pur, se cantonne volontairement sur le plan culturel. Il combat la culture bourgeoise du dedans. Il préfère rester dans son camp, plutôt que de se joindre aux ennemis du dehors. Nous, sur le plan culturel, comme sur tous les autres, nous avons rompu les ponts. [...] Nous ne pouvons forcer Aragon, pas plus que nous ne pouvons forcer les littérateurs bourgeois à admirer, ni même plus simplement à comprendre la révolution russe. Devant elle, Aragon éprouve la même sainte horreur que n'importe quel autre français de sa classe, bien pensant. Son anarchisme qui, malgré son expression académique – tout comme le fut celui de Barrès – contient, soyons justes, une part importante de mysticisme, ne saurait nous empêcher de le classer parmi nos adversaires. Entre lui et nous, et tant qu'il restera sur de telles positions, question de classe, question de force[1]. »

Pour sa part, Jean Bernier se trouve dans une situation pour le moins délicate. Vis-à-vis de la rédaction de *Clarté* et de *l'Humanité,* il ne peut rester passif devant les accusations d'Aragon portées alors à l'encontre de la Russie. Il sait très bien que Georges Michael, Edouard Berth et même Marcel Fourrier (qui subit leur influence) ainsi que les journalistes de *l'Humanité* crieront au scandale s'il ne stigmatisait pas l'attitude d'Aragon. Il est tenu de se prononcer lui qui est en contact avec les surréalistes. Que peut-il faire ? Doit-il sanctionner sévèrement Aragon et voir ainsi le groupe surréaliste s'éloigner définitivement ou bien plus habilement maintenir dans ce débat assez d'obscurité pour qu'il soit possible de réduire les fautes d'Aragon, et ainsi préserver l'avenir ?

Jean Bernier, dans sa réponse, tient à rappeler l'intelligence et la valeur des critiques surréalistes lancées contre Anatole France et à rendre hommage aux qualités d'Eluard « ce vrai poète » et d'André Breton, « l'esprit peut-

---

[1] Marcel Fourrier, « Suite à un cadavre », *Clarté,* n° 69, 1924.

être le plus fanatiquement honnête de sa génération ». Après cette reconnaissance élogieuse du groupe surréaliste qui représente la plus grande partie de sa déclaration, Jean Bernier en vient enfin à traiter de l'attitude d'Aragon. Parlant alors de « l'étourderie véritablement plus comique qu'odieuse dont Aragon fit preuve », Jean Bernier réduit le geste de l'écrivain surréaliste à un enfantillage, une farce de collégien. C'est « une indignation, poursuit-il, fort joliment forcée – un tantinet essoufflée pourtant ». Jean Bernier va même jusqu'à concéder à Aragon qu'il était normal au sujet d'Anatole France de tancer les communistes russes un peu trop impressionnés « par le fameux prestige de la culture et de l'art français ». Cependant, se voulant autoritaire, il demande à Aragon « de parler le moins possible de ce qu'il ne connaît pas » et « de ne pas se mêler de politique[1] ». Cette première réponse de Jean Bernier ne change pas l'humeur d'Aragon, tout au contraire. Dans sa réponse à Jean Bernier du 25 novembre[2] 1924, Aragon redouble de violence, multipliant les accusations contre la révolution russe :

« Mon cher Bernier, il vous a plu de relever comme une incartade une phrase qui témoignait du peu de goût que j'ai du gouvernement bolchevique, et avec lui de tout le communisme […] La révolution russe, vous ne m'empêcherez pas de hausser les épaules. A l'échelle des idées, c'est au plus une vague crise ministérielle. […] Je tiens à répéter dans *Clarté* même, que les problèmes posés par l'existence humaine ne relèvent pas de la misérable petite activité révolutionnaire qui s'est produite à notre Orient au cours de ces dernières années. J'ajoute que c'est par un véritable abus de langage qu'elle peut être qualifiée de révolutionnaire. »

Jean Bernier doit une nouvelle fois atténuer les effets de ce texte vengeur. Mais sa seconde lettre est bien différente. Tout en se montrant souple et conciliant, il donne implicitement son soutien à Aragon, dans son explication qui se veut suffisamment abstraite. Il explique qu'il ne tient pas à donner de leçon à Aragon. Il comprend trop le conflit spirituel dans lequel celui-ci se trouve plongé. Cette opposition entre idéalisme et pragmatisme, « ce fameux problème spirituel », écrit-il, représente une préoccupation essentielle pour tout intellectuel. Aragon, idéaliste qui fulmine contre tout pragmatisme, n'y échappe pas. Jean Bernier écrit :

« On ne saurait s'étonner après cela de voir un idéaliste de cette sorte fulminer contre tout pragmatisme. Nous retrouvons là un peu de ce vivant conflit que Péguy formulait à sa manière en dressant le mystique contre la politique. Toutes réserves faites sur le mystère de l'avenir, nous touchons là une bonne part de notre drame[3]. »

---

[1] Jean Bernier, « Un cadavre », *Clarté,* n° 68, 1924.
[2] Jean Bernier, « Suite à un cadavre », *Clarté,* n° 69, 1924.
[3] *Ibid.*

Pour Jean Bernier, ce drame est aussi le sien. Ce conflit entre mystique et politique, entre esprit et dogme, il l'a lui-même vécu et ressenti douloureusement. L'angoisse et le désespoir qui l'ont assailli en octobre 1923 et dont il nous a entretenus dans *Clarté,* ne révèlent-il pas ce dilemme. Jean Bernier s'efforce en effet de préserver la mystique révolutionnaire des attaches du politique. Les avertissements, les interrogations pressantes qu'il adresse aux responsables de *Clarté* le démontrent suffisamment. Les attaques que la revue de Marcel Fourrier mène contre Maurice Barrès et Anatole France lui semblent constituer une voie révolutionnaire beaucoup plus exaltante dont il faut s'inspirer. Son intérêt et son attachement pour le groupe surréaliste qu'il tente de faire partager aux rédacteurs de *Clarté* prouvent sa volonté de s'écarter, de rompre avec des considérations politiques et tactiques étroites et sectaires. Victor Crastre écrit à ce sujet :

« Bernier est encore un pragmatiste mais il aspire à échapper à ce pragmatisme, il y étouffe et c'est pour cela qu'il souhaite l'accord avec les surréalistes[1]. »

Jean Bernier d'ailleurs, en guise de conclusion, lance une sorte d'oracle à l'adresse d'Aragon aussi bien qu'à lui-même :

« Le pragmatisme est bien « notre péché originel. »

Ce pragmatisme envahissant et paralysant, il lui est difficile d'y échapper et de l'ignorer, sorte de contrainte indéfectible, inhérente à l'homme révolté. Victor Crastre, commentant la réponse de Jean Bernier, écrit :

« Le pragmatisme dit Jean Bernier aux surréalistes, est bien votre péché mignon, notre péché originel. » Et il souligne ; il souligne parce qu'il enrage. Péché originel ; honte de chrétien, pragmatisme, désespoir de l'homme. Mais le chrétien peut se laver du péché originel. L'homme peut-il échapper au pragmatisme et agir ? Ce n'est pas une bonne part de notre drame que nous touchons ici : c'est notre drame tout entier[2]. »

Cet incident qui repousse pour un temps le projet d'une collaboration entre clartéistes et surréalistes reflète assez bien la nature même des rapports entre les deux groupes et le caractère particulier de leurs préoccupations respectives. Il reste, en effet, encore un certain chemin à parcourir pour que se réalise une véritable entente. Les surréalistes, en 1924, demeurent au cœur même d'une révolte spontanée, dépourvue de sens politique. Leur puissance de destruction et de contestation ne s'inscrit pas encore sur le terrain historique et doctrinal. Les clartéistes dont l'enthousiasme révolutionnaire a trouvé une vigueur nouvelle dans une tâche de dénonciation ne renoncent pas pour autant à l'héritage marxiste. Il ne s'agit pas, pour eux, de retomber dans un anarchisme inopérant, oublieux de la grande leçon du marxisme-

---

[1] Victor Crastre, *Le Drame du surréalisme*, Paris, Temps, 1963, p. 34.
[2] *Ibid.*

léninisme. Cependant, le rôle de Jean Bernier, déterminant à plus d'un titre dans cette première approche clartéistes-surréalistes, permet d'envisager la possibilité d'autres contacts. Par la réponse nuancée qu'il adresse à Aragon, Jean Bernier ne tient pas à rompre irrémédiablement avec le surréalisme. Les liens ne sont pas coupés entre les groupes ; il s'agit seulement d'attendre pour mieux s'estimer et se comprendre.

Chapitre XII

Pour une entente entre clartéistes et surréalistes : le rôle de Jean Bernier et Victor Crastre

Au cours du printemps 1925, Jean Bernier cherche avec Victor Crastre[1] à entraîner la revue *Clarté* vers le surréalisme. Traversant une grave crise personnelle qui le conduit à douter du bien-fondé de la lutte révolutionnaire en Europe, il tient à définir de nouvelles formes d'activité politique et culturelle. Il est alors convaincu qu'un travail de dénonciation de la culture bourgeoise, en accord avec les fondements marxistes de l'Internationale communiste, peut seul redonner vie et dynamisme à une revue qui de plus en plus s'épuise en vains discours et dont l'existence même se trouve menacée. Les réquisitoires contre Maurice Barrès et Anatole France ont montré le chemin qu'il fallait emprunter. Le premier point de contact plus ou moins éphémère qui s'est établi avec les surréalistes le renforce dans cette idée. Mais, pour atteindre de tels objectifs, il doit compter sur le rigorisme doctrinal d'Edouard Berth, Georges Michael et à un degré moindre de Marcel Fourrier. Cependant, il a la chance de pouvoir s'appuyer sur son ami Victor Crastre.

C'est en 1924 que Jean Bernier rencontre Victor Crastre à Céret, au domicile de Paul Guitard, ce dernier étant rédacteur de *Clarté* et de *l'Humanité*. Immédiatement, ils sympathisent. Jean Bernier propose alors à Victor Crastre de venir travailler à *Clarté,* ce qu'il fait sur-le-champ. Il devient aussi collaborateur de *l'Humanité,* sans pour autant être membre du parti. Victor Crastre évoquant cette rencontre avec Jean Bernier écrit :

« Je lui étais reconnaissant de fermer pour moi un cercle dont j'avais seulement dessiné deux segments, car je servais deux cultes que je jugeais opposés ; je priais dans deux chapelles qui me semblaient antagonistes. Il y avait d'un côté les grands romantiques de la révolte : Vigny, Nerval, Baudelaire, un certain Hugo - j'ignorais encore Rimbaud et Lautréamont - de l'autre, les héros de la révolution : Robespierre et Saint Just, Marx et Lénine. Je souffrais de ne pouvoir lier en une gerbe unique ces admirations contrastées. Or Bernier me laissait entrevoir la possibilité d'un accord absolu entre poésie et révolution[2]. »

Jean Bernier et Victor Crastre ainsi rassemblés vont alors, dans les colonnes de *Clarté,* militer dans le sens d'un rapprochement avec les surréalistes. C'est tout d'abord Victor Crastre qui présente dans la revue marxiste une série d'articles en faveur du surréalisme, s'appliquant à montrer

---

[1] Instituteur originaire de Perpignan, membre, à partir de 1923, du syndicat de l'enseignement.
[2] Victor Crastre, *Le Drame du surréalisme,* Paris, Temps, 1963, p. 15.

que les points de contact sont possibles entre les deux camps. Il écrit en février 1925 un éditorial non signé « Le suicide est-il une solution ? » qui, dit-il, « marque avec insistance notre compréhension des problèmes qui préoccupaient les surréalistes ». Cet article est alors blâmé officiellement par le parti. Les responsables communistes ne peuvent admettre de voir les collaborateurs d'une revue marxiste croire à la vertu révolutionnaire des gens qui poussent les hommes au suicide. Le principe même du suicide n'est pas concevable pour un militant communiste. Seul l'optimisme doit l'animer, guidé qu'il est par sa foi totale dans une révolution triomphante.

En mai, il publie un article intitulé « L'explosion surréaliste » que Marcel Fourrier fait précéder de la mention : essai, afin de souligner aux lecteurs de *Clarté* que les idées contenues dans l'article n'engagent que la responsabilité de leur auteur. Marcel Fourrier ne tient pas à voir la revue tout entière compromise une fois encore. Victor Crastre rappelle qu'il vise un double but en écrivant ces lignes :

« D'abord informer les lecteurs de *Clarté* sur le surréalisme, essayer de leur faire comprendre que ce mouvement ne naissait pas d'une mode éphémère, mais qu'il incarnait une volonté radicale de révolution. Je voulais aussi et surtout que ces pages fussent un appel aussi compréhensible (et compréhensif) que possible adressé aux surréalistes[1]. » Victor Crastre, en effet, salue avec admiration les surréalistes qui « s'apparentent à la plus profonde tradition du génie humain » et dont les qualités révolutionnaires sont indéniables :

« Nous chercherons en vain sur tout l'horizon littéraire d'autres écrivains qui se groupent sous le signe « révolte[2]. » De tels intellectuels ne peuvent que se rapprocher moralement et politiquement de *Clarté* :

« Cette tâche de dénonciation, on peut compter ceux qui l'entreprennent. Lors de la mort d'Anatole France, ce n'est pas vain hasard si les rédacteurs du Cadavre et ceux de *Clarté* ont découvert un objectif commun : là-bas comme ici était apparu nécessaire le funèbre jeu de massacre. Ces colères, ces révoltes sont les points de contact entre la plupart des surréalistes et nous autres, points de contact que nous ne découvrons ainsi marqués avec aucun autre groupe littéraire actuellement vivant. Un désir passionné de démolition, tel est bien le mobile essentiel du surréalisme et ce désir n'existe pas ailleurs. C'est ce que nous devions dire ici[3]. »

En juin, il présente un autre article[4] tout aussi favorable, insistant sur le sens révolutionnaire bien réel des activités surréalistes :

---

[1] Victor Crastre, *Le Drame…, op. cit.*, p. 38.
[2] Victor Crastre, « Explosion surréaliste », *Clarté,* n° 74, 1925.
[3] *Ibid.*
[4] Victor Crastre, « Scandale », *Clarté,* n° 75, 1925. Victor Castre fait allusion à la soirée de juin 1925, au théâtre du Vieux Colombier, qui se termine par un pugilat

« Et avec quelle évidence il nous apparaît que les révoltes des surréalistes sont proches des nôtres (y-a-t-il différentes révoltes d'ailleurs ?), lorsqu'ils blasphèment ces dieux de nos foules : bonheur, fortune, patrie, démocratie ; « à bas la France, s'écrie Desnos, qu'elle crève vite : comme ça elle sentira mauvais moins longtemps … ! »

[…] les occasions de scandale ne manqueront pas dans les jours à venir et il faut espérer qu'à chaque fois quelques hommes courageux marqueront le coup. Les surréalistes en cette occasion n'ont pas trahi leurs promesses : ton, violence et profondeur de leur attaque dénoncent une activité véritablement révolutionnaire. Nous sommes quelques-uns ici qui ne cesseront de le dire : le vendredi 29 mai, les surréalistes ont adopté une attitude et parlé un langage qu'aucun intellectuel révolutionnaire ne peut désapprouver. »

De tels articles ne laissent pas indifférents les surréalistes. Les événements se précipitent dans les relations entre les deux groupes. Victor Crastre qui, après la publication de son article « Explosion surréaliste » escomptait une réaction des surréalistes est satisfait. André Breton en effet lui envoie une carte de remerciement dont voici la teneur :

« André Breton tient à remercier très vivement Victor Crastre pour son article « Explosion surréaliste. » C'est de beaucoup l'étude la plus compréhensive et la plus large qu'il ait lue à ce sujet jusqu'ici. Il est très touché de la confiance que l'auteur de cette étude veut bien lui témoigner et l'assure de sa profonde sympathie. »

Jean Bernier qui s'est éloigné de Paris (il était parti en Sicile prendre des vacances pour écrire des nouvelles siciliennes qui ne verront jamais le jour) revient à *Clarté* et propose à Victor Crastre de faire la connaissance d'Aragon. Au cours de cette entrevue, Aragon félicite lui aussi Victor Crastre pour son article « Explosion surréaliste » :

« Aragon me remercie de mon article, me disant avec quelle joie ses camarades et lui-même avaient accueilli cet appel des hommes de *Clarté*[1] … »

A l'issue de cette entrevue, Victor Crastre se montre tout à fait optimiste quant à la réalisation prochaine d'une entente entre les deux camps. Il écrit :

« Quand Aragon se tut et que nous le quittâmes, le rapprochement *Clarté-Révolution surréaliste* avait fait un pas de plus[2]. »

---

général. La représentation d'une pièce d'Aragon avait été décidée à ce même théâtre mais les organisateurs avaient eu la malencontreuse idée de la faire précéder d'une causerie d'un Mr Aron sur le « Français moyen ». Les surréalistes s'y rendirent et sabotèrent la réunion de bout en bout.

[1] Victor Crastre, *Le Drame du surréalisme,* Paris, Temps, 1963, p. 42.
[2] *Ibid.*

Cependant, au sein de *Clarté,* la situation n'autorise pas un tel optimisme. Marcel Fourrier, Georges Michael et Edouard Berth voient d'un très mauvais œil une telle orientation s'affirmer dans la revue. Marcel Fourrier apparaît avant tout comme un militant fidèle et respectueux du marxisme. S'appliquant à servir scrupuleusement la lutte communiste, il voit avec effroi Jean Bernier s'écarter de la ligne officielle du parti. Il redoute toute forme d'investigation révolutionnaire contraire à l'idéologie du parti. Il reste sourd et indifférent aux avertissements et interrogations lancés par Jean Bernier qui, depuis deux ans, s'inquiète plus ou moins confusément de la paralysie du mouvement révolutionnaire français et européen. Il considère le groupe surréaliste comme une sorte de danger redoutable et menaçant. Victor Crastre écrit à ce sujet :

« Il ne faut pas s'étonner que ce sage craignit les aventures de l'esprit qui lui apparaissaient comme autant d'écueils où il risquait de briser sa barque : aussi considéra-t-il longtemps l'accord avec les surréalistes comme un danger redoutable[1]. »

Pour Marcel Fourrier ces craintes sont fondées et se justifient, il en est convaincu, d'autant plus que le parti, lui-même s'oppose à tout contact avec de tels intellectuels, sortes d'hérétiques n'ayant rien de commun avec la cause prolétarienne. Il va alors chercher à contrarier les efforts de Jean Bernier qu'il connaît bien mais cela lui est particulièrement difficile. Jean Bernier est un ami de longue date : ils se sont connus à *Clarté* à l'époque de sa fondation en 1919 et ne se sont jamais quittés depuis.

Que peut-il faire ? Satisfaire les exigences des responsables communistes, renvoyer Jean Bernier et par-là même provoquer une crise qui pourrait être fatale à la revue actuellement bien mal en point ? Victor Crastre, évoquant ce dilemme, écrit :

« Pris entre le marteau et l'enclume - marteau que brandissait Bernier ; enclume, ce parti qui se montrait rebelle à toutes les sollicitations - Fourrier se trouva-t-il cruellement déchiré ? S'il lui était difficile de heurter ouvertement le Bureau politique, il n'était pas plus aisé de s'opposer à la « négociation » et bientôt à la collaboration avec les surréalistes sans risquer de provoquer le départ de Bernier et le mien[2]. »

Pour Victor Crastre, Marcel Fourrier, par intérêt et par prudence, choisit un moyen terme. Attaché personnellement à la survie de *Clarté,* il n'est pas forcément hostile à l'amitié des surréalistes ; cela aurait au moins l'avantage de relancer la revue. Soucieux de ne pas déplaire au PCF, il freine les ardeurs de Jean Bernier et donne le change au parti communiste français :

« *Clarté,* corps sclérosé, avait besoin d'un apport de sang nouveau que pouvaient lui procurer les écrivains tels que Breton, Aragon, Eluard, Desnos,

---

[1] *Ibid.*
[2] Victor Crastre, *Le Drame du surréalisme,* Paris, Temps, 1963, p. 16-17.

Péret dont les noms n'étaient plus inconnus, et un tel espoir ne pouvait que séduire Fourrier qui voyait sa chère revue s'éteindre doucement. Que fit-il dans ces circonstances ? Il temporisa. Tout en laissant se manifester dans *Clarté* les sympathies que nous éprouvions à l'égard des surréalistes, il maintenait une ligne politique qui donnait le change au parti communiste[1]. »

Georges Michael et Edouard Berth, témoins des efforts de Jean Bernier et de Victor Crastre, ne restent pas inactifs. Représentants la ligne dure de *Clarté*, ils ne peuvent admettre une quelconque dérive idéologique dans la revue. Partisans d'une conception stricte et théorique du marxisme, ils sont décidés à reprendre en main *Clarté* qui s'aventure, selon eux, dans des chemins troubles et équivoques. Dans ces conditions, les discussions orageuses, les heurts violents se multiplient au sein du comité rédactionnel de *Clarté*, notamment entre Jean Bernier et Georges Michael. Victor Crastre rapporte que Jean Bernier « est à couteau tiré avec Georges Michael ». Alors qu'Edouard Berth, vieilli, ne veut pas s'engager dans un tel conflit, Georges Michael tient de plus en plus à imposer ses vues avec autorité. Lorsqu'il constate que l'article de Victor Crastre « Explosion surréaliste » a été publié, il ne peut réfréner sa colère et présente aussitôt une rectification dans *Clarté*, condamnant une telle initiative :

« Une rectification, une constatation.

Je m'excuse auprès de tous mes camarades de contribuer à prolonger les échos qu'éveillent ici certaines intelligentsias dites « d'avant-garde ». Mais je ne puis m'empêcher de protester en mon nom et en celui de plusieurs camarades de Paris et de province contre l'article publié par Victor Crastre dans notre dernier numéro : « Explosion surréaliste ». J'attendais de Crastre qu'il nous parlât des tentatives poétiques des surréalistes. Son article au contraire résumait de façon claire les conceptions philosophico-historiques dont les surréalistes accompagnent leur mouvement et semblait donc accepter purement et simplement cette interprétation.

Nous sommes plusieurs à nous désolidariser formellement de ces conceptions tendant à prolonger la confusion inadmissible qui s'établit ainsi sur le mot « révolutionnaire ». Nous pensons que les réalités ne méritent ce qualificatif que si elles impliquent l'action libératrice du prolétariat. Avec le désespoir intégral et la soif romantique de destruction pure et simple dont témoignent les surréalistes, nous n'avons rien de commun. Je respecte la ferme droiture d'un André Breton ; j'admire certains écrits de ses amis comme on admire des œuvres étrangères. Mais s'il est vrai que pour se reconstruire et vivre, *Clarté* doit désormais chercher au ras du sol, avec une ténacité obscure, au sein même de la classe prolétarienne et paysanne les conditions d'une action et d'un travail culturels, notre revue ne saurait rien

---

[1] Victor Crastre, *Le Drame…, op. cit.*, p. 17.

avoir de commun avec des hommes qui non seulement fondent leur art sur la reconnaissance de l'extrême stérilité bourgeoise mais étendent cette stérilité à l'ensemble de la société. A quelles contradictions cette attitude les conduit sans qu'ils s'en doutent, c'est ce que prouvait l'éditorial du n° 2 de *La Révolution surréaliste*. Breton commençait par y prendre en pitié l'aberration des ouvriers qui fondent sur leur travail des valeurs nouvelles, puis il engageait les littérateurs ... à faire grève, comme si l'action de grève n'était pas l'affirmation de la valeur du travail. Enfin le n° 3 contenait une « Adresse au Dalaï Lama » comme au seul sauveur éventuel : « Nous sommes tes très fidèles serviteurs, ô grand Lama, donne-nous, adresse-nous tes lumières, etc. »

Il est profondément regrettable que Victor Crastre ait passé sous silence ces manifestes alors qu'il s'appliquait à trouver entre *Clarté* et ce groupe littéraire, « des points de contact », et qu'il affirmait avec une assurance définitive que « nous sommes incapables de créer des idées nouvelles, des nouvelles formes d'activité ».

Quels que soient le cran, la virulence, manifestés publiquement par les surréalistes contre les tentatives de reconstructions littéraires bourgeoises, les attaques que nous menons contre ces mêmes tentatives n'impliquent aucune sorte de parenté. Quant aux allègres allégations de Victor Crastre, nous les répudions ouvertement en nous consacrant de toutes nos forces, à la reconstruction de *Clarté* sur la base de la culture révolutionnaire. »

Signé Georges Michael[1].

Cette vigoureuse protestation ne peut mettre un terme aux ambitions de Victor Crastre et de Jean Bernier d'établir un véritable contact avec André Breton et ses amis. La situation est des plus houleuses au sein du comité directeur. La question d'une redéfinition de l'action politique de *Clarté* se pose avec acuité. Une seconde crise inévitable vient alors secouer durablement la vie de la revue.

La seconde crise de *Clarté*, octobre 1925

Les réquisitoires contre Maurice Barrès et Anatole France ont donné à *Clarté* une dimension nouvelle qui laisse entrevoir, pour certains clartéistes, une voie originale d'activité révolutionnaire. Cependant, les grandes questions d'orientation politique et morale de la revue ne sont pas résolues. Comment peut-on continuer à mener un combat révolutionnaire dans une phase de stabilisation marquée du capitalisme. Doit-on continuer à chercher à construire, en Occident, une société communiste selon les principes prolétariens, alors que la lutte sociale s'est éteinte après l'échec du mouvement ouvrier allemand ? Comment *Clarté* peut-elle continuer à vivre

---

[1] Texte publié dans le n° 75 de *Clarté* de 1925.

dans ces conditions ? Jean Bernier, conscient de la faiblesse et des insuffisances de la démarche de *Clarté,* demande au comité directeur de modifier sa politique générale.

Jean Bernier est, en effet, à l'origine de cette deuxième crise de *Clarté.* Déjà, en octobre 1923, le doute et la déception l'avaient gagné lorsqu'il constata l'éloignement de toute perspective révolutionnaire en Europe. Il avait d'ailleurs souligné et insisté sur cette impasse, cette profonde contradiction qui touchaient directement la revue et pouvaient, à plus ou moins longue échéance, la condamner même. Au cours du printemps 1925, Il constate, une fois de plus, le caractère vain et illusoire des efforts de *Clarté.* L'acharnement des clartéistes à bâtir artificiellement une société communiste, leurs tentatives pour introduire en France et en Europe les éléments d'une morale et d'un art prolétariens, leur détermination à condamner la culture capitaliste ne trouvent aucun prolongement politique et révolutionnaire sur le terrain économique et social. La réalité politique contredit parfaitement les travaux de la revue et menace même son existence. Jean Bernier écrit :

« Nous qui avions cru à portée de nos mains la révolution européenne, la substituions à la réalité implacable d'une réalité qui nous eût permis de ne pas désespérer de la morale et de la pensée, nous qui égarés par ce que j'appellerais « tout le côté français de la question » (et j'entends par-là, aussi bien les idées proudhoniennes et soréliennes qu'un certain patriotisme fut-il limité à l'amour de notre langue) rebâtissions déjà une France ressuscitée par la révolution, avons vu notre foi dans cette conception trop simpliste, vaciller et l'idée optimiste du prolétariat révolutionnaire, que nous appliquions tranquillement à tous les prolétariats nationaux sans prendre garde aux modifications profondes que l'évolution impérialiste du capitalisme avait fait subir depuis Marx aux prolétariats occidentaux, se dérober sous nous en France. Tout ce que, nous acharnant à la suite de Sorel et Proudhon sur des survivances économiques (mœurs prolétariennes françaises, etc.) nous bâtissions dogmatiquement, avec une audace dont l'œuvre de Marx si vague et si prudente, dans sa façon principielle d'envisager la future société communiste eût dû nous démontrer le caractère utopique, tous nos efforts en vue d'introduire dans les choses de la morale et de l'esprit le critère prolétarien : notre dénonciation prolétarienne de la culture capitaliste, nos tentatives pour dégager en France les éléments d'une morale prolétarienne, d'un art prolétarien, etc., etc., tout cela s'effondrait. » Pour Jean Bernier, la philosophie prolétarienne chère à Georges Michael et Edouard Berth perd tout son sens. L'action révolutionnaire de *Clarté* n'est plus concevable, remise en cause chaque fois par les événements eux-mêmes. Jean Bernier ajoute plus loin :[1]

---
[1] Jean Bernier, « Où nous en sommes », *Clarté,* n° 78, 1925.

« Pour nous à *Clarté*, la chute était rude. Depuis un an, il est vrai j'avais intuitivement compris que notre conception révolutionnaire française et même occidentale basée sur l'idée optimiste que nous nous faisions du prolétariat extrêmement évolué des vieilles nations capitalistes (prolétariat qui a tellement déçu depuis 1917 les communistes russes, si mal renseignés sur lui) ne tenait plus debout, ou pour parler avec plus de prudence, que tout ce qui se présentait à nous dans l'ordre des faits historiques contemporains la contredisait, avec une constance qui prenait à la longue, un caractère de gravité exceptionnelle et qui était en tous cas, de nature à ruiner l'activité de notre revue depuis le jour où Marcel Fourrier, Georges Michael, Edouard Berth et moi en avions pris effectivement la direction. »

Il n'est plus possible pour Jean Bernier de continuer ainsi. Le trouble et l'angoisse qui l'habitent lui interdisent de poursuivre son action aux côtés de *Clarté* :

« Du jour où le doute, l'affreux doute s'imposait à cet égard à l'un d'entre nous : moi-même et bien plus encore du jour où, aveugles et sourds aux avertissements les plus accablants les autres refusaient pour des motifs parfaitement étrangers à l'esprit d'accueillir ce doute pour se colleter avec, franchement, en pleine lumière et se cantonnaient dans un optimisme ronronnant, une récitation toute mécanique qui les rapprochaient sans aucun doute des procédés « intellectuels » des gens de « l'Action française », le désaccord s'affirmait parmi nous, bientôt insupportable. La crise de *Clarté* éclatait [...] La crise de *Clarté*... c'est une crise de confiance dans le prolétariat français en particulier, occidental en général. Cette crise de confiance, de nous quatre, toi tu la niais. Edouard Berth et Marcel Fourrier se refusaient pour des raisons diverses à en aborder la discussion[1]. »

Il était urgent pour Jean Bernier d'adopter, pour *Clarté,* une orientation nouvelle, de lui trouver d'autres directions de recherche. Jean Bernier et Victor Crastre, son ami intime, n'hésitent pas à considérer qu'un travail de critique et de dénonciation peut seul sortir la revue de l'impasse dans laquelle elle se trouve. Les accusations contre Maurice Barrès et Anatole France n'ont-elles pas prouvé suffisamment leur dynamisme, le contact esquissé à l'époque avec les surréalistes n'est-il pas une garantie d'action subversive ? Victor Crastre, dans son éditorial écrit :

« ... le révolutionnaire qui voit reculer les succès de son idéal au-delà de quelques années de vie qui lui sont accordées, éprouve le plus amer désespoir... Peut-être un tel désespoir trahit-il une fausse conception du monde mais pouvons-nous ne pas ramener toute chose à nous-même ? C'est qu'il nous faut vivre, agir, et bon gré mal gré, c'est dans le temps le plus présent, le plus actuel que nous vivons et agissons. Vivre, agir, le pouvons-

---

[1] « Lettre de Jean Bernier à Georges Michael du 1er juillet 1926 », *Clarté,* n° 77, 1925.

nous aujourd'hui ? Le seul travail critique nous est encore permis, mais il demeure un but d'action très net : une critique dure et amère et qui paraît encore plus utile au moment où les vieilles sirènes de la démocratie et de tous les réformismes feignent de connaître une énergie nouvelle.

Certes, il serait vain d'esquisser l'image d'une « culture prolétarienne », ou d'un « art prolétarien. » Pas de culture nouvelle, pas d'art nouveau sans révolution ; les anticipations les plus audacieuses ne peuvent être que pures œuvres d'imagination. Il n'y aura pour nous et pour longtemps qu'une littérature de combat de possible, quelle que soit la forme que prenne cette littérature. Mais cette activité pour certains si dérisoire (nous n'avons pas le choix des moyens), c'est elle qui nous sauvera d'un pessimisme sans issue. »

Le comité directeur de *Clarté* ne tient pas à adopter une telle orientation. Le désaccord est profond entre les différents membres de *Clarté*. La crise qui éclate alors secoue durement la revue ; celle-ci ne paraît pas de juin à septembre 1925. Pour Georges Michael comme pour Edouard Berth et Marcel Fourrier, il n'est pas question de renier aussi brutalement l'héritage fondamental de la philosophie sorélienne et le message essentiel du marxisme et de la révolution russe. Georges Michael qui a reçu l'entière confiance de ses camarades se propose de répondre à Jean Bernier.

Georges Michael reconnaît bien volontiers les difficultés idéologiques que traverse l'équipe rédactionnelle de *Clarté* mais refuse de dramatiser la situation comme le fait Jean Bernier. La crise n'est pas aussi grave et ne nécessite pas un changement aussi radical d'orientation politique ; il s'explique [1] :

Clarté a fondé sa démarche depuis 1921 sur une foi généreuse dans la révolution. C'est ainsi qu'elle a connu des illusions et des désillusions singulières. Croyant que la révolte des soldats allait se transformer en révolution sociale, elle constate désabusée que « la démobilisation s'accomplit comme une grande débâcle paisible ». S'attachant à la révolution russe qui seule résiste, elle retrouve espoir et courage. Elle croit même à l'imminence d'une révolution en Allemagne, au cours de l'été 1923 mais la retraite d'octobre puis d'autres événements comme le plan Dawes et le succès du cartel des gauches, la décision de la IIIe Internationale qui reconnaît officiellement la stabilisation du capitalisme, la plongent dans le doute et dans le désespoir. Pour beaucoup de responsables, un tel constat les pousse à considérer que *Clarté* n'est plus viable. Est-il possible de partager un tel pessimisme ? Pour Georges Michael, il est certain que la démarche de *Clarté* a montré un certain nombre de lacunes dont il faut prendre conscience. *Clarté* s'est fondée sur « une attirance romantique » des forces révolutionnaires. Les intellectuels qui ont cru passionnément à l'imminence

---

[1] Georges Michael, « L'équipe Clarté », *Clarté,* n° 75, 1925.

d'une révolution s'identifient, aux yeux de Georges Michael, à des « révolutionnaires romantiques ». Prêts à saluer la levée des forces neuves, ils sont apparus aussi bien en Russie, Hongrie, Allemagne, fait observer Georges Michael, et « apparaîtront dans tous les pays qui connaîtront la veillée d'armes ». Vis-à-vis du communisme, ils ont démontré la même ferveur et le même emportement, semblant réduire la philosophie marxiste à une théorie de l'action révolutionnaire immédiate. Il est donc nécessaire, pour Georges Michael, de s'écarter de cet individualisme romantique. Historiquement, il n'est pas possible de défendre une conception aussi fragile. Les faits contredisent parfaitement une telle illusion révolutionnaire. Il n'est plus question de croire passionnément à l'avènement de la révolution, de tendre avec ferveur vers l'action. Le schéma politique à suivre, est simple. Dans une phase de stabilisation reconnue officiellement par l'Internationale communiste, l'essentiel est d'assurer un travail foncier d'éducation marxiste du prolétariat. L'important est de se détourner de toute espèce de mœurs romantiques ; le révolutionnarisme spontané de Jean Bernier, l'esprit de révolte des surréalistes sont techniquement dépourvus d'intérêt aux yeux de Georges Michael.

Georges Michael propose alors, avec l'assentiment d'Edouard Berth et de Marcel Fourrier de tracer les grandes lignes de la future activité de *Clarté*. Il ne s'agit pas d'un bouleversement mais seulement d'un réajustement de la pratique de la revue dans un sens marxiste et sorélien. La tâche principale de *Clarté* est de travailler à l'avènement d'un art des producteurs, expression de la légitimité spirituelle des travailleurs. Une telle entreprise, affirme Georges Michael, n'intéresse pas les artistes romantiques comme Jean Bernier et tant d'autres qui, déçus et découragés, ignorent la permanence des forces prolétariennes. Guidés par les événements, leur comportement reste parfaitement instinctif et inconséquent. Georges Michael s'explique :

« Aux époques où les bourgeoisies chancellent, la puissance de ces classes apparaît, se dresse soudain, prête aux gestes épiques : de toutes parts, les romantiques accourent ! Mais viennent les époques de stabilisation provisoire - la force virtuelle attachée aux labeurs de tous les temps est éclipsée par l'insolent vernis des classes qui profitent - les artistes romantiques se voilent la face, jettent l'anathème. Ayant perdu l'épopée, ils ont tout perdu.

Ne nous hâtons pas d'en rire. Leur désespoir correspond à cette vérité historique (qu'ils formulent rarement) : la prospérité de notre monde de production, dans la mesure où il étend le recrutement bourgeois, provoque une décadence culturelle. Mais ils ne voient pas qu'il y a toujours des prolétaires, ouvriers et paysans. Ces prolétaires, les romantiques ne les découvrent que quand ils les voient descendre dans la rue ! »

L'important est de se tourner vers les valeurs spirituelles du prolétariat. La permanence du travail, symbole du règne spirituel à venir des exploités, doit guider et inspirer la démarche des révolutionnaires. « Du moment qu'il y a travail humain », note Georges Michael, « il y a culture classique si faible ou partielle soit-elle ». Alors que la civilisation capitaliste conduit irrémédiablement à une décadence intellectuelle et morale, il est nécessaire de travailler efficacement à révéler la culture vraie, celle de la classe ouvrière :

« Dans la mesure où la production moderne bouleverse l'aspect du globe – c'est-à-dire agit – elle est capitaliste donc mortelle pour l'art. Dans la mesure où elle dupe les travailleurs, donc maintient en eux leur valeur culturelle, notre production ne tolère de culture véritable qu'au ras du sol, tenace mais modeste, invisible aux autres classes mais aussi aux artistes romantiques. Une telle culture privée d'action se prête donc faiblement à l'art mais permet toutes les manifestations d'une culture de résistance et de future conquête : morale, philosophie, science authentique. C'est une telle culture qui doit trouver dans *Clarté* son expression normale[1]. »

Cette recherche culturelle difficile mais captivante a déjà atteint en Russie une dimension supérieure et sublime, « véritable épopée permanente » du classicisme artistique prolétarien, exemple qui ne peut que guider et inspirer *Clarté* [2] :

« *Clarté* n'a donc pas voulu tenter sa reconstruction de revue culturelle sans s'assurer le concours des organisations prolétariennes d'art et de lettres des pays soviétiques et de la IIIe Internationale. Elle aidera les classes ouvrières et paysannes de France à maintenir fermement le mode culturel qui seul est viable pour elles en ces temps. Mais elle leur apportera le concours et l'image exaltante des étonnantes résurrections de la culture partout où la production est désormais entre les mains des travailleurs eux-mêmes. »

La mise au point que présente Georges Michael sur la crise de *Clarté* et le nouveau programme d'action qu'il propose pour la revue s'inspirent directement de la philosophie sorélienne. Afin de mieux apprécier les différentes explications théoriques qu'il soutient, il est bon de se pencher davantage sur la définition sorélienne de la révolution et de la culture prolétariennes.

Pour Georges Sorel, la révolution appelle une transformation intellectuelle et sociale progressive du prolétariat. Elle ne se réalise que si celui-ci acquiert la capacité économique et juridique suffisante sous l'influence de la production capitaliste. L'attente « du grand jour » ne doit pas entraver le nécessaire nourrissement de la classe ouvrière, ferment de dissolution et de restructuration sociale. Car, si les révolutions hâtives sont parfois profitables aux démagogues, elles ne sont jamais bénéfiques au peuple. Georges Sorel attache donc moins d'importance à la manière dont la révolution peut être accomplie qu'à sa préparation économique, intellectuelle

---

[1] Georges Michael, « L'équipe Clarté », *Clarté,* n° 75, 1925.
[2] *Ibid.*

et morale. La victoire du socialisme dépend alors de l'aptitude des travailleurs à se former, à s'instruire, à s'organiser. Sujet de l'histoire, le prolétariat s'érige en classe consciente d'elle-même dans un mouvement auto-constitutif.

Ainsi, pour Georges Michael comme pour tout sorélien, attendre passionnément la révolution, croire à son avènement immédiat ne signifient rien. Il s'agit tout au contraire de développer chez les travailleurs de nouvelles manières de penser, de les rendre capables de gérer leurs propres affaires, de participer activement à leurs autoformations révolutionnaires. Les travailleurs sont donc invités à créer leurs propres droits, à préparer leur propre légitimité spirituelle face à la civilisation capitaliste. Une civilisation des producteurs, édifiée sur la base solide de la technologie progressiste, s'installera en dépit de l'esprit bourgeois et contre lui. Une tâche culturelle passionnante s'offre alors au révolutionnaire qui va travailler à l'éclosion d'une morale et d'un art authentiquement prolétariens. C'est ce programme d'éducation culturelle que Georges Michael se propose d'approcher avec *Clarté*. La révolution culturelle à préparer donnera le signal de l'avènement de la civilisation des producteurs.

Une conception doctrinale aussi théorique sera-t-elle bien reçue par les gens de *Clarté* ? Le schéma sorélien et sa finalité révolutionnaire ne vont-ils pas dérouter certains clartéistes ? Seront-ils tout au moins assimilés ? Rien n'est moins sûr. En fonction de cette direction idéologique générale, Georges Michael envisage pour *Clarté* un style de travail rédactionnel particulier. Il tient à imposer au sein de la revue un travail d'équipe afin d'éviter toute forme de déviation politique. L'activité rédactionnelle se présentera ainsi :
- mise en commun des idées personnelles.
- répartition des tâches journalistiques sous le contrôle de tous.
- principe de l'auto-critique.
- publication des éditoriaux sous signature collective.

Afin de mieux approcher la légitimité spirituelle des classes laborieuses, il décide de constituer des équipes rédactionnelles au sein du lectorat de *Clarté*. Comme les premières enquêtes sur le monde agricole ont donné entière satisfaction,[1] il est normal d'envisager une telle mesure d'autant plus que le PCF lui-même, note Georges Michael, mène une politique à peu près similaire en se transformant sur les bases des « cellules d'usine ». Les lecteurs de *Clarté* seraient alors groupés en équipes, par spécialité, par profession, par région et seraient invités à travailler sur des projets que leur soumettrait la revue. Vouloir instaurer de telles mœurs rédactionnelles, n'est-ce pas aller au devant de certaines critiques ? Les rédacteurs de *Clarté* accepteront-ils de voir leur statut ainsi modifié ?

---

[1] Voir *Clarté,* n° 72, 74, 78, de 1925, Enquêtes sur la Bresse, le Vaucluse, les Pyrénées ariégeoises.

Verront-ils d'un bon œil la revue réduite au rôle de tribune de lecteurs dont l'unique fonction serait la consultation du public de *Clarté* ? En affichant de telles prétentions, Georges Michael va trop loin. Pour l'heure, son programme recueille l'approbation d'Edouard Berth et de Marcel Fourrier et semble mettre un terme à la situation houleuse qu'a connue le comité directeur de *Clarté* depuis le début de l'année 1925. Son application est fixée au mois d'octobre 1925.

La nouvelle ligne politique et culturelle de *Clarté* ainsi tracée ne peut que provoquer l'hostilité de Jean Bernier qui, dans une lettre du 2 juin 1925, donne sa démission du comité directeur mais demeure néanmoins rédacteur de *Clarté*. Jean Bernier s'exprime en ces termes :

« Chers camarades,

La réorganisation intellectuelle de la revue me met dans l'obligation toute morale de donner ma démission du comité directeur. Littérateur, quelque profonde réserve que je fasse sur cette étiquette-là, et d'opinion révolutionnaire, puisque condamnant de façon absolue et naturellement publique la société dans laquelle je vis, j'avais cru que *Clarté*, revue de culture révolutionnaire, pouvait fonder cette dénonciation de l'art et de la littérature, dans notre république bourgeoise sur l'existence et l'activité du prolétariat français en tant que classe originale, créatrice de valeurs nouvelles permettant d'envisager en France une renaissance de l'esprit. Or, rien ne me semble plus aujourd'hui, autoriser cette prétention et cet espoir.

Si les valeurs spirituelles sur lesquelles s'est fondée et développée notre « civilisation » capitaliste m'apparaissent plus que jamais comme étant en pleine décomposition (au sens le plus puant du mot) j'ai le malheur de ne plus rien apercevoir à notre horizon social qui soit à même de recueillir la succession vacante et de donner corps à une nouvelle aventure.

La destruction, tel est le signe qui me paraît marquer en France, pour ne pas parler d'autres pays, toute sorte d'art et de littérature. Au reste, l'orientation de l'IC vers l'Asie et les peuples coloniaux, de préférence aux pays d'Occident humainement usés jusqu'à la corde, me semble à cet égard grosse de conséquences.

Si je ne puis qu'approuver la nouvelle direction de la revue dans la mesure où elle s'efforcera modestement et sans compromissions de rechercher et de recenser les dernières richesses révolutionnaires françaises, sans viser, comme nous l'avons fait jusqu'à présent à dresser en France contre la soi-disant culture bourgeoise une pseudo-culture prolétarienne, rien dans mon activité personnelle, ne me permet pour l'heure de participer à ses travaux un peu bien dogmatiques. Je vous prie donc, chers camarades, en souhaitant du plus vif de moi-même que votre optimisme soit justifié de ne plus me considérer si cela vous convient, que comme un collaborateur occasionnel de la revue.

Il est bien entendu n'est-ce pas que cette collaboration à la faveur de laquelle j'envisage de continuer cette besogne de destruction à quoi, vraiment nul honnête homme ne peut actuellement se dérober, implique une liberté absolue, hélas toute individuelle. »

Signé Jean Bernier.[1]

De plus, afin de répondre aux assertions de Georges Michael sur l'évolution de *Clarté* et de ses responsables, Jean Bernier rédige une seconde lettre de protestation datée du 1er juillet 1925. Il ne peut admettre que son camarade réduise l'activité politique de *Clarté* et de ses collaborateurs à un simple et vulgaire « romantisme révolutionnaire ». Selon lui, les décisions majeures comme la dissolution des groupes *Clarté* en 1921, la rupture avec Henri Barbusse, le numéro spécial sur l'oubli de la guerre, les attaques contre Maurice Barrès et Anatole France n'ont rien de romantiques. Il ne peut tolérer que Georges Michael se permette de reprocher aux artistes et intellectuels de *Clarté* leur méconnaissance du prolétariat et de ses mœurs, lui qui demeure avant tout, ajoute Jean Bernier, « un homme de cabinet s'il en est ». Il s'étonne que ce dernier n'ait soufflé mot de la doctrine sorélienne et proudhonienne qui a su structurer la démarche politique et culturelle de la revue en 1923, et l'entraîner à développer une métaphysique prolétarienne. En fait, les protestations de Jean Bernier manquent leur but et révèlent un sérieux malentendu. Jean Bernier ne semble pas avoir compris le comportement doctrinal de Georges Michael et saisi l'ampleur de l'analyse sorélienne de la révolution et du prolétariat.

Au sein de *Clarté,* la situation reste assez trouble. Georges Michael a quitté Paris, nous apprend Marcel Fourrier[2], afin de travailler « fébrilement à la constitution de ses équipes avec lesquelles il entrevoyait sans trop de peine, la possibilité de faire un travail d'attente ». Seul à la direction de la revue, Marcel Fourrier, quelque peu hésitant et circonspect semble-t-il, face aux nouvelles directives de Georges Michael, décide de renoncer à soutenir son programme. Il déclare :

« A cet optimisme, je ne pouvais plus pour bien des raisons participer[3]. »

En fait, la présence de Jean Bernier à Paris est pour quelque chose dans ce revirement. Jean Bernier, en effet, reprend sa démission en août 1925, et devant l'éloignement de Georges Michael, il réussit à convaincre les différents éléments de *Clarté* du bien-fondé de sa position politico-culturelle. C'est alors que le principe d'une entente avec les surréalistes est admis, un travail de dénonciation de type révolutionnaire accepté. Cet infléchissement graduel et pourtant laborieux de l'action de *Clarté,* dû aux invitations discrètes mais pressantes de Victor Crastre et de Jean Bernier va alors se

---

[1] « Lettre de Jean Bernier du 2 juin 1925 », *Clarté,* n° 75, 1925.
[2] Marcel Fourrier, « De *Clarté* à *La Guerre civile* », *Clarté,* n° 79, 1925.
[3] *Ibid.*

traduire concrètement à l'occasion d'un événement politique de taille : la guerre du Maroc.

Chapitre XIII

La guerre du Maroc

La guerre du Maroc surgit à point nommé. Pour Jean Bernier, elle apparaît comme le « deus ex machina de la situation. » Tel un événement providentiel, elle précipite l'évolution des deux groupes surréaliste et clartéiste et les pousse à s'engager dans la voie nouvelle qu'ils ont choisie. Elle dissipe toute forme d'hésitation et d'atermoiement et appelle impérieusement clartéistes et surréalistes à se mobiliser. Jean Bernier, personnellement, ne pouvait guère espérer mieux. Le chemin est désormais tout tracé. Cependant, il ne cache pas son étonnement devant le caractère brutal et inattendu sur le plan politique de la crise rifaine. Il reconnaît d'ailleurs que son étonnement est bien peu orthodoxe pour un intellectuel qui se prétend marxiste. Il rappelle en effet que l'émergence de ce fait historique est liée tout logiquement à la dégénérescence du système capitaliste et qu'un tel phénomène a été clairement analysé par Lénine lui-même.[1] Marcel Fourrier, de son côté, insiste, lui aussi, sur l'importance de ce facteur politique, décisif, à ses yeux, dans le rapprochement entre clartéistes et surréalistes :

« Les événements de la guerre du Rif vinrent nous jeter littéralement les uns sur les autres[2]. »

André Breton, de la même manière, souligne le poids de cet événement déterminant pour le camp surréaliste :

« L'activité surréaliste en présence de ce fait brutal, impensable, va être amenée à s'interroger sur ses ressources propres. »

Par contre, Victor Crastre n'attache qu'une importance toute relative à la révolte marocaine. A ses yeux, le désir de rapprochement des surréalistes et leur volonté d'action étaient tels que le moindre incident politique pouvait être à l'origine d'une entente durable avec *Clarté* :

« Si les surréalistes ont opéré à ce moment leur jonction avec l'équipe de *Clarté,* c'est que de profondes raisons internes exigeaient cette fusion : elle se fut produite même si la guerre du Maroc, comme celle de Troie, n'eût pas eu lieu. Le moindre incident politique en eût fourni le prétexte[3]. »

Se retrouvant côte à côte à l'occasion de la guerre du Maroc, clartéistes et surréalistes vont, dans un premier temps, défendre une position politique et culturelle conventionnelle. Ils se contentent de s'associer simplement à la campagne anticolonialiste lancée par le parti communiste français. Ils assurent donc ensemble un travail de dénonciation politique mais leur

---

[1] Jean Bernier, « Notes », *Clarté,* n° 79, 1925.
[2] Marcel Fourrier, « De *Clarté* à *La Guerre civile* », *Clarté,* n° 79, 1925.
[3] Victor Crastre, *Le Drame du surréalisme,* Paris, Temps, 1963, p. 74.

démarche, à ce stade, est loin d'atteindre une dimension révolutionnaire particulièrement dynamique et originale.

Dès l'ouverture des hostilités entre la France et les Rifains, le 14 mai 1925, le parti organise un vaste mouvement de protestation contre la guerre du Maroc. Un comité d'action se constitue. En liaison étroite avec la CGTU, avec l'appui des Jeunesses communistes et de l'ARAC, le parti multiplie les manifestations sur les mots d'ordre de fraternisation et d'indépendance du Maroc. Des tracts antimilitaristes, rédigés en français et en arabe, sont distribués sur le terrain et dans les casernes.

Clarté, pour soutenir les efforts du parti communiste, lance, à partir de juin, une enquête sur le thème suivant : « Que pensez-vous de la guerre du Maroc ? », à l'adresse des intellectuels français. Cette enquête est annoncée dans le n° 74, sous le titre : « Lettre ouverte aux intellectuels pacifistes, anciens combattants, révoltés ». Toutes les réponses, précise *Clarté,* seront publiées intégralement et sans commentaire. Le 15 juillet 1925, *Clarté* fait paraître un numéro spécial intitulé : « Contre la guerre du Maroc, contre l'impérialisme français » qui contient l'ensemble des réponses obtenues.

Dans ce numéro spécial, *Clarté,* tout d'abord, avec Marcel Fourrier, dénonce avec violence l'agression contre le Maroc et entreprend de faire le procès du colonialisme français et du bloc des gauches. Dans cet article où se marque l'obsession de la guerre de 1914-1918, Marcel Fourrier[1] voit avec dépit l'appareil de guerre reprendre ses droits, les mêmes mécanismes implacables et infâmes triompher : l'Union sacrée des intellectuels français au service de la propagande, le soldat exploité et manipulé, les combats meurtriers comme les boucheries célèbres du général Nivelle, l'opposition entre « le front qui crève et l'arrière qui s'ennuie », la machine bancaire toute puissante. Comme en 1914, Marcel Fourrier constate amèrement que la social-démocratie trahit la cause prolétarienne. Elle vote les crédits militaires, elle travestit la vérité sous une phraséologie bourgeoise, affirmant que la guerre coloniale est « une œuvre de pacification et de civilisation ». En même temps, Marcel Fourrier démontre que la tradition colonialiste de la SFIO est tenace, que sa politique impérialiste favorisant la prospérité du pays réduit les chances de mobilisation révolutionnaire du prolétariat. Il déplore alors que la classe ouvrière, ainsi embourgeoisée, ait perdu depuis 1919 sa virulence et « dédaigne l'appui qu'offrent au mouvement révolutionnaire mondial les peuples coloniaux ». Il espère un renouveau de la lutte internationale :

« La bataille perdue sans combat en Allemagne, il y a deux ans, peut-être regagnée au Rif ou à Shanghai », affirme-t-il.

---

[1] Marcel Fourrier, « Ce que nous pensons de la guerre du Maroc », *Clarté,* n° 75, 1925.

Reprenant la phrase de Lénine sur la nécessité d'une entente entre tous les prolétariats des pays d'Europe et des pays colonisés, Marcel Fourrier appelle chaque révolutionnaire à dépasser la politique nationale pour servir la cause prolétarienne à travers le monde.

Après cette mise au point de Marcel Fourrier, *Clarté* présente l'ensemble des réponses recueillies à la suite de son enquête sur la guerre du Maroc. Les surréalistes ont bien entendu participé à cette démarche et leurs réponses figurent en bonne place dans les colonnes de la revue. Il est bon de se pencher, au milieu de cette vaste consultation, sur les prises de position de certaines personnalités.

Plusieurs intellectuels pacifistes de renom expriment sans détour leur désapprobation.

Romain Rolland s'associe largement à la campagne de *Clarté*. Tout en se déclarant hostile à toute guerre, il tient à affirmer que l'Occident, par son aveuglement et sa féroce cupidité, a déclenché sur le plan historique un mouvement d'insurrection généralisé, les peuples coloniaux menaçant aussi bien l'Europe capitaliste que la Russie bolchevique :

« J'accuse les gouvernements de la France et de la Grande-Bretagne (pour ne point parler des moindres puissances d'Occident) de déchaîner sur l'Europe, par leur obtuse politique, par leur impérialisme brutal et cupide, par leurs provocations continues, l'immense insurrection des races d'Asie et d'Afrique. Elle se prépare depuis un demi-siècle dans le monde musulman. Il faut être borné comme un mathématicien qui se mêle de politique, pour ne pas voir que la guerre du Maroc achève d'unifier ces masses tourbillonnantes et dérive vers l'Occident la fureur du guêpier. Quant aux communistes, qui ne voient dans ce soulèvement des peuples que la ruine de l'impérialisme, je les avertis que les forces déchaînées ne distingueront pas entre l'impérialisme et le communisme d'Europe et que sur le rouleau d'Asie, le bolchevisme de Moscou un jour sera anéanti. »

Georges Duhamel condamne lui aussi l'intervention française au Maroc et s'applique à montrer tous les sophismes entretenus sur le mot « guerre colonisatrice, guerre civilisatrice, guerre pacificatrice ».

Jean Richard Bloch, tout en soulignant les limites et les contradictions des propos formulés par les tenants de l'impérialisme, retient la signification historique de la guerre marocaine pour l'avenir des relations internationales :

« Le XIXe siècle a été dominé par le problème des nationalités. Le problème colonial dominera le XXe siècle. C'est aux colonies que se règleront le sort de la Grande-Bretagne et celui de la France. »

Henri Poulaille, par une réponse lapidaire, rejette en bloc l'idée de guerre :

« La guerre au Maroc ?

Évidemment contre.

Contre toutes les guerres

A propos de cette nouvelle « dernière » que devient la question Droit.

Est-ce que la guerre du Maroc est une question de Droit aussi.
Alors contre le Droit.
Mais que sera notre protestation en face de la veulerie de tous. »

Georges Chennevrière, pour sa part, exprime son dégoût de toute espèce de guerre coloniale :

« Je pense de la guerre du Maroc ce que je pense de toutes les guerres coloniales. C'est qu'elles constituent une violation systématique du droit des gens ; que sous couleur d'introduire la civilisation européenne chez des peuples qui, pour la plupart, y demeurent réfractaires elles servent avant tout des appétits industriels et financiers ; qu'elles ont enfin pour principal effet de sacrifier inutilement des hommes et de propager dans le monde entier une haine légitime contre des nations qui n'ont plus à parler de civilisations depuis « l'affaire de 1914-1918. »

Jean Lurçat, avec davantage d'agressivité et de violence, crie sa haine contre la société française nationaliste et militariste :

« Inutile de poser la question. Evidemment entièrement avec vous. Entre l'agriculteur rifain et le Maréchal, mon choix est tout fait. Il y a du côté du Maréchal, trop de mauvaises odeurs.

Le patriote rifain est un pillard. Ce moniteur de gymnastique qu'est l'officier de Spahis, un Héros : mieux un Don Quichotte. Il abandonne sa solde aux laboratoires, aux Croix-Rouges. A peine exige-t-il une petite retraite pour couler des jours ramollis et stupides, autour d'une « verte » dans le patelin qui l'a vu naître, ce petit sergent !

Droit des peuples. Expansion civilisatrice. Troussons les jupons et devant les faits, il y a de quoi se sentir l'estomac dans la gorge. Dégueuler de soi-même cette civilisation à base de cheddite et la dégueuler n'importe où, devient un geste de propreté. »

Au-delà de ces déclarations spontanées de rejet de l'intervention française au Maroc, plusieurs intellectuels libéraux et progressistes se montrent particulièrement réservés dans leurs propos, allant même jusqu'à contester la légitimité de l'action libératrice du peuple rifain. C'est ainsi que Pierre Hamp, au milieu du vibrant procès qu'il dresse du colonialisme, s'en prend à Abd el Krim, leader nationaliste marocain, et n'hésite pas à le considérer comme un parfait homme de main, exploiteur de surcroît, faux représentant d'une république tout à fait factice. De la même manière, René Maran ne peut supporter que les communistes français et les dirigeants soviétiques s'empressent de faire d'Abd el Krim, véritable chef de bande à ses yeux, le représentant officiel d'une république qui n'existe pas dans les faits. Georges Pioch, lui aussi, s'attache à mettre en doute les qualités de libérateur d'Abd el Krim, tout en associant, dans une même critique, le chef marocain et le maréchal Lyautey, tous deux serviteurs et complices de vulgaires intérêts financiers et politiques :

« Lyautey comme Abd el Krim, c'est Finance et Mercante contre Mercante et Finance.

Il est également odieux qu'un rifain meurt pour Abd el Krim et pour ceux qui le soudoient et qu'un Français meurt pour les « firmes », pour les marchandises que Monsieur Lyautey couvre de sa protection et du pavillon français. »

Victor Basch, à son tour, président de la Ligue des droits de l'homme, refuse de se prononcer sur les qualités politiques du chef marocain et déclare, tout en proclamant son horreur de la guerre et de toute forme de terreur sanglante, que renoncer à défendre les colonies françaises, c'est laisser les autres impérialistes s'en saisir.

De leur côté, les intellectuels de droite sont tout à fait convaincus de la nécessité d'une intervention militaire française contre le peuple marocain. Les professeurs Gide et Richet ne cachent pas leur satisfaction de voir l'armée française rétablir l'ordre au Maroc. Le professeur T. Ruyssen se réjouit lui aussi de telles mesures, considérant que la politique coloniale de la France a apporté de réels bienfaits au peuple marocain.

Roger Martin du Gard, codirecteur des *Nouvelles littéraires,* fait reproche à Henri Barbusse de juger une situation politique sans en connaître le détail et affirme que le colonialisme est un phénomène historique parfaitement normal :

« Condamner d'emblée sans réserve et en son principe cette campagne du Maroc, c'est condamner à priori toute entreprise coloniale, autant dire que c'est intenter procès à l'histoire universelle et à tout ce que l'on est convaincu d'appeler civilisation. »

François Mauriac s'en prend particulièrement aux communistes qui, selon lui, se moquent totalement du droit des peuples à disposer d'eux-mêmes, jouent avec la vie humaine et voient dans la guerre du Maroc le moyen de faire triompher les vues de Moscou. François Mauriac se moque alors d'Henri Barbusse et des pacifistes qui s'émeuvent du sang versé dans ce conflit, « sorte de sensibilité et d'indignation bourgeoises ». Il s'adresse directement à Henri Barbusse en l'accusant « d'antipatriotisme et de trahison » et poursuit : « Moscou représente un renversement des valeurs telles, que l'humanité n'en avait jamais conçues, c'est votre force, mais soyez logique, ne vous adressez pas à notre « belle âme » pour qu'elle nous fasse bêtement complice de votre fureur lucide. Ne nous demandez pas de jeter de l'huile sur votre feu ».

Le groupe surréaliste, pour sa part, représenté par Antonin Artaud, René Crevel, Paul Eluard et Louis Aragon, manifeste son hostilité avec beaucoup de détermination, chacun, en fonction de sa sensibilité propre exprimant ses sentiments.

Antonin Artaud réduit la guerre et le fait de tuer à une question de chair et de sang :

« La guerre, celle du Maroc ou une autre, me paraît surtout une question de chair. A quoi je pense, j'en reviens toujours au fonctionnement de mes membres et après tout, je ne connais pas autre chose que la sensibilité de ma chair... J'ignore tout de la liberté, je ne cherche pas à faire fonctionner mon esprit, pour moi, toute la question de la liberté se réduit à une peur panique des massacres qui me viendrait de tous les côtés. Je ne suis pas autre chose qu'un lâche, mais je me demande au nom de quel principe capable de dépasser le sentiment que je puis avoir de ma chair, on m'imposerait un courage odieux et en définitive inutile, un courage qui ne profiterait qu'à un certain sentiment que d'autres pourraient avoir par exemple de la vertu ou de l'honneur ! »

René Crevel voit dans l'entreprise marocaine la possibilité de réduire à néant les institutions et les systèmes de pensée de l'Europe décadente :

« ... Le maquillage des consciences, ces phrases en cocktails nationalo-chauvino-financiers (un cochon n'y reconnaîtrait pas ses petits), l'appel aux lois des hommes, à des traités, à des conventions dont nous avons eu tout le loisir d'apprécier la valeur, la sournoiserie générale, nous contraignent à dire notre mépris pour l'entreprise antirifaine – et aussi qu'en temps où les Raminagrobis bien-pensants dénoncent un péril oriental, l'odieuse conduite européenne contraint à rêver de quelque dynamite capable de réduire en miettes les institutions et les méthodes de notre cher pays et de ses voisins – Peut-être d'ailleurs sera-ce le bienfait de la guerre marocaine que de précipiter la débâcle de ce qu'on appelle notre civilisation. »

Paul Eluard, avec tout autant de fougue, souhaite la défaite de la France afin de pouvoir faire table rase du passé et préparer la révolution :

« La France est un pays canaille qui rit, qui rit toujours, bassement, de toute grandeur, de toute violence, de toute nudité. Que ses ennemis triomphent, qu'ils l'humilient, qu'ils la contraignent à demander les coups qui l'achèveront, je ne puis en attendre que la liberté ! Toute guerre suppose une défaite, toute défaite une révolution. »

Cette vaste consultation semble à première vue digne d'intérêt. Elle permet à *Clarté* de retrouver un certain dynamisme et d'accueillir dans ses rangs, pour la première fois, les intellectuels surréalistes. En fait, pour les responsables clartéistes, ce genre d'intervention ne satisfait qu'à moitié et sa signification révolutionnaire est plus que douteuse. Ils constatent avec amertume que beaucoup d'intellectuels dits de gauche se satisfont d'une argumentation étroitement réformiste. Jean Bernier considère que de telles déclarations, empêtrées de pacifisme et de faux démocratisme, ne sont pas sans rappeler l'idéalisme puéril et moralisateur des années 1919-1920 qui a montré avec éclat sa faiblesse et sa compromission. A ses yeux, elles laissent entendre que *Clarté*, désormais, « retourne à son ancien vase ». Marcel Fourrier, tout aussi critique, déclare que ces réponses sont bien peu « honorables » pour *Clarté* et prêtent « à quelques fâcheuses équivoques ». Il retient cependant que « ces manifestations d'intellectuels bourgeois et pacifistes de gauche ont comme seul avantage d'aider tant soit peu le PCF dans sa campagne contre la guerre du Maroc[1] ».

Conscients de l'insuffisance réelle d'une telle démonstration sur le plan politique et révolutionnaire, *Clarté* tient à faire une mise au point, par l'intermédiaire de Marcel Fourrier, dans son éditorial du n° 77. Elle se charge d'expliquer ce que signifie, en vérité, à ses yeux, la lutte anticolonialiste. Faisant référence à l'ouvrage de Lénine « L'impérialisme, stade suprême du capitalisme », Marcel Fourrier montre que le colonialisme inauguré au XIXe siècle est la conséquence logique du capitalisme industriel européen. Le Maroc est l'objet d'un pillage économique cruel et systématique de la part des appareils impérialistes français et espagnol. Comment, dans ces conditions, admettre les pseudo-arguments des intellectuels français qui prétendent que la France peut apporter au Maroc et aux colonies en général un degré élevé de civilisation ? Considérant la position politique de la social-démocratie, Marcel Fourrier rappelle que la seconde Internationale n'a jamais condamné le colonialisme et que si Jaurès, ajoute-t-il, s'en est pris à l'impérialisme, c'est seulement parce qu'il représentait, à ses yeux, un danger potentiel de guerre pour la civilisation européenne. Par contre, note Marcel Fourrier, les responsables bolcheviques ont su véritablement soutenir une attitude politique rigoureuse en matière d'anticolonialisme. Ils ont affirmé, rappelle Marcel Fourrier, et avec quel éclat, leur souci de porter secours à tous les peuples colonisés dans le monde. Grâce à l'action de l'Internationale communiste et des jeunes partis communistes nationaux, l'idée de révolution anti-impérialiste s'est imposée dans chaque colonie. Le devoir de tout révolutionnaire est alors de venir soutenir l'insurrection anticolonialiste au même titre que l'insurrection du prolétariat européen contre le capitalisme. Il n'est donc pas possible, pour Marcel Fourrier, d'accepter de voir plusieurs intellectuels dits de gauche jeter la suspicion sur la lutte du peuple rifain et de son chef Abd el Krim, de tolérer leurs critiques et leurs protestations au sujet des violences exercées par les forces marocaines contre les troupes d'occupation française. Pour Marcel Fourrier, la violence des combats de la part des peuples colonisés se justifie parfaitement. Il écrit :

« Nous osons dire que l'injustice, l'immoralité des conquêtes et des occupations coloniales justifient de la part des peuples opprimés les pires violences. »

Pour lui, les intellectuels français sont parfaitement hypocrites et manifestent sur cette question « de vulgaires sentiments de négriers. » Il conclut en appelant chaque militant à condamner avec violence l'impérialisme, à trahir les intérêts capitalistes de son propre pays pour servir la cause de la révolution :

---

[1] Marcel Fourrier, « De *Clarté* à *La Guerre civile* », *Clarté,* n° 79, 1925.

« Si nous en sommes en un temps et en un pays où il faille tenir la trahison pour une vertu révolutionnaire, nous acceptons d'être des traîtres. Trahir le capitalisme, c'est servir la révolution. »

Pour clore ce débat sur l'anticolonialisme et mettre un point final sur les accusations portées par plusieurs intellectuels français contre le peuple rifain, *Clarté* fait paraître dans son n° 77 deux messages d'Abd el Krim qui démontrent clairement la volonté légitime du chef rifain d'assurer la liberté et l'indépendance du Maroc. Le premier message est adressé aux groupes étudiants « Rénovacion » de l'université de Buenos Aires, le second est envoyé au peuple américain et remis au *Chicago Daily News*.

L'appel d'Henri Barbusse

Tout à fait conscient des limites de son enquête lancée auprès des intellectuels sur la guerre du Maroc, *Clarté*, en compagnie des surréalistes, poursuit cependant son action de propagande aux côtés du PCF. Elle accepte de soutenir le parti dans sa campagne anti-impérialiste mais par simple souci tactique. C'est ainsi qu'elle n'hésite pas à signer, avec ses amis surréalistes, l'appel d'Henri Barbusse, publié dans *l'Humanité*, alors qu'elle a renié depuis longtemps la paternité de l'auteur du « Feu ». Henri Barbusse, en effet, membre du PCF et directeur littéraire de *l'Humanité*, dans le but de mobiliser l'ensemble des forces intellectuelles de gauche, rédige une déclaration intitulée « Aux travailleurs intellectuels. Oui ou non condamnez-vous la guerre ? » qui paraît le 2 juillet dans *l'Humanité*. *Clarté* présente, dans son n° 76, ce document et l'ensemble des signatures qu'il a recueillies, c'est-à-dire celles de nombreux écrivains et de trois groupements littéraires : la rédaction de *Clarté*, le groupe surréaliste et le groupe « Philosophie[1] ».

Le texte composé par Henri Barbusse est bien peu convaincant sur le plan politique et révolutionnaire. Il est entaché d'un pacifisme et d'un

---

[1] En regardant attentivement les noms qui figurent dans l'équipe *Clarté* et l'équipe surréaliste, plusieurs remarques s'imposent. La rédaction de *Clarté* se trouve, dans cette opération politique, subitement grossie d'un nombre appréciable de collaborateurs qui depuis longtemps s'en sont éloignés. C'est le cas de Léon Bazalgette, Jean Richard Bloch et Paul Signac qui n'ont plus écrit pour *Clarté* depuis un ou deux ans, de Paul Vaillant Couturier qui depuis 1923, en compagnie d'Henri Barbusse, a renoncé à s'occuper de la revue, d'Edouard Berth qui vient juste de se retirer du comité directeur et de Georges Michael, enfin de rédacteurs occasionnels comme J. Montrevel, Maublanc, H. Hisquin, G. Aucouturier, Friedmann. Le groupe surréaliste est largement représenté. On peut souligner entre autre qu'Antonin Artaud, en rupture avec le groupe, a refusé de signer ce texte alors que son nom figurait dans l'enquête mise sur pied par *Clarté*. Il va sans dire que plusieurs noms ont été placés en bas du manifeste d'Henri Barbusse sans qu'on ait pris la peine de consulter les personnes concernées.

réformisme pour le moins contestables. Dans cette déclaration, Henri Barbusse invite chaque écrivain et artiste à dénoncer la réalité sanglante du conflit marocain, à dépasser les beaux sophismes pour condamner le caractère impérialiste de cette guerre, pour s'insurger contre les spoliations des traités « imposés par la violence aux peuples faibles. » Il leur demande de défendre le principe sacré du « droit des peuples, de tous les peuples à quelque race qu'ils appartiennent, à disposer d'eux-mêmes », de travailler au triomphe de la Justice et de la Paix. Il appelle tous les honnêtes gens à se faire entendre et s'adresse « à la volonté pacifique de l'opinion », « au gouvernement de la république pour qu'il arrête immédiatement l'effusion de sang au Maroc », « à la SDN pour qu'elle justifie son existence par une intervention urgente en faveur de la paix ».

Clarté se refuse à émettre quelques critiques sur la teneur de ce texte et accepte, par pure discipline révolutionnaire, de le cautionner en compagnie du groupe surréaliste. Son calcul s'avère, sur le simple plan de la stratégie politique, opportun. En effet, le manifeste d'Henri Barbusse et les signatures qu'il recueille provoquent une vive réaction des milieux intellectuels de droite. *Le Figaro, L'Éclair* publient, le 7 juillet 1925, un contre-manifeste intitulé « Les intellectuels aux côtés de la Patrie – adresse aux troupes françaises qui combattent au Maroc » dans lequel on peut lire :

« Si quelques intellectuels ou qui s'estiment comme tels, se sont rangés du côté de la révolution, l'immense majorité des savants et des écrivains, demeure elle, du côté de la Patrie…Les soussignés tiennent à honneur et devoir d'adresser aux troupes, soit indigènes, soit métropolitaines, qui combattent au Maroc, pour le Droit, la Civilisation et la Paix, l'hommage de leur reconnaissance et de leur admiration. » Suivent les signatures des membres de l'Académie française, de l'Académie des sciences, de la médecine, des beaux-arts, de la Ligue des patriotes, de l'AEC.

Clarté, prenant la mesure de la situation ainsi créée, présente avec intelligence, dans ce n° 76, le texte d'Henri Barbusse et la déclaration des intellectuels de droite côte à côte et, comme seule réplique, publie un extrait des « Notes de guerre » de Dispan de Floran sur la condition tragique du soldat. Ainsi, *Clarté,* en compagnie des surréalistes, se comporte d'une manière tout à fait conventionnelle et pragmatique, au cours des mois de juin et juillet 1925. Elle se contente, dans un souci de pure stratégie, de soutenir le PCF dans sa campagne contre la guerre du Maroc. Mais elle ne se fait pas d'illusion sur la portée révolutionnaire d'une telle démarche. Elle ne croit pas en la valeur d'un rassemblement des forces intellectuelles de gauche. S'agit-il, pour elle, de cautionner des manifestations qui par leur signification politique la repousse six ans en arrière ? La guerre du Maroc lui offre effectivement la possibilité de s'exprimer et de se mobiliser, mais non pas d'une manière aussi traditionnelle, en s'appliquant uniquement à mener une tâche de propagande classique. *Clarté* aspire à d'autres formes d'activité révolutionnaire, vise d'autres objectifs politiques et culturels. Elle est décidée, avec André Breton et ses amis, à engager un travail révolutionnaire beaucoup plus enrichissant et exaltant, à mener un travail de dénonciation et de contestation beaucoup plus ambitieux et efficace.

Clarté présente alors, dans son n° 77, une vigoureuse mise au point dans laquelle elle condamne l'appel d'Henri Barbusse et affirme clairement sa volonté de rompre avec ce style d'expérience faussement révolutionnaire. Jean Bernier et Marcel Fourrier se chargent d'expliquer que, s'ils ont signé cette déclaration, c'est par un souci évident d'efficacité politique. Ils rappellent qu'ils ont utilisé la signature de plusieurs camarades sans les avoir consultés.[1] Ne voulant laisser subsister aucun doute dans la publication de *Clarté,* ils s'attaquent au document d'Henri Barbusse dont le pacifisme leur apparaît insupportable et inadmissible. Faire appel à la volonté pacifique de l'opinion, au gouvernement et à la république, à la SDN pour négocier un juste armistice sont des principes inacceptables. Ils ne peuvent supporter une telle déclaration qui s'identifie à « une protestation platonique et dérisoire » et qui peut les confondre « avec les intellectuels les plus dangereux de la révolution ». Ils rappellent clairement qu'ils n'ont rien de commun avec de tels personnages, « ces sociaux-démocrates, ces républicains, ces pacifistes que Lénine qualifiait de pleurnicheurs ». Par cette agressivité évidente à l'égard d'Henri Barbusse, le groupe *Clarté* démontre qu'il ne veut en aucune façon retomber dans les erreurs d'antan.

« La révolution d'abord et toujours »

Clarté est décidée à se consacrer entièrement à ce qui lui tient à cœur : réaliser avec les surréalistes une tâche de dénonciation politique et culturelle et lancer les bases d'un rapprochement durable et efficace entre les deux camps. C'est ainsi qu'à la fin de l'été 1925, *Clarté,* avec le groupe surréaliste, tombe d'accord sur le principe d'une déclaration commune qui scellerait l'entente entre les deux groupes. La préparation et la rédaction d'un tel manifeste sont confiées à Aragon, délégué par le groupe surréaliste et à Victor Crastre chargé de représenter *Clarté*. Pour chacun d'eux, l'important est de produire un texte de compromis. Victor Crastre écrit à ce sujet :

« Point n'est besoin d'idées originales. Nous nous plaçons au point de rencontre du surréalisme et du communisme et nous devons fixer, si possible, le dénominateur commun des deux tendances[2]. »

Il est d'ailleurs difficile de distinguer dans le texte qui sera adopté l'apport exact des surréalistes et des clartéistes. Maurice Nadeau pense que les phrases qui se rapportent au politique constituent l'apport original de

---

[1] *Clarté,* n° 77, 1925.
[2] Victor Crastre, *Le Drame du surréalisme,* Paris, Temps, 1963, p. 75.

Clarté. Victor Crastre, pour sa part, considère qu'une imprégnation inconsciente des idées surréalistes par *Clarté* et inversement s'est développée. Victor Crastre insiste notamment sur la faculté d'adaptation d'Aragon qui « parvient sans difficulté à parler un langage nouveau dès qu'il prend une position nouvelle ». Pour ce qui le concerne directement, Victor Crastre se rappelle qu'il est très sensible à l'époque à l'Orient. Evoquant la technique rédactionnelle pour composer le manifeste, Victor Crastre écrit :

« Souvent nous procédions par dialogue : une phrase d'Aragon provoquait ma réplique ; imaginez un discours prononcé par deux orateurs qui parlent alternativement ; on retrouve, je crois, le secret de notre technique dans l'aspect syncopé de notre rédaction[1]. »

Le manifeste ainsi rédigé intitulé « La révolution d'abord et toujours » est publié dans *l'Humanité* le 21 septembre 1925, le 15 octobre dans *Clarté* et *La Révolution surréaliste*.[2] Dans ce manifeste, plusieurs thèmes sont défendus. Dès les premières lignes, les signataires proclament sans ambages que le temps est venu « d'une délivrance totale », bien au-delà du désir des peuples asservis de recouvrer leur indépendance et des « conflits inapaisables des revendications ouvrières et sociales… », expriment leur volonté de ne pas limiter leur action à la lutte communiste contre l'impérialisme et le capital mais de rechercher au-delà, sur un plan supérieur, une libération totale de l'individu, ambition bien propre aux surréalistes. Cette proclamation se prolonge par un appel à l'Asie, à une liberté « calquée sur nos nécessités spirituelles les plus profondes, sur les exigences les plus strictes et les plus humaines de nos chaînes », « au sentiment de la révolte sur quoi se fondent les seules choses valables ». Elle est suivie d'une critique d'inspiration communiste des rapports sociaux dans le monde capitaliste et notamment du salariat et se termine par l'adoption d'une plate-forme d'action commune sur des problèmes politiques précis :

- approbation enthousiaste de la paix de Brest-Litovsk, « magnifique exemple d'un désarmement intégral immédiat ».
- refus de « revêtir un jour l'affreuse capote bleu horizon ».
- approbation du manifeste lancé par le comité d'action contre la guerre du Maroc.
- condamnation « des signataires de ce papier imbécile : « Les intellectuels aux côtés de la Patrie », « chiens dressés à bien profiter de la Patrie ».
- reconnaissance de la dimension politique et sociale de la révolution mais sur ce dernier point qui est un apaisement donné aux communistes,

---

[1] *Ibid.*

[2] Ce manifeste est signé par la rédaction de *Clarté*, par le groupe surréaliste, par deux membres d'une revue belge *Correspondance*, proche des surréalistes : Camille Goemans et Paul Nougé, et le groupe « Philosophie ».

l'ambiguïté subsiste. Les signataires défendent une conception matérialiste de la révolution tout en affirmant le principe de révolte de l'esprit :

« Nous sommes la révolte de l'esprit ; nous considérons la révolution sanglante comme la vengeance inéluctable de l'esprit humilié par vos œuvres. Nous ne sommes pas des utopistes : cette révolution, nous ne la concevons que sous sa forme sociale. »

De plus, le texte s'achève par le mot « individu » :

« S'il existe quelque part des hommes qui aient vu se dresser contre eux une coalition telle qu'il n'y ait personne qui ne les réprouve (traîtres à tout ce qui n'est pas la liberté, insoumis de toutes sortes, prisonniers de droit commun), qu'ils n'oublient pas que l'idée de Révolution est la sauvegarde la meilleure et la plus efficace de l'individu. »

Quelle est la portée véritable de ce manifeste ? Pour André Breton, ce texte qui n'échappe pas à une certaine confusion, marque un tournant de l'évolution du groupe qui est entré dans sa « phase raisonnante ». Le passage de l'idéalisme au marxisme est sérieusement envisagé. Marcel Fourrier et Jean Bernier pour leur part reconnaissent conjointement l'ambiguïté de ce manifeste qui trahit encore des points de divergence entre clartéistes et surréalistes mais considèrent qu'il a l'immense avantage de concrétiser une première forme d'entente entre les deux camps, précieux point de départ d'une collaboration riche d'avenir.[1] Victor Crastre admet lui aussi bien volontiers le caractère diffus de ce manifeste :

« La pensée de ce texte trottait toujours du surréalisme au communisme et quand le nom de Lénine était prononcé, celui de Lautréamont suivait bientôt. En somme, une confusion extrême : mais comment l'éviter ? Notre manifeste vit le jour parce qu'il parut être le moins mauvais possible[2]. » Il rappelle cependant qu'à l'époque très peu d'interlocuteurs prirent conscience de l'illusion et de la vanité entretenues par « La révolution d'abord et toujours » :

« Avec une bonne foi évidente, nous proclamions notre volonté d'accord ; nous avions assez bien choisi cinq points communs où notre entente se manifestait pleinement. Mais si une leçon se dégageait de ces pages et surtout des difficultés qui avaient marqué leur élaboration, elle nous enseignait que pensée communiste et pensée surréaliste pouvaient se juxtaposer, mais qu'elles étaient aussi impuissantes à se fondre dans une idéologie commune que l'huile et l'eau à former un liquide nouveau. Cette leçon qui l'entendit alors ? Il faudra les errements de plusieurs années pour en faire éclater l'évidence[3]. »

---

[1] « La révolution d'abord et toujours », *Clarté,* n° du 15 octobre 1925.
[2] Victor Crastre, *Le Drame du surréalisme,* Paris, Temps, 1963, p. 79.
[3] *Ibid.*

Vers une action commune

Pour l'heure, l'entente entre clartéistes et surréalistes est clairement affirmée. Chacun est décidé à s'engager avec ferveur dans la voie qui a été définie. Les deux camps vont alors mettre sur pied plusieurs réunions afin de mieux se connaître et discuter des problèmes d'orientation. Une première rencontre est d'ailleurs organisée dans les locaux de *Clarté*, rue Jacques Callot, le 8 octobre 1925, à 21 heures. Victor Crastre dépeint non sans un certain humour ce rendez-vous :

« Tous, nous attendions avec une inquiète impatience cette réunion qui allait sans doute décider de notre avenir. Vers 9 heures du soir, les surréalistes arrivèrent. La nuit finissait de tomber et les ténèbres naissantes qui enveloppaient la rue J. Callot contribuaient à créer autour de nous une atmosphère de noir complot : les surréalistes, d'ailleurs, s'adonnaient avec une joie visible à ce jeu de conspiration. Je me souviens d'Aragon, à peine entré dans notre boutique, demandant que les rideaux de fer fussent baissés, car, disait-il, « ce quartier infesté de camelots du roi n'est pas sûr ». Mise en scène agréable[1]. »

Pour cette première réunion, les principaux membres de la rédaction de *Clarté* sont présents : Marcel Fourrier, Jean Bernier, Victor Crastre, Camille Fégy, Paul Guitard, Georges Altman. Du côté surréaliste, d'après Victor Crastre, l'ensemble du groupe, à l'exception d'Antonin Artaud et d'Eluard, s'est déplacé. Dans chaque camp, la meilleure volonté d'entente possible se manifeste. Les surréalistes se montrent aussi peu littérateurs que possible, s'appliquant à employer une terminologie marxiste. Les clartéistes s'efforcent de démontrer leur profond intérêt pour le surréalisme. Victor Crastre fait remarquer que pour Georges Altman et Camille Fégy, cela demandait un « beau courage ».

L'ordre du jour est le suivant :
1) Position idéologique, plan politique, plan moral.
A) Politique. Vis-à-vis de l'Internationale communiste – vis-à-vis du PCF – vis-à-vis des partis bourgeois.
B) Moral. Vis-à-vis de l'individu, de la révolution, d'autres disciplines (artistiques, philosophiques, religieuses).
2) Nécessité d'une discipline basée sur la confiance. Moyen de l'assurer : principe du vote.
3) Formation d'un comité. Ses attributions, ses pouvoirs. Contrôle de l'activité individuelle. Sa durée, sa composition.[2]

L'esprit même de ce texte est d'inspiration communiste. La marque surréaliste est des plus discrètes, ce qui tend à démontrer les très bonnes

---

[1] Victor Crastre, *Le Drame…op. cit.*, p. 43.
[2] Victor Crastre, *Le Drame…, op. cit.*, p. 45.

dispositions du groupe surréaliste à l'égard de la revue marxiste. La recherche d'une position idéologique commune vis-à-vis de l'Internationale communiste, du PCF, l'affirmation d'une discipline collective, la création d'un comité de direction, la nécessité d'un contrôle de l'activité individuelle, autant de principes de type communiste en parfaite opposition avec l'anarchisme spontané des surréalistes. Cependant, il est certain que ces diverses questions inscrites à l'ordre du jour ne furent pas étudiées d'une manière approfondie et exhaustive mais elles sont, à plus d'un titre, révélatrices des grandes ambitions et des illusions qui se faisaient jour, à ce moment, dans les deux groupes. D'autres assemblées de ce type auront lieu au cours de l'automne 1925. Le rapprochement entre les deux groupes se déroule dans les meilleures conditions, marquées par une volonté de bien faire évidente. Les relations deviennent de plus en plus étroites entre surréalistes et clartéistes et même entre surréalistes et parti communiste français jusqu'à la fin de l'année 1925. Le 6 novembre 1925, les deux groupes donnent à *l'Humanité*, sous le titre « La révolution ne peut être conçue que sous sa forme économique et sociale », une déclaration dans laquelle les surréalistes, pour dissiper toute équivoque, affirment qu'il ne peut y avoir « de conception surréaliste de la révolution ». Les responsables de *l'Humanité* saluent favorablement une telle initiative :

« Nous ne pouvons qu'enregistrer avec satisfaction de telles déclarations, une adhésion aussi catégorique de jeunes intellectuels à la doctrine communiste. »

Le 30 novembre, *Clarté* publie pour la première fois un numéro dont la rédaction a été assurée conjointement par les responsables clartéistes et surréalistes. Les relations deviennent alors quotidiennes, les revues échangent leurs collaborateurs. Dans la pratique, *Clarté* ouvre massivement ses colonnes aux surréalistes, alors que seuls Marcel Fourrier, Victor Crastre et Pierre Unik, pour *Clarté,* vont collaborer à *La Révolution surréaliste*, et seulement à partir de mars 1926. Cela ne peut surprendre car *La Révolution surréaliste* reste une publication à caractère nettement ésotérique et il est malaisé, pour un communiste, d'exprimer une pensée marxiste aux côtés de récits de rêve ou d'essais sur la peinture. Jean Bernier et Marcel Fourrier qui sont aussi rédacteurs de *l'Humanité* permettent à Benjamin Péret d'y faire son entrée et de publier plusieurs critiques de cinéma, d'autres surréalistes suivent.[1]

---

[1] V. Short dans sa thèse intitulée, *The political history of the surrealist movment in France, 1918-1940*, Brighon, 1965, 682 p. en vient à considérer schématiquement que les surréalistes ont eu l'ambition d'assurer la direction culturelle des pages de *l'Humanité*. Après la réorganisation du quotidien communiste au printemps 1926, avec Paul Vaillant Couturier comme rédacteur en chef et Henri Barbusse comme

Afin de mieux apprécier la valeur de l'accord qui unit surréalistes et clartéistes, il est bon de s'attarder sur les réactions des gens de *Clarté* et notamment sur le comportement particulier de Jean Bernier et de Marcel Fourrier, responsables de la revue. De quelle manière Jean Bernier accueille-t-il ses nouveaux amis ? Quel programme d'action envisage-t-il de leur faire appliquer sur le plan politique et révolutionnaire ? Marcel Fourrier partage-t-il les mêmes sentiments que son camarade ? Les différents articles publiés dans *Clarté* par les surréalistes révèlent-ils une volonté d'entente et d'engagement suffisamment solide et ambitieuse ?

La manière dont Jean Bernier explique l'entente entre les deux groupes est ici intéressante à plus d'un titre, significative d'un état d'esprit singulier. Jean Bernier présente, aux lecteurs de *Clarté,* les surréalistes, en termes élogieux. Il ne peut cacher sa satisfaction de les voir travailler aux côtés de *Clarté.* C'est en effet un événement important qui, mettant fin aux remous ayant secoué gravement la revue, annonce un renouvellement politique et culturel de première importance :

« En trouvant au sommaire du présent numéro les noms de Louis Aragon, Paul Eluard, Robert Desnos, Michel Leiris, nos lecteurs comprendront que la crise qui a sévi depuis un an sur notre revue jusqu'à mettre en cause son existence est actuellement résolue. Au moment où serrés entre une soi-disant intelligence de gauche, pacifiste, humanitaire, capable – elle l'a mille fois prouvé – de toutes les lâchetés contre-révolutionnaires et le programme démagogique de Georges Michael, nous allions renoncer à la tâche commune de dénonciation entreprise par la revue, voici que comme je l'espérais depuis longtemps la fraction la plus active et la plus résolue de la jeunesse intellectuelle, ceux-là même en l'originalité desquels en le « talent » desquels, comme ils disent, les bourgeois cultivés mettent le plus d'espoir, rejetant les succès de carrière recherchés avec tant de servilité par l'immense majorité de leurs aînés et de leurs contemporains se joignent à nous pour un nouveau départ[1]. »

Il tient ensuite à démontrer, avec force détails, que ses nouveaux amis sont de fervents révolutionnaires. Sous sa plume, les surréalistes apparaissent comme des marxistes irréprochables. Lorsqu'ils ont signé le manifeste « La révolution d'abord et toujours », écrit-il, ils ont « adhéré sans mesure à la définition marxiste de la révolution ». Les déclarations qu'ils ont publiées avec *Clarté,* dans *l'Humanité* du 8 novembre 1925, annonçant hautement qu'il n'existe pas de théorie surréaliste de la révolution, ne laissent planer aucun doute. Jean Bernier, d'ailleurs, cite plusieurs extraits de cet article. La polémique qui l'opposait à Aragon, il y a un an, n'est plus qu'un vague

---

directeur littéraire, toute collaboration surréaliste est définitivement repoussée par les responsables du parti.
[1] Jean Bernier, « Où nous en sommes », *Clarté,* n° 78, 1925.

souvenir sans signification. Aragon, en effet, dans l'article qu'il a présenté dans *Clarté,* note Jean Bernier, s'explique « d'une façon si nettement marxiste » que tout reproche à son adresse devient déplacé. Les sentiments révolutionnaires de ses nouveaux camarades ne peuvent être mis en doute :

« Le zèle avec lequel les meilleurs d'entre eux, peu à peu suivis par leurs amis, se sont jetés depuis trois mois sur la littérature doctrinale communiste dont leurs démarches antérieures les avaient pour un temps éloignés, nous est enfin une garantie objective du sérieux d'une évolution qui je puis l'affirmer, inquiète et blesse cruellement certains milieux intellectuels bourgeois. »

Jean Bernier tient à rassurer son entourage sur le sens politique de la démarche surréaliste. En fait, la réalité est bien différente. Les surréalistes, en 1925, ignorent à peu près tout des contingences politiques. Ils n'ont en vérité aucune expérience de stratégie et de tactique révolutionnaires. Si André Breton[1] commence à consulter l'ouvrage de Léon Trotsky sur Lénine,[2] le groupe ne connaît à peu près rien de la philosophie marxiste. Ils croient dans la révolution mais d'une manière toute romantique, ils lui attribuent des vertus exceptionnelles. A leur sens, la révolution peut vaincre n'importe où, n'importe quand. Ils croient en la proximité de son avènement. Plus encore, ils sont convaincus que la révolution prolétarienne et la révolution surréaliste peuvent coïncider sans problème aucun.

Poursuivant son analyse, Jean Bernier se propose de montrer comment l'entente entre surréalistes et clartéistes a permis à *Clarté* de prendre un nouveau départ après les nombreux déboires qu'elle a traversés sur le plan révolutionnaire auparavant. Comme les surréalistes, *Clarté* a vu, explique Jean Bernier, ses efforts de transformation de la société aboutir à une impasse. Le trouble et le pessimisme qui se sont emparés de la revue en 1924, sur le plan doctrinal, ont pu s'estomper et laisser place, avec la collaboration des surréalistes, à un espoir de renouveau politique et révolutionnaire. Jean Bernier explique que le désespoir qui tenaillait les gens de *Clarté* est propre à tout intellectuel révolutionnaire en rupture avec la société, que cette désespérance fondamentale habite aussi bien les clartéistes que les surréalistes. Face à une situation politique où le capitalisme triomphant repousse tragiquement tout espoir de révolution, Jean Bernier en vient à affirmer que le désespoir seul constitue la source essentielle de subversion révolutionnaire, propos fondamentalement surréalistes dans leur essence. Il écrit :

---

[1] Je ne cite pas Pierre Naville qui emprunte un chemin tout à fait différent du groupe surréaliste sur le plan idéologique.
[2] Voir à ce sujet le n° 5 (15 octobre 1925) de *La Révolution surréaliste* où André Breton rend hommage aux deux grands révolutionnaires russes : Lénine et Trotsky.

« Désespoir profondément subjectif dans tous les sens du mot, désespoir intime qui est le lot du réfractaire, désespoir français d'intellectuels occidentaux et doublement occidentaux puisque français, désespoir qui est en nous à jamais, indissolublement lié à ce fait que nous sommes bon gré mal gré les représentants d'une civilisation, d'une culture condamnées, et que dans le domaine qui nous est propre dans ce que notre activité a d'organique, de fonctionnel, j'allais écrire de professionnel, il est bien entendu pour reprendre une phrase qui fit couler de l'encre « que le salut pour nous, n'est nulle part. »

Cette analyse, aux accents profondément romantiques, traduit assez bien les ambitions révolutionnaires de *Clarté,* et notamment de Jean Bernier, plus séduit par le mysticisme révolutionnaire que par la révolution et les dogmes marxistes.

Après avoir caractérisé l'essence même de la démarche révolutionnaire qui concerne aussi bien les clartéistes que les surréalistes, Jean Bernier faisant preuve d'un réel optimisme, fixe les grandes lignes du programme d'action politique et culturelle à venir. Pour Jean Bernier, la seule garantie d'activité révolutionnaire actuellement réside dans ce fameux désespoir. Il n'est pas question, dans les circonstances présentes, de borner son champ d'action à un horizon politique donné, français ou occidental. Il ne s'agit pas non plus de s'embarquer dans une nouvelle aventure politique en se mettant au service de l'Asie, comme l'affirme hautement certains mots d'ordre, ou de croire à un renouveau culturel prolétarien à la faveur d'une révolution toute proche :

« Mais non ! Nous ne partirons plus pour l'Icarie. Gardons au fond de nous-mêmes l'arrière-pensée favorable que « l'ensemble du mouvement historique » aux infinies possibilités permet à tout marxiste d'entretenir ; laissons pour l'heure faire l'histoire et les hommes qui la font ; tâchons de suivre son mouvement et d'y aider dans l'exacte mesure de nos forces appréciées en fonction des circonstances présentes. Ce désespoir même qui nous prend en conscience dès que nous nous tournons vers ce qui fait le propre de notre activité d'intellectuel (j'emploie ce mot avec la modestie qu'il implique à mes yeux) ; désespoir qu'il importe extrêmement de ne point assimiler comme nous en sommes très souvent tentés à du défaitisme révolutionnaire, c'est au contraire notre plus sûre sauvegarde. Armons-nous-en. C'est lui qui portera les coups les plus durs à ceux des ennemis de la révolution qui tombent plus particulièrement sous notre coup : les intellectuels vendus au capital, qu'ils le soient consciemment ou inconsciemment. »

Bien sûr, il ne nie pas le bien-fondé de la philosophie marxiste et ne repousse en aucune façon le message fondamental qu'elle contient. D'ailleurs, l'entente entre surréalistes et clartéistes repose sur cette « acceptation marxiste de la révolution » :

« Nous pensons en effet, que l'Internationale communiste est dans le monde le seul élément actif de subversion révolutionnaire. Notre attachement à elle n'est pas seulement sentimental, le marxisme donne un sens au chaos où nous sommes plongés, il nous fait entrevoir à l'échelle mondiale la seule chance de salut qui reste à l'homme et nous lui savons gré enfin d'éclairer à nos yeux cette malédiction... Que la poésie se résout aujourd'hui dans ce coin de la planète par la mort ou la folie. »

Cependant, il ne tient pas à précipiter *Clarté* et ses nouveaux amis dans un pragmatisme politique confus et obscur. La reconnaissance du marxisme ne suppose pas une adhésion automatique au PCF et un engagement instinctif vers un militantisme étroit et borné :

« Si nous n'adhérons pas purement et simplement au PCF, si nous nous préparons à mener une activité que nous estimons communiste en dehors des organisations politiques communistes, c'est que ni l'état actuel de l'évolution de beaucoup d'entre nous d'une part, ni surtout d'autre part les conjonctures historiques présentes ne nous semblent favorables à une telle adhésion. Nous ne pensons pas en France que la situation soit révolutionnaire. Enfin, d'une façon beaucoup plus large et toute réserve faite sur l'avenir, étant donné le doute que nous avons quant à la capacité révolutionnaire des prolétariats occidentaux, nous ne croyons pas que l'appréciation marxiste du processus révolutionnaire mondial ait trouvé en ce qui concerne les nations impérialistes une assise définitive. Nous n'entendons donc pas qu'une démarche inconsidérée inspirée par une logique morale tout à fait sommaire, rejette dans l'anarchie, cette ornière habituelle, les intellectuels dressés contre la bourgeoisie, les jeunes hommes qui viennent en un si court laps de temps de faire un si grand pas dans la voie révolutionnaire. »

Pour Jean Bernier, la démarche révolutionnaire que peut emprunter *Clarté* et les surréalistes « pour le moment » se fondera sur un travail de critique acharné contre la civilisation bourgeoise :

« Nous nous proposons de reprendre systématiquement et pour le moment tout au moins, uniquement cette tâche de dénonciation de la pensée bourgeoise que, pour diverses raisons, le PCF ne peut mener à bien. Se faisant, nous poursuivons un double but : nous montrerons à nos lecteurs prolétaires la ruine ignominieuse de ce qu'il est convenu d'appeler pompeusement la pensée française et nous la soustrairons à l'influence insidieuse qu'exercent trop souvent sur eux les écrits des intellectuels et de littérateurs contre-révolutionnaires (ils le sont presque tous) ; nous porterons enfin chez les bourgeois cultivés un trouble et un doute sur la portée desquels nous ne nous illusionnons pas mais qui favorisera pourtant si faiblement et si indirectement que ce soit, le progrès de l'idée révolutionnaire.

Infiniment modeste vis-à-vis de l'Internationale communiste et de son action révolutionnaire dans le monde, nous sommes infiniment orgueilleux vis-à-vis des gens à qui nous dirons leurs faits. »

Dans cette définition de la future activité révolutionnaire des clartéistes et des surréalistes, Jean Bernier cherche bien évidemment à se montrer bienveillant et conciliant à l'égard d'André Breton et de ses amis. Mais dans ce souci bien naturel de favoriser l'accord avec le groupe surréaliste, Jean Bernier manifeste des sentiments marxistes bien peu convaincants. Aller jusqu'à renoncer à suivre les mots d'ordre de l'Internationale communiste, réclamer son autonomie vis-à-vis du PCF, autant d'éléments qui l'éloignent sérieusement d'une conception marxiste de la révolution. Jean Bernier semble perdre de vue assez rapidement l'idéologie marxiste, la stratégie communiste de la révolution pour s'accommoder d'un révolutionnarisme d'inspiration anarchiste. Mais cette manière de se comporter ne surprend qu'à moitié. Depuis 1924, Jean Bernier, conscient de la carence prolétarienne, supportant difficilement le pragmatisme routinier de l'activité communiste, aspire à une nouvelle forme de travail révolutionnaire plus ambitieux et plus spontané et voit dans le surréalisme le moyen de l'atteindre ou tout au moins de l'approcher. Rien d'étonnant à ce que Jean Bernier épouse plus ou moins consciemment la pensée surréaliste. Mais un tel état d'esprit, de telles dispositions posent problème. Une conception aussi timorée du marxisme sera-t-elle partagée par Marcel Fourrier et tolérée par le parti communiste français ? Rien n'est moins sûr. Jean Bernier ne va-t-il pas au devant de certaines déconvenues ? Il est à craindre, dans les semaines à venir, que des discussions serrées surgissent au sein du comité directeur de *Clarté*. Du côté des surréalistes, une définition aussi éloignée de tout espoir de révolution immédiate, si peu concernée par la réalité politique et sociale peut-elle convenir à la longue ? Un malentendu n'est-il pas en train de s'installer entre Jean Bernier et les surréalistes ?

Avec cet article important, Jean Bernier semble donc prendre l'initiative ; il fixe les bases de la politique que suivront surréalistes et clartéistes à l'avenir. Que fait pour sa part Marcel Fourrier ? Quels sont ses propres sentiments ? Partage-t-il réellement les conclusions de Jean Bernier ?

Marcel Fourrier manifeste beaucoup moins de fougue et de zèle pour saluer l'accord avec les surréalistes. Il semble partager les vues de Jean Bernier mais ses explications diffèrent sensiblement. Il reconnaît en effet que les perspectives de lutte révolutionnaire sont bien minces désormais en Europe mais n'analyse pas en termes aussi tragiques et désespérés un tel phénomène :

« La révolution s'est éloignée pour un temps de la terre européenne. La révolution russe tient le coup. Il est vrai que l'activité de la IIIe Internationale s'est ralentie en Occident du fait de l'écœurante passivité de la classe ouvrière des Etats capitalistes[1] … »

Mais, à l'inverse de Jean Bernier, il ne néglige pas le mouvement anti-impérialiste qui se développe dans les colonies et qui constitue, selon lui, un espoir pour le communisme en général :

« …Mais parmi les peuples opprimés, en Asie, dans la Chine et dans les Indes, en Afrique, dans les colonies, le communisme gagne du terrain. L'édifice impérialiste, cette suprême construction capitaliste, cède de toutes parts[2]. »

Cependant il admet aisément que, pour un communiste européen, l'horizon politique reste bouché. Dans ces conditions, seul un travail de dénonciation de la culture bourgeoise est concevable :

« Et cette constatation qui me remplit d'espoir, nous donne la mesure de notre impuissance. Car alors la tâche qui incombe aux communistes d'Europe s'avère, qu'il s'agisse d'action politique proprement dite ou d'activité plus spécifiquement intellectuelle, pauvre et ingrate. Pour ce qui est de nous-mêmes, que nous est-il permis d'envisager d'autre que de travailler avec acharnement à l'anéantissement de l'ensemble des facultés spirituelles malfaisantes de la bourgeoisie, de l'esprit bourgeois, sous quelque forme qu'il se présente à nous ? À cette destruction impitoyable des idées dominantes d'une classe dominante, nous emploierons les quelques rares forces intellectuelles révolutionnaires qui peuvent être encore rassemblées dans ce pays[3]. »

Si l'argumentation de Marcel Fourrier est beaucoup moins catégorique et passionnée que celle de Jean Bernier, il n'en demeure pas moins que Marcel Fourrier lui-même s'accorde à penser que la démarche révolutionnaire de *Clarté,* en compagnie des surréalistes, n'est possible que si elle se fonde sur un travail de dénonciation de la culture bourgeoise. *Clarté* semble ainsi épouser très nettement l'orientation politique et intellectuelle des surréalistes. Cependant, peut-on prendre au pied de la lettre les explications de Marcel Fourrier ? S'agit-il d'une mise au point définitive ou d'une déclaration dictée par les circonstances ? Marcel Fourrier, dans son analyse, n'omet pas de parler des valeurs marxistes traditionnelles, de la révolution russe, du mouvement anticolonialiste. Peut-on attendre de sa part un changement de cap aussi radical, comme le préconise Jean Bernier ? Connaissant l'opportunisme et le réalisme de Marcel Fourrier, il est certain que l'on peut douter de la valeur de son engagement.

---

[1] Marcel Fourrier, « De *Clarté* à *La Guerre civile* », *Clarté,* n° 79, 1925.
[2] *Ibid.*
[3] *Ibid.*

Du côté de *Clarté,* on semble disposé à tout faire pour renforcer et accélérer le processus de mise en commun des activités révolutionnaires des deux camps. Qu'en est-il du côté surréaliste ? Les articles publiés par plusieurs poètes surréalistes traduisent-ils les mêmes ambitions ? Louis Aragon, Robert Desnos, Michel Leiris, Paul Eluard, André Breton qui participent à la rédaction des n° 78 et 79 de *Clarté* sont décidés eux aussi à assurer le succès de l'entente qui les unit à leurs amis clartéistes. Ils tiennent à montrer qu'ils sont attachés à la révolution et qu'ils sont prêts à servir et défendre les intérêts du prolétariat. Ils s'efforcent de prouver leur bonne foi marxiste. Louis Aragon, Robert Desnos et André Breton à un degré moindre, manifestent un réel enthousiasme pour l'idéologie communiste.

Louis Aragon, dans son article intitulé « Le prolétariat de l'esprit », se propose d'analyser les diverses formes de répression intellectuelle qui s'exercent dans une société bourgeoise. Usant d'un vocabulaire communiste, il démontre que « les intérêts intellectuels sont liés aux intérêts économiques » et qu'un véritable « capitalisme intellectuel » se constitue, qui vient étouffer toutes formes de pensée. S'attachant à expliquer comment l'intellectuel peut résister et combattre une telle oppression, il montre que l'anarchisme comme forme de lutte est à proscrire. « L'anarchie est toujours abusivement étendue au domaine révolutionnaire où elle implique la méconnaissance des problèmes essentiels de la lutte des classes que pratiquement l'anarchie, origine et fondement de tous les fascismes, est contre-révolutionnaire puisqu'elle distrait de la plus grande révolution possible des révolutionnaires. » Aragon tient en effet à approuver avec éclat la condamnation définitive de l'anarchisme, attitude politique que les surréalistes ont toujours adoptée pour contester l'autorité de la pensée bourgeoise, afin de prouver à ses amis de *Clarté* et de *l'Humanité* la valeur de ses sentiments marxistes. Il termine son étude en insistant sur le fondement prolétarien du combat que doivent mener tous les intellectuels en rupture avec la société capitaliste :

« Ce qui les oppose enfin aux anarchistes et qui leur permet d'éliminer l'anarchie c'est cette conscience d'appartenir à une classe le prolétariat, et la volonté de contribuer à en établir la dictature[1]. »

Robert Desnos, pour sa part, s'applique à démontrer que les surréalistes se tournent désormais vers une orientation révolutionnaire de type communiste :

« Le surréalisme, mal connu à la faveur d'événements extérieurs peut avoir l'apparence d'un mouvement imbu d'individualisme bourgeois alors que ces événements ne marquaient que les étapes d'une évolution aboutissant naturellement très naturellement au communisme[2]. » Il rappelle

---

[1] Louis Aragon, « Le prolétariat de l'esprit », *Clarté,* n° 78, 1925.
[2] Robert Desnos, « Le sens révolutionnaire du surréalisme », *Clarté,* n° 78, 1925.

qu'au contact des clartéistes, les surréalistes ont renoncé à toute forme d'idéalisme pour adhérer à une définition marxiste de la révolution. La révolution, pour eux, s'inscrit sur le terrain économique et social et se fonde sur la connaissance solennelle de la dictature du prolétariat :

« Ainsi, dans leurs réunions avec *Clarté* les surréalistes ont-ils reconnu que la révolution était possible seulement sur le plan économique et social, que toute révolution dite de l'esprit n'était en réalité qu'une manifestation bourgeoise. De même, ils ont souscrit au principe de la dictature du prolétariat comme seul capable de réaliser le bouleversement et de supprimer les distinctions des classes. »

Convaincu de la fatalité de la révolution, il appelle chaque intellectuel à travailler à transformer les mentalités pour préparer son avènement :

« Il s'agit moins pour l'instant de faire la révolution que de la préparer par une lutte d'opinion. Et au jour de la révolution, et ce jour viendra, nous en sommes convaincus, il s'agira bien sûr de détruire des constructions matérielles, de détruire des existences néfastes mais encore il faudra réduire à néant tout un état d'esprit[1]. »

André Breton, dans son article « La force d'attendre[2] », tient lui aussi à souligner le sens profondément politique de l'adhésion des surréalistes à la révolution. C'est une étape importante qui rompt définitivement avec une forme d'activité politique et culturelle maladroite et inefficace. André Breton dénonce en effet la vanité des efforts de l'intellectuel surréaliste, isolé, révolté, en marge de l'activité révolutionnaire et prononce une condamnation radicale du fameux désespoir qui habitait la pensée surréaliste :

« L'important est que pour nous le désespoir, ce fameux désespoir qu'on nous a toujours accordé pour mobile, cesse au seuil d'une nouvelle société. »

Désormais le mouvement surréaliste, pour André Breton, est prêt à s'engager dans le monde des faits et à servir avec ferveur la doctrine communiste :

« Je veux croire qu'il n'est pas une œuvre de l'esprit qui n'ait été conditionnée par le désir d'amélioration réelle des conditions d'existence de tout un monde... Nous appartenons corps et âme à la révolution, et si jusqu'ici nous n'avons jamais accepté de commandements, c'était pour nous garder aux ordres de ceux qui l'animent. »

Cependant, dans cette définition de l'orientation révolutionnaire du surréalisme, André Breton émet certaines réserves. Il ne tient pas à mettre fin aux recherches proprement surréalistes. Selon lui, il est nécessaire qu'une telle expérience se poursuive en toute autonomie et sans aucun contrôle extérieur :

---

[1] Robert Desnos, « Le sens révolutionnaire du surréalisme », *Clarté*, n°78, 1925.
[2] André Breton, « La force d'attendre », *Clarté*, n° 79, 1925.

« Je ne crois pas qu'à l'heure actuelle il y ait lieu d'opposer la cause de l'esprit pur à celle de la révolution et d'exiger de nous, de certains d'entre nous, une spécialisation encore plus grande. Encore moins, comprendrai-je qu'à des fins utilitaires on tienne à obtenir de moi le désaveu de l'activité surréaliste par exemple. Ce serait avant d'en avoir d'autres, jeter des armes qui ne sont plus assez belles. Même dans le domaine de l'esprit, il importe que faute de mieux nous conservions quelques positions de cet ordre. C'est de là seulement, que sur le terrain spéculatif, nous pourrions le mieux faire sentir notre opposition, qui est absolue et qui est la seule qui compte. »

Il en vient même à considérer la révolution prolétarienne et la cause de l'esprit comme deux éléments qu'on ne peut séparer :

« Dans les circonstances présentes, dans la société capitaliste actuelle, le soulèvement du prolétariat et l'insurrection de l'esprit ne font qu'un. »

Dans ces différents articles, les surréalistes se disent prêts à servir la révolution prolétarienne et décidés à agir sur le terrain économique et social. Peut-on douter de leurs sentiments ? Ce changement d'attitude est-il fondé ? Est-il clairement ressenti comme une nécessité par l'ensemble du groupe ? En fait, tout au long de l'année 1925, les surréalistes prennent conscience des limites et de l'inefficacité de leur activité. Ils aspirent à un changement. Le groupe traverse plusieurs crises. *La Révolution surréaliste* passe de mains en mains, s'y succèdent à la direction : Pierre Naville, Benjamin Péret, André Breton. La « Centrale surréaliste », en 1925, est en déclin. Les recherches proprement surréalistes, l'écriture automatique, les dissertations sur la peinture et l'art surréalistes n'intéressent plus, l'enquête sur le suicide trahit un certain désespoir, les manifestations politico-culturelles ne suffisent plus. On tente de s'éloigner d'un certain dilettantisme du scandale pour engager une lutte subversive contre la société, d'où ces lettres et adresses, au cours de l'année 1925, qui visent les institutions : université, armée, hôpitaux psychiatriques, Église de Rome ou qui expriment un attachement spirituel à certaines instances : l'Asie, le Tibet. Tout en étant séduits par le pouvoir de la parole et de la poésie, moyens d'évasion trompeurs, les surréalistes sentent confusément le besoin de se tourner vers la réalité. Une incitation à agir prend forme dans le groupe. On cherche à discerner un nouveau champ de lutte. Une sollicitation proprement politique secoue le mouvement surréaliste. La révolution devient, à leurs yeux, un moyen de libération suprême. Ils découvrent sa puissance de transformation et ont foi en elle. Ils croient en son avènement prochain et sont convaincus qu'avec elle l'esprit surréaliste pourra triompher.

Il est donc bien difficile de douter de leur bonne foi ; leur élan vers la révolution est incontestable, à la fin de l'année 1925. Ainsi, lorsque Louis Aragon, Robert Desnos, André Breton déclarent, dans *Clarté,* qu'ils repoussent les anciennes formes d'activité surréaliste, ils sont sincères et décidés à changer. Mais cet infléchissement politique indiscutable de la pensée surréaliste cache une méconnaissance presque générale des fondements idéologiques du combat révolutionnaire. Il s'agit en fait d'une adhésion spontanée et instinctive à la révolution, qui n'a rien à voir avec une réflexion doctrinale fondée sur le marxisme, la lutte de classe, le matérialisme historique. Si Louis Aragon, Robert Desnos et André Breton font référence dans *Clarté* à la dictature du prolétariat, que savent-ils du mouvement communiste français et européen, de la tactique révolutionnaire de l'Internationale communiste, du système soviétique ? La position d'André Breton à ce sujet est tout à fait singulière : il prétend avec certitude concilier le communisme et le surréalisme. A ses yeux, la révolution prolétarienne et la résurrection de l'esprit ne font qu'un, conception pour le moins étrange et équivoque qui sera à la base de nombreux heurts qui éclateront entre surréalistes et communistes, ces derniers exigeant des surréalistes qu'ils renoncent à leur propre activité.

Dans le cadre de l'entente entre clartéistes et surréalistes, de telles dispositions politiques semblent, à première vue, tout à fait satisfaisantes et bienvenues. Mais cette tendance trop marquée vers le politique et l'économique des surréalistes ne va-t-elle pas à l'encontre des aspirations révolutionnaires de *Clarté* ? Jean Bernier lui-même n'a-t-il pas fixé une plate-forme d'action éloignée de toute considération communiste et militante et entièrement consacrée à une tâche de dénonciation de la culture bourgeoise ? Les surréalistes se veulent communistes et révolutionnaires alors que *Clarté* repousse une telle orientation. Louis Aragon, Robert Desnos, André Breton, à leur manière, dénoncent l'anarchisme, la révolte de l'esprit et le désespoir alors que Jean Bernier voit dans le désespoir la seule sauvegarde de l'esprit révolutionnaire et fonde sa démarche sur un travail de critique intellectuelle sans lien apparent avec le militantisme communiste. Que faut-il attendre d'un accord aussi étonnant ? Cette sorte de « chassé-croisé d'opinions » ne va-t-il pas remettre en cause l'entente entre les deux camps ? Victor Crastre, résumant la situation en ces termes : « Les surréalistes, cherchant à lier conquête spirituelle et revendication politique, demandent aux rédacteurs de *Clarté* des leçons de communisme, tandis que ceux-ci, déçus par la carence révolutionnaire des prolétariats, espèrent trouver chez leurs nouveaux amis une forme radicale de révolte morale[1], considère que « ce bizarre échange d'illusions » ne peut conduire qu'à une impasse.

L'accord entre clartéistes et surréalistes, malgré ce malentendu difficilement perceptible par les intéressés, demeure solide. L'ambition et la ferveur révolutionnaire habitent l'esprit de chacun des participants. Lounatcharsky lui-même est sollicité pour venir saluer le travail surréaliste au côté de *Clarté*. La bonne volonté affichée par chacun des camps autorise

---

[1] Victor Crastre, *Le Drame du surréalisme*, Paris, Temps, 1963, p. 91.

à un optimisme serein. On en vient tout naturellement à envisager de créer une revue nouvelle commune aux deux groupes.

Chapitre XIV

La Guerre civile

La question d'une revue nouvelle est débattue bien souvent à l'occasion des rencontres chez André Breton ou au « Café Cyrano ». C'est en janvier 1926 qu'une réunion est mise sur pied afin de s'entendre sur la nature exacte de la revue et de préparer sa parution. Dans l'atelier d'André Breton se retrouve l'ensemble des signataires surréalistes du manifeste « La révolution d'abord et toujours » et du côté de *Clarté*, Marcel Fourrier, Jean Bernier, Camille Fégy, Paul Guitard et Victor Crastre. Si chacun sait exactement ce que la nouvelle revue ne doit pas être : elle ne doit ni ressembler à *Clarté*, ni à *La Révolution surréaliste*, on est bien en peine d'avancer quelques propositions intéressantes. Victor Crastre évoque avec une certaine anxiété le climat d'incertitude régnant alors :

« Dans un nuage épais de fumée, dans une atmosphère étouffante – nous étions plus de vingt dans l'atelier – la discussion se poursuivit longtemps. Tout le monde était d'accord sur la nécessité de publier mais personne n'apportait de lumière sur ce problème capital : que serait cette revue nouvelle ? « Mission de dénonciation », « Critique de la société bourgeoise et de ses valeurs culturelles », autant de formules qui se croisaient : mais quel contenu dissimulait le prestige des mots ? Nos idées flottaient, vagues comme le brouillard bleu qui pesait sur nous[1]. [...] il était aussi difficile aux surréalistes de trouver un nouveau langage qu'il était malaisé pour nous de dépasser le stade de critique révolutionnaire des valeurs bourgeoises où nous nous étions tenus jusqu'ici[2]. »

La discussion s'anime quelque peu lorsqu'il s'agit, rapporte Victor Crastre, de choisir un titre ; celui de « Guerre civile » est adopté avec enthousiasme. La désignation d'un responsable soulève d'autres remous dans l'assemblée. Qui dirigera *La Guerre civile* ? Les surréalistes, nous dit Victor Crastre, ne tiennent pas à assurer une telle fonction. Ils acceptent volontiers de voir un clartéiste s'en charger, d'autant plus qu'ils ont décidé que leur propre revue ne disparaîtra pas dans cette opération. Faut-il alors se tourner vers Marcel Fourrier ou Jean Bernier ?

Victor Crastre nous apprend que Marcel Fourrier est critiqué de plus en plus âprement par Jean Bernier pour son action à *Clarté*. Quant à Jean Bernier, Victor Crastre écrit :

« Nous savions tous – à l'exception de l'intéressé – qu'il n'avait pas la confiance d'André Breton. »

---

[1] Victor Crastre, *Le Drame du surréalisme,* Paris, Temps, 1963, p. 91.
[2] *Ibid.*

C'est alors André Breton qui règle lui-même la question en portant son choix sur Victor Crastre, considérant « qu'il lui semblait nécessaire de confier cette tâche à un jeune se plaçant autant que possible à mi-chemin entre le surréalisme et le communisme, puisque la publication nouvelle serait leur trait d'union ». C'est sur cette décision que les participants se séparent. Victor Crastre écrit :

« La réunion se termina dans l'enthousiasme. Enfin s'accomplissait un travail positif ; personne ne semblait prévoir notre échec[1] prochain. » Victor Crastre, investi de nouvelles responsabilités, s'emploie aussitôt à confectionner le premier numéro. André Breton, Michel Leiris, Benjamin Péret proposent quelques notes. Louis Aragon lui remet un article mais cette maigre récolte ne suffit pas à remplir la moitié d'un cahier. Marcel Fourrier, pour sa part, se charge d'annoncer à ses lecteurs la disparition de *Clarté* au profit de *La Guerre civile* mais ajoute, dans une note, que la parution de la nouvelle revue prévue pour le 15 février 1926 sera retardée. Il écrit :

« Le premier numéro de la *Guerre civile* paraîtra le 15 février, si nous jugeons que tel que nous l'aurons réalisé, il peut être livré au public. Sinon, nous le retarderons jusqu'au 1er mars. Car nous voulons, sans qu'il soit besoin de recourir à un programme formel – nous avons trop confectionné de programmes à *Clarté* pour ne pas savoir qu'ils représentent seulement une garantie verbale – que ce premier numéro reflète essentiellement et exactement l'esprit qui nous anime. On nous jugera ensuite[2]. »

En fait, Marcel Fourrier, sous un langage parfaitement officiel, ne dit rien de l'incapacité dans laquelle se trouvent surréalistes et clartéistes à définir un programme précis. La situation paraît bloquée. Que se passe-t-il exactement ? Comment peut-on expliquer cette paralysie qui subitement va s'abattre sur la vie des deux groupes ? Plusieurs raisons peuvent être évoquées : la conception marxiste équivoque d'André Breton, la farouche opposition du PCF au projet de *La Guerre civile,* enfin, de graves divergences qui éclatent au niveau des personnes, notamment entre André Breton, Marcel Fourrier et Jean Bernier.

La polémique André Breton-Pierre Naville

Dans le camp surréaliste, André Breton ne veut pas renoncer aussi vite au surréalisme et se jeter dans les bras du marxisme. Comme il l'a fait entendre dans *Clarté,* il tient à associer dans la même aspiration révolutionnaire la cause de l'esprit surréaliste et la cause de la révolution prolétarienne. Comment alors sur le plan pratique parvenir à un engagement conséquent et définitif ? Comment parvenir à s'associer à une revue *La*

---

[1] Victor Crastre, *Le Drame…, op. cit.,* p. 92.
[2] Marcel Fourrier, « De *Clarté* à *La Guerre civile* », *Clarté,* n° 79, 1925.

Guerre civile qui doit théoriquement servir la cause marxiste ? Comment se plier aux exigences du PCF et en même temps préserver l'autonomie et la puissance de la poésie surréaliste ? La polémique qui éclate entre André Breton et Pierre Naville au printemps 1926 permet de mieux comprendre les difficultés, les tâtonnements des surréalistes à cet égard.

Pierre Naville,[1] membre du groupe surréaliste, est le plus déterminé à se tourner vers une action politique communiste. Conscient que la démarche révolutionnaire de ses amis est insuffisante, il entend en tirer les conséquences pour lui-même et va s'efforcer d'amener ses amis à suivre le même itinéraire que lui. Pierre Naville, en effet, adhérera au PCF au cours de l'année 1926.

Pierre Naville rédige, au début de l'année 1926, une brochure intitulée « La révolution et les intellectuels », dans laquelle il tient à démontrer à André Breton que sa conception de l'action révolutionnaire ne peut conduire qu'à une impasse. Pierre Naville s'interroge sur le sens véritable qu'André Breton donne au mot révolution. Est-il vraiment décidé à s'engager sur le terrain de la lutte des classes ? Est-il en mesure de comprendre les impératifs politiques et idéologiques du combat révolutionnaire ? Vouloir associer comme il l'affirme péremptoirement dans son article « La force d'attendre » surréalisme et communisme, n'est-ce pas là une démarche contradictoire et inconséquente ? Il n'est pas possible en vérité de vouloir prétendre servir à la fois le monde de l'esprit et le monde des faits. André Breton doit dépasser « cette antinomie fondamentale » inhérente à la pensée surréaliste. Comment peut-on vouloir défendre le caractère sacré de l'individu sans chercher d'abord à détruire les conditions économiques et politiques qui visent irrémédiablement à son asservissement ? Comment peut-on « croire à une libération de l'esprit antérieure à l'abolition des conditions bourgeoises de la vie matérielle et jusqu'à un certain point indépendante d'elle ? » On ne peut nier aussi aisément les contraintes économiques de l'édifice capitaliste. Pour Pierre Naville, il est nécessaire de mettre un terme à cette ambiguïté intellectuelle et politique et de choisir une voie révolutionnaire conséquente :

---

[1] Issu d'une famille de la haute bourgeoisie genevoise, son père est directeur de la banque ottomane, Pierre Naville, après des études à l'Ecole alsacienne, prépare une licence de philosophie à la Sorbonne. Attiré par la modernité littéraire, rédacteur de *l'Oeuf dur*, sur les conseils de Louis Aragon, il rejoint le groupe surréaliste en 1924. Au printemps 1925, il effectue son service militaire dans un régiment Nord-africains stationné à Chaumont. Frappé d'un mois de prison pour indiscipline, il est menacé d'être envoyé au Maroc en guerre mais réussit à se faire muter dans une unité à Paris. Séduit par la philosophie marxiste, il s'inscrit au PCF en 1926. Témoin des efforts de ses amis surréalistes à se tourner vers l'action politique, il les interpelle directement.

« 1° Ou bien persévérer dans une attitude négative d'ordre anarchique, attitude fausse *à priori* parce qu'elle ne justifie pas l'idée de révolution dont elle se réclame, attitude soumise à un refus de compromettre son existence propre et le caractère sacré de l'individu dans une lutte qui entraînerait vers l'action disciplinée du combat de *classes*.

2° Ou bien s'engager résolument dans la voie révolutionnaire, la seule voie révolutionnaire : la voie marxiste. C'est alors se rendre compte que la force spirituelle, substance qui est tout et partie dans l'individu, est intimement liée à une réalité sociale qu'elle suppose effectivement. Cette réalité apparaît pour nous avec l'organisation de l'action de classe. Dans cette hypothèse, la lutte est directement engagée contre la bourgeoisie, la lutte prolétarienne dans toute sa profondeur, commandée par les mouvements de masse, avec l'aide des Intellectuels qui s'affirment décidés à ne reconnaître le terrain de la liberté que dans celui où la bourgeoisie périra[1]. »

Selon Pierre Naville, les surréalistes aux côtés de *Clarté* entretiennent une équivoque regrettable sur le plan révolutionnaire et multiplient les maladresses. Il est important d'y mettre fin. Ils prétendent rejoindre en tant qu'intellectuels le prolétariat mais sont bien incapables de se prononcer sur la nature même de cette collaboration. Ignorant les nécessités de la dialectique marxiste, ils ne sont « d'aucune aide directe pour la classe ouvrière ». Pierre Naville affirme que parmi les intellectuels seuls « les théoriciens et les techniciens » représentent les véritables serviteurs du prolétariat et conclut sans détour :

« Les poètes, les penseurs, les artistes de la révolution ne peuvent naître que du prolétariat révolutionnaire *victorieux*[2]. »

Les surréalistes proclament bien haut la toute puissance de l'individu, se disent passionnément attachés à un certain état de fureur individuelle, principe essentiellement irréductible, mais que représente l'individu réduit à ses seules forces dans le combat révolutionnaire ? Pour Pierre Naville, il n'est d'aucune utilité :

« Réduit à sa valeur réactive personnelle, l'individu n'est pas capable de nourrir un esprit révolutionnaire autre part que sur le papier[3]. »

Les surréalistes prônent une nouvelle spiritualité, l'Orient, mais un tel dessein n'intéresse nullement le penseur révolutionnaire aux prises avec l'appareil capitaliste. Pour Pierre Naville, il est facile de choisir une forme quelconque de règne spirituel en faisant abstraction de l'économique et du politique. Opposer l'Orient à l'Occident, mépriser les conquêtes de la science et du machinisme européens est parfaitement arbitraire et illusoire :

---

[1] Pierre Naville, *La révolution et les intellectuels,* Paris, Gallimard, 1975, p. 76-77.
[2] Pierre Naville, *La révolution...*, *op. cit.*, p. 87.
[3] Pierre Naville, *La révolution...*, *op. cit.*, p. 91.

« Ainsi, lorsque le surréalisme s'engage dans la revendication exclusive, à l'appui d'une idéologie révolutionnaire, de la vie du rêve, de l'esprit oriental considéré comme une contemplation, un détournement de la réalité matérielle, il fait fausse route ; il s'aiguille, apparemment guidé par des principes moraux, dans une direction qui peut le mettre d'un moment à l'autre en contradiction avec les nécessités les plus élémentaires de la révolution prolétarienne[1]. »

Devant de telles inconséquences, Pierre Naville demande impérieusement aux surréalistes et à André Breton de donner un sens véritablement révolutionnaire à leur démarche ; il réitère son appel :

« Oui ou non, cette révolution souhaitée est-elle celle de l'esprit *à priori*, ou celle du monde des faits ? Est-elle liée au marxisme, ou aux théories contemplatives, à l'épuration de la vie intérieure[2] ? »

Les surréalistes ne peuvent échapper à l'emprise du capitalisme. Ils doivent nécessairement se situer par rapport à lui :

« Le problème qui se pose aux surréalistes est de savoir dans quelles conditions vit actuellement l'esprit, et s'il étouffe, s'il meurt, quelles sont les conditions réelles de son salut. Qu'il meure sous la mainmise de la bourgeoisie est hors de doute. Que la révolution seule lui permettra un nouveau développement est certain[3]. »

Dans ces conditions, leur tâche première est de combattre avec acharnement la société capitaliste pour assurer le triomphe de la révolution. L'activité proprement intellectuelle pour l'instant est reléguée au second plan. Pierre Naville écrit :

« L'esprit attendra après nous pour vivre. »

La mise en congé de l'esprit s'impose tout naturellement :

« Le Salariat est une nécessité matérielle à laquelle les trois quarts de la population mondiale sont contraints, indépendante à l'origine des conceptions philosophiques ou morales des soi-disant Orientaux ou Occidentaux. Sous la férule du capital les uns et les autres sont des exploités. C'est toute leur idéologie présente. Les querelles de l'intelligence sont absolument vaines devant cette unité de condition[4]. »

Les déclarations d'intention, les moments d'exaltation avec les gens de *Clarté* ne suffisent plus. Il faut prendre ses responsabilités, être prêt en tant qu'intellectuel à se consacrer unilatéralement au monde des faits.

Le tableau que dresse Pierre Naville des faiblesses et des insuffisances du surréalisme ne peut laisser indifférent André Breton qui publie en septembre 1926 « Légitime défense ». Dans sa brochure, André Breton tient

---

[1] Pierre Naville, *La révolution…, op. cit.*, p. 96.
[2] Pierre Naville, *La révolution…, op. cit.*, p. 94.
[3] Pierre Naville, *La révolution…, op. cit.*, p. 95.
[4] Pierre Naville, *La révolution…, op. cit.*, p. 97.

à expliquer que sa conception de la révolution reste celle des faits et de l'esprit. Sa foi révolutionnaire est intacte. Son adhésion au communisme est « une adhésion de principe enthousiaste ». A ses yeux, la légitimité sociale de la révolution visée par le parti ne peut être discutée. Il affirme qu'il n'aura pas « l'impertinence d'opposer aucun programme au programme communiste. Tel quel, il est le seul qui nous paraisse s'inspirer valablement des circonstances, avoir une fois pour toute réglé son objet sur la chance totale qu'il a de l'atteindre, présenter dans son développement théorique comme dans son exécution tous les caractères de la fatalité[1] ».

Mais en même temps, il tient à montrer les limites d'une telle doctrine sur le plan intellectuel et moral :

« Et cependant, il est en nous des lacunes que tout l'espoir que nous mettons dans le triomphe du communisme ne comble pas : l'homme n'est-il pas un ennemi pour l'homme, l'ennui ne finira-t-il pas qu'avec le monde, toute assurance sur la vie et sur l'honneur n'est-elle pas vaine[2], etc. ? »

Et il veut par-là même défendre l'identité du surréalisme :

« Nous continuerons malgré nous à faire des réserves sur l'abandon complet à une foi qui présuppose comme une autre un certain état de grâce[3]. »

André Breton se déclare prêt à se tourner vers le marxisme comme le presse de le faire son ami Pierre Naville, mais il ne peut supporter qu'une organisation politique comme le parti communiste français commette autant de maladresses sur le plan révolutionnaire. Routiniers et sectaires, selon André Breton, les communistes ne peuvent prétendre se placer à l'avant-garde du combat révolutionnaire :

« Réflexion faite, je ne sais pourquoi je m'abstiendrais plus longtemps de dire que *l'Humanité* – puérile, déclamatoire, inutilement crétinisante - est un journal illisible, tout à fait indigne du rôle d'éducation prolétarienne qu'il prétend assumer. Derrière ses articles vite lus, serrant l'actualité de si près qu'il n'y a rien à voir au loin, donnant à tue-tête dans le particulier, présentant les admirables difficultés russes comme de folles facilités, décourageant toute autre activité extra-politique que le sport, glorifiant le travail non choisi ou accablant les prisonniers de droit commun, il est impossible de ne pas apercevoir chez ceux qui les ont commis une lassitude extrême, une secrète résignation à ce qui est, avec le souci d'entretenir le lecteur dans une illusion plus ou moins généreuse, à aussi peu de frais qu'il est possible[4]. »

---

[1] André Breton, « Légitime défense », *La Révolution surréalitse*, n° 8, 1er décembre 1926.
[2] *Ibid*
[3] *Ibid.*
[4] *Ibid*

Soutenant une conception stricte et bornée du marxisme, ajoute André Breton, ils se perdent dans des conflits de personnes et des malentendus formels. Pour André Breton que les questions d'orientation idéologiques n'effraient pas, il serait préférable de « se concilier dans une certaine mesure les anarchistes plutôt que les socialistes » et essentiel « de passer à certains hommes de premier plan, comme Boris Souvarine, leurs erreurs de caractère[1] ». *L'Humanité* sur le plan de la vie intellectuelle démontre un classicisme étroit et pesant aux yeux d'André Breton :

« L'action de *l'Humanité* » est loin d'être irréprochable. Ce qu'on y lit n'est pas toujours fait pour retenir, à fortiori pour tenter. Les courants véritables de la pensée moderne s'y manifestent moins que partout ailleurs. La vie des idées y est à peu près nulle. Tout s'y passe en doléances vagues, dénigrements oiseux, petites conversations[2]. »

Son directeur littéraire Henri Barbusse fait preuve d'un traditionalisme confus et étouffant en matière d'art et de littérature. André Breton cite plusieurs exemples, tirés des colonnes du journal communiste, tout à fait éloquents :

« Monsieur Barbusse devrait prendre garde, ce qui lui éviterait d'abuser de la confiance des travailleurs en leur faisant l'éloge de Paul Claudel et de Cocteau, auteurs de poèmes patriotiques infâmes, de professions de foi catholiques nauséabondes, profiteurs ignominieux du régime et contre-révolutionnaires fieffés. Ce sont, dit-il, des « novateurs » et certes nul ne songerait à en écrire autant de Monsieur Barbusse, le vieil emmerdeur bien connu. Passe encore que Jules Supervielle et Luc Durtain lui paraissent représenter avec le plus d'autorité et de valeur les nouvelles tendances : vous savez, Jules Supervielle et Luc Durtain ces « deux écrivains remarquables en tant qu'écrivains » (sic) mais Cocteau, mais Claudel ! Pourquoi pas aussi, par un rédacteur politique de *l'Humanité,* à propos du prochain monument aux morts, une apologie impartiale de Monsieur Poincaré ? Monsieur Barbusse, s'il n'était pas un fumiste de la pire espèce, ne ferait pas mine de croire que la valeur révolutionnaire d'une œuvre et son originalité apparente ne font qu'un[3]. »

Il ne peut comprendre qu'un écrivain aussi faussement révolutionnaire puisse jouir d'un crédit aussi important au sein du parti. Il ne peut admettre qu'on puisse ignorer aussi aisément les grands courants de la modernité. Devant une telle indigence culturelle, il oppose les grands noms de la littérature reconnus par le surréalisme comme Hugo, Borel, Baudelaire, Rimbaud qui ont su défendre magnifiquement le principe de révolte.

---

[1] *Ibid.*
[2] *Ibid.*
[3] *Ibid.*

Pour André Breton, il n'est pas possible de passer sous silence autant de maladresses. Il est bien difficile, dans ces conditions, de considérer les communistes comme les seuls défenseurs de la révolution. Pourquoi en viendrait-on à penser qu'ils sont les seuls dépositaires de l'esprit révolutionnaire ? Existe-t-il en fait un monopole de l'action révolutionnaire ? André Breton déclare :

« Je dis que la flamme révolutionnaire brûle où elle veut et qu'il n'appartient pas à un petit nombre d'hommes, dans la période d'attente que nous vivons, de décréter que c'est ici ou là seulement qu'elle peut brûler. Il faut être bien sûr de soi pour en décider ainsi et *l'Humanité*, fermée comme elle est sur des exclusives de toutes sortes, n'est pas tous les jours le beau journal enflammé que nous voudrions tenir entre les mains[1]. »

Pour André Breton, la doctrine marxiste n'est pas tout, il s'en faut de beaucoup. La volonté révolutionnaire ne peut en aucun cas se réduire à un simple postulat idéologique. Il est sûr qu'un engagement politique de type communiste ne correspond pas aux aspirations révolutionnaires des surréalistes. Répondant à la question précise de Pierre Naville de savoir si la révolution est liée au marxisme ou aux thèses contemplatives, André Breton lance :

« Dans le domaine des faits, de notre part aucune équivoque n'est possible : il n'est personne de nous qui ne souhaite le passage du pouvoir des mains de la bourgeoisie à celles du prolétariat. En attendant, il n'est pas moins nécessaire, selon nous, que les expériences de la vie intérieure se poursuivent et cela, bien entendu, sans contrôle extérieur, même marxiste[2]. »

La prétendue « inconciliabilité » entre le monde de l'esprit à priori et le monde des faits, André Breton la nie catégoriquement. Le surréalisme n'a rien à voir avec cette antinomie fondamentale paralysante que croit découvrir Pierre Naville :

« Il est temps, nous continuons avec véhémence à l'affirmer, plus que jamais il est temps pour l'esprit de réviser certaines oppositions de termes purement formelles telles que l'opposition de l'acte à la parole, du rêve à la réalité, du présent au passé et à l'avenir[3]. » Se référant à la philosophie de Keyserling créant une métaphysique monotone, André Breton considère qu'il n'existe pas de différence de nature entre le sujet et l'objet ; l'âme et le monde se rejoignent ; l'homme s'insère dans l'inobjectif d'où jaillissent différents objets comme le rêve, la poésie, la révolution :

« Nous sommes de cœur avec le comte Hermann Keyserling, sur la voie d'une métaphysique monotone. Elle ne parle jamais que de l'être un, où Dieu, l'âme et le monde se rejoignent, de l'un qui est l'essence la plus

---

[1] *Ibid.*
[2] *Ibid.*
[3] *Ibid.*

profonde de toute multiplicité. Elle aussi n'est qu'intensité pure ; elle ne vise que la vie même, cet inobjectif d'où jaillissent les objets comme des incidents[1]. »

Abordant alors les thèmes de l'Orient et du machinisme, André Breton affirme que l'Orient représente sur le plan spirituel un argument de valeur qui va même jusqu'à inquiéter la civilisation occidentale (les réactionnaires comme Massis, Maurras, Valéry, note André Breton, le savent bien et s'efforcent de combattre une telle tendance) alors que le machinisme n'est d'aucun secours pour l'homme aux prises avec ses propres contradictions.

Devant le mépris affiché par Pierre Naville à l'égard des manifestations de l'esprit et sa volonté passionnée de reconnaître dans le salariat la cause efficiente de l'existence humaine, André Breton répond avec force :

« J'estime au contraire, que l'homme doit moins que jamais faire abandon de son pouvoir discriminateur … »

Il ne peut supporter un tel bannissement de l'intelligence. Le salariat n'explique pas tout, l'intelligence doit à tout instant s'affirmer, se renouveler et non pas se soumettre servilement au politique et à l'économique :

« Selon nous, l'idée du matérialisme historique, dont nous songeons moins que jamais à contester le caractère génial, ne peut se soutenir et, comme il importe, s'exalter dans la durée, ne peut aussi nous forcer à envisager concrètement ses conséquences, que si elle reprend à chaque instant connaissance d'elle-même, que si elle s'oppose sans crainte à toutes les idées antagonistes, à commencer par celles qu'à l'origine, il lui a fallu vaincre pour être et qui tendent à se représenter sous de nouvelles formes. Ce sont ces dernières qui nous paraissent faire sournoisement leur chemin dans l'esprit de certains dirigeants du Parti communiste français. Peut-on leur demander de méditer les pages terribles de Théodore Jouffroy : comment les dogmes finissent[2] ? »

La toute puissance du dogme, le monolithisme idéologique, la canonisation du marxisme qu'André Breton semble distinguer dans les rangs du parti communiste français constituent une terrible menace pour la dialectique intellectuelle en général et la lutte révolutionnaire en particulier.

Ainsi, André Breton se refuse à tout sacrifier aux faits comme l'invite à le faire son ami Pierre Naville. Vivre et penser la révolution de cette manière lui apparaît comme une démarche tronquée. Revendiquant la non-aliénation de la pensée, il affirme le droit à la critique et à la vie de l'esprit face à l'économique et au politique. Révolution et intelligence, à ses yeux, doivent être confondus dans un mouvement de transformation politique et moral intégral. Ainsi, en se penchant plus attentivement sur la polémique qui oppose Pierre Naville et André Breton, on mesure mieux les difficultés et le

---

[1] *Ibid.*
[2] *Ibid.*

trouble que connaît le camp surréaliste au moment de *La Guerre civile*. Divisés, les surréalistes se trouvent dans l'incapacité de définir un langage révolutionnaire commun.

Pierre Naville croit la révolution des faits seule possible ; à l'opposé, André Breton et la majorité des surréalistes considèrent que la révolution est celle des faits et de l'esprit confondus dans « l'inobjectif » ; enfin, une minorité pense qu'elle est celle du seul esprit. Comment dans ces conditions peut-on s'étonner que *La Guerre civile* n'ait pas vu le jour ? Pierre Naville et André Breton, dans leurs brochures respectives donnent quelques informations à ce sujet. Pierre Naville tient à préciser que si les surréalistes ont fait échouer un tel projet, c'est qu'ils n'ont pas pu surmonter les insuffisances et les contradictions de la pensée surréaliste. L'accord avec *Clarté* existait, rapporte Pierre Naville, mais « tout le problème était dans sa manifestation ». Cependant, Pierre Naville se montre confiant pour l'avenir. La volonté révolutionnaire des surréalistes, leur souci évident de se tourner vers la réalité sociale et politique existent réellement. Selon lui, sous la pression des événements, André Breton et ses amis se tourneront forcément vers le marxisme :

« Il est possible que dans un avenir rapproché les événements mondiaux entraînent encore plus étroitement après eux ces courants de pensée. Il dépendra de ceux-là que nous voyions, à un point de vue révolutionnaire, le surréalisme incliner dans tel ou tel sens, accuser de telle ou telle façon son contact avec la réalité, jusqu'à coïncider avec l'insurrection communiste qui assurera la victoire du prolétariat et la décapitation de la bourgeoisie[1]. »

André Breton pour sa part considère que l'échec de *La Guerre civile* n'a rien à voir avec l'incapacité du surréalisme à résoudre sa propre antinomie mais relève d'une opposition clairement affirmée du groupe surréaliste à l'égard du parti communiste français et de sa politique doctrinaire :

« Il se peut en effet, que notre tentative de coopération, au cours de l'hiver 1925-1926, avec les plus vivants éléments du groupe *Clarté* en vue d'une action extérieure bien définie ait abouti pratiquement à un échec, mais si l'accord envisagé n'a pu se manifester, je nie que ce soit « par incapacité de résoudre l'antinomie fondamentale qui existe dans la pensée surréaliste ». Je crois avoir fait comprendre que cette antinomie n'existe pas. Tout ce à quoi, les uns comme les autres, nous nous sommes heurtés, c'est à la crainte d'aller contre les desseins véritables de l'Internationale communiste et à l'impossibilité de ne vouloir « connaître que la consigne » au moins

---

[1] Pierre Naville, *La révolution et les intellectuels,* Paris, Gallimard, 1975, p. 97.

déroutante donnée par le Parti français. Voilà essentiellement pourquoi *La Guerre civile* n'a pas paru[1]. »

Ces diverses explications ne reflètent qu'imparfaitement le mal profond dans lequel les surréalistes se trouvent plongés. Pierre Naville a foi dans un matérialisme historique des plus orthodoxes. Il est décidé à servir sans réserve aucune la doctrine marxiste. Il fait preuve d'un rigorisme doctrinal insoupçonné. Gagné au bolchevisme, il semble prendre définitivement ses distances à l'égard du surréalisme. André Breton lui, s'applique à énoncer les différences « idéologiques » qui le séparent du parti communiste français et de la philosophie marxiste. Tout en souscrivant au matérialisme historique, il tient à établir une distinction entre marxisme et matérialisme « dogmatique ». Il en vient à reconnaître et à établir une sorte d'équivalence entre l'idéalisme subjectif et le matérialisme historique. Selon lui, l'exercice de la liberté totale d'émancipation de l'esprit semble passer par l'étape de la destruction du régime capitaliste. Il est prêt à déployer de grands efforts aux côtés du parti communiste sans renoncer au surréalisme.

---

[1] André Breton, «Légitime défense », *La Révolution surréaliste,* n° 8, 1er décembre 1926.

Chapitre XV

L'hostilité du PCF

Du côté du PCF, les événements de *Clarté* ne laissent pas indifférents. Le projet de *La Guerre civile* est vu d'un très mauvais œil. Le bureau politique décide de convoquer Marcel Fourrier, directeur de *Clarté* afin qu'il fournisse des explications suffisamment convaincantes. La réunion se tient le 18 février 1926.[1] Les principaux membres du parti sont présents : Cachin, Costes, Dudilieux, Forestier, Galopin, Marrane ainsi que Paul Vaillant Couturier en qualité de rédacteur en chef de *l'Humanité* et Pierre Marion en tant que responsable des problèmes d'éducation.

Le bureau politique reproche tout d'abord à Marcel Fourrier de s'être engagé, dans les colonnes de *Clarté,* pour annoncer la prochaine publication de *La Guerre civile,* dans une critique maladroite et injustifiée de l'ancienne *Clarté* et de son fondateur Henri Barbusse.[2]

Pour le parti, il est indispensable, en effet, que le prestige intellectuel et moral d'Henri Barbusse soit préservé. Henri Barbusse est une célébrité pour le monde communiste. Il est celui qui a su se tourner spontanément vers le parti communiste naissant et le prolétariat ouvrier. Il est donc important de garder intact le capital politique et culturel d'une telle personnalité. De plus, venant d'être juste nommé directeur littéraire de *l'Humanité* tandis que Vaillant Couturier accède au poste de rédacteur en chef, il est nécessaire qu'un tel militant soit respecté par l'ensemble de la presse communiste.

S'attachant plus particulièrement à la question de l'entente entre surréalistes et clartéistes et à la transformation de *Clarté* en *Guerre civile,* le bureau politique fait part à Marcel Fourrier de sa désapprobation. Il émet de très sérieuses réserves sur le bien-fondé d'une collaboration entre *Clarté* et de jeunes intellectuels bourgeois comme les surréalistes dont la faiblesse et la confusion des sentiments politiques peuvent porter préjudice au parti communiste lui-même. Costes déclare :

« Si dans *La Guerre civile,* vous donnez une fausse ligne politique qui sera considérée par vos lecteurs comme la ligne du parti, que vous le vouliez ou non, vous ferez naître des déviations[3]. »

---

[1] Je me réfère à la publication du procès-verbal de la séance du bureau politique du PCF, tirée des archives de la section française de l'Internationale communiste et présentée par les soins des *Cahiers d'histoire de l'institut Maurice Thorez*, dans son n° 15 du 1er trimestre 1976.
[2] Henri Barbusse adresse personnellement une lettre de protestation à la direction du parti.
[3] *Cahiers d'histoire de l'institut Maurice Thorez*, n° 18, 1er trimestre 1976, p. 69.

Marion, quant à lui, fait remarquer que l'horizon culturel d'une revue communiste ne peut se réduire à une seule école littéraire comme le surréalisme d'autant plus que les écrivains surréalistes sont parfaitement ignorants de la doctrine marxiste. Ne va-t-on pas instinctivement assimiler le surréalisme au communisme ? Marion affirme :

« Une revue culturelle devrait avoir pour but de grouper autour d'elle le plus grand nombre possible d'écrivains qui, sans adopter complètement le point de vue du parti, pouvaient appartenir à notre zone sympathisante.

Il aurait fallu donner à notre revue une formule assez large. Nous avons au contraire rétréci notre influence. Le parti en arrive à reposer toute son action sur un groupuscule, sur une école des surréalistes. Qu'on l'ait voulu ou non, c'est là le résultat désastreux.

Et l'on prend comme titre celui de *La Guerre civile*. Alors que Lénine et Marx ont dit : « La guerre civile, c'est une chose dont on ne parle jamais ». Cela me rappelle de façon malheureuse, la « guerre sociale » d'avant guerre. Ensuite, on donne une interprétation fantaisiste de la plate-forme des surréalistes, qui se montre ainsi en contradiction avec la pensée de l'Internationale[1]. »

D'autres responsables communistes comme Pierre Vaillant Couturier, Marcel Cachin interviennent pour exprimer leur profond désaccord, mettant en cause les surréalistes, ne distinguant chez eux aucun engagement politique qui puisse être qualifié de communiste. Pierre Vaillant Couturier lance :

« Les surréalistes ne tiennent pas, je pense, à être liés au parti, dont Crastre n'est pas membre. […] Ce qui me paraît grave chez les surréalistes, c'est leur pessimisme au sujet de la passivité du prolétariat européen. »

Marcel Cachin, de son côté, déclare :

« Ce que j'ai lu des jeunes gens de l'école surréaliste ne me porte pas à penser qu'ils aient des sentiments profondément prolétariens. Je ne suis pas partisan qu'on mette l'estampille du parti sur leur entreprise. »

L'ensemble du bureau politique tombe d'accord pour demander à Marcel Fourrier de se mettre en position de discipline vis-à-vis du parti. Marcel Fourrier cherche pourtant à s'expliquer. Il tient à rappeler que l'absence d'une politique culturelle clairement définie par le parti conduit en vérité à une impasse véritable. Vouloir regrouper, comme l'affirme Marion, le plus grand nombre d'écrivains socialistes et sympathisants autour du parti apparaît, pour Marcel Fourrier, comme une proposition dépourvue de fondement révolutionnaire. Elle aboutit à organiser des rassemblements hybrides et douteux d'écrivains faussement démocrates :

« Toute la besogne culturelle d'un parti communiste n'est pas celle qu'indique Marion. J'ai essayé moi-même de créer une espèce de front

---

[1] *Cahiers d'histoire…, op. cit.*, p. 69-70.

unique avec les écrivains bourgeois. C'est ainsi que j'ai fait entièrement un numéro de *Clarté* sur la guerre du Maroc. On peut voir ce qu'a été le point de vue scandaleux, exprimé par ces écrivains, et qui a provoqué à juste titre l'indignation des camarades du parti.

Nous pouvons renouveler cette expérience. Nous verrons que ces écrivains nous lâcheront de la plus ignominieuse façon ; seuls resteront avec nous les jeunes révolutionnaires.

Nous devons chercher à organiser extérieurement ces éléments qui ne doivent pas tous être recherchés parmi les membres du parti. Si nous recherchons uniquement les écrivains qui ont un nom, nous irons au plus grand mécompte. Nous verrons un jour ou l'autre se créer un courant en dehors du parti[1]. »

Au-delà de ces remarques critiques d'ordre culturel qu'il formule, Marcel Fourrier admet bien volontiers qu'en qualité de militant communiste et de rédacteur de *l'Humanité,* il doit faire montre d'une plus grande rigueur idéologique. Il accepte sans grande réticence de renoncer à sa démarche première. Il s'engage en effet à corriger sérieusement l'orientation de *La Guerre civile* et à modifier le fond même de son article qu'il avait publié dans *Clarté* et dans lequel il émettait de sérieux doutes sur le bien-fondé de la politique suivie par l'Internationale communiste. Marcel Fourrier déclare en substance :

« Je serai certainement tenu à une certaine adaptation. Ce que je demande c'est que le parti ne me tienne pas en suspicion, en ennemi […] Marion a raison ; la conclusion que j'ai donnée à mon article a dépassé ma pensée. […] Je soumettrai à Marion l'article dans lequel je dois rectifier ma pensée. »

A l'issue de la réunion qui voit Marcel Fourrier céder aux exigences du parti, le bureau politique prend les décisions suivantes :

- une note dans *l'Humanité* sera rédigée pour indiquer que *La Guerre civile* n'est plus sous le contrôle du PCF.
- La lettre de protestation d'Henri Barbusse sera publiée dans *l'Humanité*.
- Aucune publicité ne sera faite dans les colonnes de *l'Humanité* au profit de *La Guerre civile*.
- La chronique de la « Vie intellectuelle » de *l'Humanité* visera à toucher le plus grand nombre d'écrivains et d'artistes sympathisants du parti, selon les suggestions de Marion.

Les conclusions de cette réunion paraîtront dans *l'Humanité* du 21 février 1926.

Ainsi, le bureau politique s'oppose au projet de *La Guerre civile* et se désintéresse du sort et de la démarche du surréalisme en tant que mouvement

---

[1] *Cahiers d'histoire…, op. cit.*, p. 71.

révolutionnaire. Peut-on s'étonner d'un tel comportement ? En fait, la ligne politique du PCF se veut, à l'époque, très dure. Depuis 1924, le parti est placé sous le signe de la bolchevisation ordonnée par l'Internationale communiste. La réorganisation des structures du parti selon le modèle soviétique s'accompagne d'une unification idéologique. Le parti doit approuver la ligne officielle de l'Internationale communiste et plus particulièrement soutenir son action contre le courant oppositionnel trotskiste. Une telle orientation est sanctionnée, de 1924 à 1926, par une série d'expulsions de militants communistes. Il n'est donc pas étonnant de voir le bureau politique, au cours de sa réunion de février 1926, exiger de Marcel Fourrier qu'il se mette en position de discipline vis-à-vis du parti.

Sur le plan culturel, la situation est différente. Le parti reste peu sensible aux efforts déployés par les responsables soviétiques pour fonder une littérature et un art prolétariens. Tout à fait éloigné des schémas doctrinaux popularisés par la révolution de 1917, il ne se préoccupe pas d'infléchir les courants artistiques français. Imprégné d'humanisme et de naturalisme, il défend une conception hybride d'un art populiste et classique à la fois. Il est parfaitement indifférent aux tentatives de renouveau du langage menées par les mouvements avant-gardistes. Dans ces conditions, peut-il se montrer réellement intéressé et attentif aux propositions de *Clarté* de se rapprocher d'une école littéraire pratiquement inconnue comme le surréalisme ?

En fait, entre les responsables communistes du parti et les poètes surréalistes, la rencontre est impossible ; trop de choses les opposent. L'obstacle est trop grand entre les surréalistes, intellectuels bourgeois qui n'ont qu'une connaissance floue du prolétariat et les militants du parti. Comme l'explique A. Thirion[1], « dans une cellule, les ouvriers sont chez eux, leur qualité d'ouvrier leur confère un titre que les bourgeois ne pourront jamais acquérir. Ce titre vaut plus cher que la connaissance du dogme ou que la culture générale ». Pour les intellectuels surréalistes qui se tournent vers la révolution, les discussions insipides sur les tâches pratiques et militantes, les commentaires indigents des articles de *l'Humanité,* l'absence de fureur et de passion devant les événements d'actualité et les grands problèmes ne peuvent qu'ennuyer et décourager. Parmi les communistes, le langage surréaliste, son esthétique ne peuvent que rebuter. « Il suffit de montrer un seul numéro de *La Révolution surréaliste* pour que la méfiance s'installe dans l'esprit de presque tous les militants. Attachés aux formes les plus réactionnaires de l'art, défenseurs d'une morale victorienne, » ils sont incapables d'envisager et d'accepter une quelconque remise en cause du langage, de l'esthétique et de la morale. Si les surréalistes veulent ressembler à des révolutionnaires, personne ne veut cette révolution-là. Les militants ne

---

[1] André Thirion, *Révolutionnaires sans révolution,* Paris, Laffont, 1972, p.124-125.

peuvent que réprouver les formes d'expression scandaleuses et blasphématoires des surréalistes. « Pour eux, la vie familiale, l'art des billets de banque, le film à épisodes, la pudeur sont aussi sacrés que les couplets de l'Internationale. » Que peuvent représenter pour eux les recherches surréalistes sur l'inconscient, l'Orient et la sexualité. Les responsables communistes et les intellectuels du parti sont-ils en mesure de comprendre, d'approcher les courants de modernité qui s'emparent du monde des arts et des lettres à l'époque ? Henri Barbusse, Paul Vaillant Couturier, Marion ont-ils une culture suffisamment développée dans ce domaine ? Sont-ils capables d'assimiler les techniques poétiques et romanesques des avant-gardistes au cours des années 1919-1926 ?

Les membres du parti ne comprennent pas quels avantages ils peuvent tirer de l'adhésion de jeunes poètes, de romanciers, de comédiens, de journalistes décidés à s'engager dans l'action politique. L'important pour eux est de s'attacher les services de célébrités littéraires sympathisantes et militantes, comme par exemple Henri Barbusse, promises au rôle solennel de guide, plutôt que de se tourner vers de jeunes intellectuels contestataires tout à fait inconnus.

Face au surréalisme, le bureau politique se montre très méfiant et va jusqu'à remettre en cause une tentative culturelle et politique dont il ne distingue ni le sens, ni la portée historique. La grande question du rapport entre avant-garde et parti révolutionnaire est ainsi éludée.

Ainsi, la réunion du 18 février 1926 risque fort de mettre un terme à l'entente entre clartéistes et surréalistes. Marcel Fourrier, en acceptant aussi aisément de s'aligner sur les déclarations du PCF, ne va-t-il pas compromettre gravement la réussite de *La Guerre civile* et changer l'esprit même de l'accord avec les surréalistes défini par Jean Bernier ?

Chapitre XVI

Les conflits de personnes (Marcel Fourrier, André Breton, Jean Bernier)

Dans le camp clartéiste, la situation prend un tour inattendu. La position personnelle de Jean Bernier va très vite se détériorer dans ses rapports avec André Breton et Marcel Fourrier. Alors qu'il était à l'origine du rapprochement entre clartéistes et surréalistes, Jean Bernier se retrouve progressivement mis à l'écart. C'est tout d'abord Marcel Fourrier qui cherche discrètement à le supplanter dans son rôle de liaison avec le groupe surréaliste. Jean Bernier, comme le rapporte Victor Crastre, n'a pas la confiance d'André Breton. Tout se passe comme si, se servant de la défiance d'André Breton pour Jean Bernier, Marcel Fourrier se chargeait de prendre sa place.

« J'ai l'impression très nette, écrit Victor Crastre dans une lettre de mars 1926, que Fourrier doit intriguer autant qu'il le peut contre vous ... »

Marcel Fourrier semble donc avoir sérieusement évolué vis-à-vis du surréalisme. Il paraît, comme l'a écrit André Thirion,[1] qu'André Breton appréciait beaucoup Marcel Fourrier. De ce fait, Marcel Fourrier sera avec Victor Crastre le seul clartéiste à collaborer à *La Révolution surréaliste* pendant plusieurs années.

Jean Bernier n'est pas accepté par André Breton. On retrouve trace de cette hostilité dans *Légitime défense*. André Breton ne mentionne pas son nom aux côtés de Jacques Doriot, Camille Fégy, Marcel Fourrier, Victor Crastre, seuls collaborateurs de *l'Humanité* qui offrent selon lui des garanties suffisantes face au courant général d'incompétence qui domine dans le journal communiste. Il parle avec sévérité, toujours à propos de *l'Humanité*, de ses articles « décourageant toute autre activité extra-politique que le sport », remarque perfide qui s'adresse directement à Jean Bernier puisque ce dernier est responsable de la rubrique des sports à *l'Humanité*. Il a même introduit dans *Clarté* une page sportive et fait paraître plusieurs extraits de son livre sur le rugby : « Tête de mêlée », toutes raisons pour le rendre effectivement suspect aux yeux d'André Breton et de ses amis. Sur le plan politique, Jean Bernier fait preuve d'une aisance et d'une autorité certaines. Selon Michel Leiris, il apparaît aux yeux des surréalistes comme « un fort en thème » parce qu'il connaît le marxisme beaucoup mieux qu'eux, raison supplémentaire pour irriter André Breton bien peu compétent en cette matière. Enfin, une lettre de Victor Crastre de mars 1978 permet de mieux comprendre les raisons de cette mésentente :

---

[1] André Thirion, *Révolutionnaires...*, op. cit..

« Ses relations avec André Breton ne furent jamais très bonnes, même si la froide courtoisie de celui-ci pouvait donner le change. D'abord, le fait que Jean Bernier écrivait des romans, était donc un « littérateur », faute damnable pour laquelle je l'ai entendu vitupérer Aragon vivement. Opposition de tempéraments aussi : Bernier, très sportif et débordant de santé, Breton, casanier, assez fragile d'ailleurs, malgré un aspect robuste et sortant rarement le soir. Bernier affichait des goûts prolétariens, commandait par exemple au restaurant un « bœuf gros sel ... » par amour de Proudhon, ce qui ne pouvait qu'exaspérer André Breton. Plus sérieux : l'Amour fou de Breton (d'ailleurs si peu sadien) s'accordait mal avec un certain « côté gaulois » plus ou moins affecté de notre ami [...] Peu de points communs entre Bernier et Fourrier. Celui-ci restait toujours « un fonctionnaire » du parti qu'il ne critiquait qu'avec prudence ; celui-là gardait sa liberté et s'impatientait des timidités de Marcel Fourrier. Et cependant, André Breton lui préférait Fourrier. Peut-être parce que non littérateur[1]. »

Cette mauvaise volonté dont fait preuve André Breton à l'égard de Jean Bernier va jusqu'à perturber la vie du groupe clartéiste-surréaliste et porter préjudice à la préparation de *La Guerre civile*. Alors que Victor Crastre s'applique à rassembler plusieurs papiers pour composer le n° 1 de la revue, André Breton s'oppose particulièrement à la publication d'un article de Jean Bernier : « Repère ». Victor Crastre nous renseigne utilement à ce sujet dans une lettre de mars 1926 adressée à Jean Bernier :

« J'attendais pour vous écrire de pouvoir vous donner une réponse ferme au sujet des notes ; mais je vois qu'il faut attendre encore plusieurs jours avant que ce soit possible. Breton est plus que jamais éloigné de toute action et le peu d'attention qu'il lui reste est absorbé par les questions épineuses que soulève la Galerie. De guerre lasse, il y a cinq ou six jours, je lui ai donné vos notes, lui demandant une réponse pour le lendemain. Le surlendemain, il m'a dit qu'en ce qui concerne Rimbaud et la paraphrase de « le bonheur... », il n'était toujours pas d'accord. Il a ajouté qu'il voulait bien causer de tout cela avec moi le lendemain ; mais le lendemain, je lui téléphone et il n'était pas là. Depuis plus rien. Voici ce que je pense : les deux notes qui ont trait au commentaire d'Engels et de Lénine sont inattaquables : elles m'apparaissent du moins telles ainsi qu'à Masson ; certainement Breton n'y fera aucune opposition, à moins de pression extérieure. Il n'en ira pas ainsi des notes 2 et 3 beaucoup plus difficiles à défendre. Que comptez-vous faire ? Acceptez-vous de retrancher les notes 2 et 3 ? Si vous le voulez, je m'engage absolument à publier les notes 1, 4 et 5 quelles que soient les oppositions soulevées, persuadé que ces notes ne peuvent qu'éclairer la situation actuelle ; si besoin était, j'irais jusqu'à poser

---

[1] Lettre de Victor Crastre, de mars 1978, citée par Dominique Rabourdin dans sa préface à « L'amour de Laure » de Jean Bernier.

la question de ma démission. Il est certain d'ailleurs que Fourrier verra d'un mauvais œil cette publication… Breton a été très démoralisé par les incidents des Sociétés savantes suivis de la réunion Kérilis à Japy ; j'ai l'impression que Fourrier garde moins le contact. Quant à moi, je vais presque tous les jours à Cyrano, mais vous savez ce qu'est Cyrano[1]. »

Dans une seconde lettre datée du 1er avril 1926, envoyée à Jean Bernier à Cavalaire dans le Var, Victor Crastre montre son impatience puis sa résignation devant la mauvaise foi d'André Breton. Constatant même la mise en défiance dont son ami est l'objet au sein de l'entente clartéiste et surréaliste, il tente vainement de protester :

« La question qui se pose au sujet de vos notes a encore du temps pour s'y résoudre car *La Guerre civile* ne paraîtra certainement pas avant le 15 ou le 20. Breton va partir pour une huitaine et jusqu'ici il s'est dérobé à toute discussion sur ce sujet… Je lui avais dit que vous vous en remettiez à lui pour leur publication. Je dois vous dire d'ailleurs qu'à la première occasion je soulèverai votre cas d'un point de vue beaucoup plus général déclarant contre votre mise en défiance je m'oppose absolument ainsi que Guitard, Fégy, Barsalou et demandant que l'on écoute nos avis à nous qui tout de même vous connaissons depuis deux ans. J'irais jusqu'à poser la question de ma démission. Je vous assure que tout cela est fort possible car certainement votre position actuelle dans le groupe doit être mauvaise. Je dois vous dire que mes espoirs dans *La Guerre civile* diminuent tous les jours. Tâchez de revenir le plus tôt possible[2]. »

Jean Bernier perd de plus en plus de crédit aux yeux des surréalistes, ses relations avec André Breton sont de plus en plus difficiles. Qu'en est-il avec Marcel Fourrier ?

Les relations entre Marcel Fourrier et Jean Bernier vont très vite s'altérer. Si leur entente bâtie sur un compromis extrêmement fragile dont on a souligné l'ambivalence pouvait encore faire illusion à la fin de l'année 1925, il n'en est rien au début de l'année 1926. Marcel Fourrier se montre de plus en plus critique et réservé à l'égard de Jean Bernier. Sur le plan idéologique, il ne peut tolérer qu'il prenne autant de distance vis-à-vis du PCF et de l'IC. Il lui est difficilement supportable de voir Jean Bernier défendre un programme d'action révolutionnaire pour *Clarté* et les surréalistes aussi éloigné de la lutte prolétarienne. S'il a approuvé en décembre 1925 une telle plate-forme, c'est pour ne pas nuire à l'entente entre clartéistes et surréalistes. Mais en tant que militant communiste, il ne peut cautionner une telle orientation et le fait savoir à Jean Bernier. Il ne tient pas en vérité à se lancer dans une aventure politique aussi dangereuse.

---

[1] *Ibid.*
[2] *Ibid.*

Il préfère se réfugier dans le giron du communisme, choix politique beaucoup moins risqué.

Ainsi, lorsqu'il est convoqué par le bureau politique en février 1926, pour s'expliquer sur la création de *La Guerre civile,* il n'hésite pas un instant à se ranger du côté du parti et à se plier à ses exigences. Il accepte alors sans difficulté comme on l'a vu de mettre fin au projet de *La Guerre civile* auquel Jean Bernier était fortement attaché. Il renie de la même manière son article d'attaque contre Henri Barbusse et Paul Vaillant Couturier qui lui était entièrement inspiré par Jean Bernier. Il repousse désormais toute forme de réflexion idéologique concernant la légitimité de la lutte communiste menée en Europe et dans le monde. Il se refuse à soumettre le mouvement communiste prolétarien à une analyse critique vigoureuse comme l'invitait à le faire Jean Bernier.

Ainsi, lorsque ce dernier apprend comment Marcel Fourrier s'est comporté avec le bureau politique, il ne peut qu'exprimer sa colère et son désaveu. A ses yeux, Marcel Fourrier défend « une attitude politique servile, de basse propagande ». Le conflit entre les deux hommes est alors inévitable. Marcel Fourrier est décidé à défendre la doctrine communiste de toutes ses forces. Il n'est plus question pour lui de prêter attention aux avertissements et aux critiques de Jean Bernier sur le mouvement prolétarien et de se laisser aller à un déviationnisme quelconque. Il s'agit de rompre l'accord tacite conclu avec son ami au cours de l'hiver 1925. Jean Bernier veut au contraire démontrer avec éclat dans quelle impasse se trouve actuellement le mouvement prolétarien. Il tient à dénoncer l'incapacité du PCF à organiser et à redonner force à la lutte révolutionnaire. Il n'est pas question pour lui de se réfugier dans un militantisme étroit, routinier et sécurisant.

Tout au long du printemps 1926, les affrontements vont alors se multiplier. Victor Crastre, dans une lettre de mars 1926 à Jean Bernier, écrit à ce sujet :

« ... Marcel Fourrier n'a pas dû digérer facilement les attaques de la dernière soirée chez Breton. »

Il est certain que Marcel Fourrier ne peut supporter que le communisme soit si maltraité, qu'il soit présenté sous un éclairage si défavorable à de jeunes intellectuels comme les surréalistes gagnés depuis peu à la cause révolutionnaire. Pour Marcel Fourrier, il est important de s'opposer dans la mesure du possible à des interventions aussi dérangeantes et inquiétantes et de mettre un terme, pourquoi pas, aux agissements de Jean Bernier dans le groupe. Tout en faisant front aux critiques véhémentes de Jean Bernier, Marcel Fourrier se propose, avec habileté comme le rapporte Victor Crastre, d'intriguer auprès d'André Breton afin de gagner sa confiance. Il considère qu'il est temps, dans le cadre de l'entente entre clartéistes et surréalistes, de prendre en main la situation afin d'imposer une définition saine et vigoureuse du marxisme. Il va jusqu'à penser qu'en tant que militant communiste, il est de son devoir d'entraîner les surréalistes vers le marxisme, tâche d'autant plus facile que ceux-ci affichent une volonté évidente de servir le bolchevisme. Et d'ailleurs, Marcel Fourrier se fait très vite accepter par les surréalistes alors que Jean Bernier est progressivement ignoré. Venant juste de découvrir le PCF et son idéologie, André Breton et ses amis se tournent plus facilement vers un représentant officiel du parti, séduits alors par son côté militant, son expérience et son sérieux de responsable politique alors que Jean Bernier leur apparaît plus comme une sorte « d'empêcheur de tourner en rond », un révolutionnaire peu convaincant, un agitateur peu scrupuleux.

Afin d'avoir une idée plus précise du conflit qui oppose Jean Bernier à Marcel Fourrier et qui conduit, comme le signale Victor Crastre, à une « mise en défiance » de Jean Bernier au sein du groupe, il est important de se pencher sur les notes de Jean Bernier, c'est-à-dire son article « Repère » destiné au n° 1 de *La Guerre civile* et sa lettre manuscrite de septembre 1926 cités par Dominique Rabourdin.

L'article « Repère » de Jean Bernier, par ses pressantes et angoissantes interrogations sur le plan moral et politique, ne peut que mettre mal à l'aise Marcel Fourrier et indisposer le groupe surréaliste. La première partie de ce texte se compose d'une longue digression philosophique dont l'intérêt au premier abord pourrait sembler bien mince mais qui en fait traduit parfaitement toute l'angoisse et l'incertitude qui emportent Jean Bernier en tant qu'homme et révolutionnaire. Le doute et le désespoir dont il nous avait entretenus dans ses articles de *Clarté* et qui semblaient s'estomper à la faveur de l'entreprise qu'il avait menée pour rapprocher surréalistes et clartéistes le tenaillent toujours autant. La crise dans laquelle il se trouve plongé prend des accents douloureux. Il écrit :

« L'homme, l'esprit s'évapore. Le ciel tombe sur un grouillement de larves. Tout s'arrête, s'efface dans l'abîme. Perspective si peu supportable qu'une certitude aveugle l'anéantit aussitôt. J'ai foi dans l'homme, dans l'esprit. L'Occident sera détruit et avec lui cette foule d'appétits imbéciles et dégoûtants, dont la multiplication et la satisfaction font, paraît-il, tout le bonheur et le plus clair de notre gloire [...] Mais quel sort est le nôtre ! A l'échelle de moi, tout est perdu pour moi. Rien avant moi, rien après moi. Dieu, Patrie, Famille : moyens imbéciles à une fin ignoble. J'abhorre le sourire satisfait de l'humilité autant que la jactance du mystique. Hyperbole nécessaire ! Je dénonce le pacte fait par l'homme avec la vie. Nulle faiblesse n'est permise. Vivre ici, maintenant, est pire que faire la bête. »

Son pessimisme semble pourtant laisser place à quelques espoirs :

« Et pourtant, si pour tout ce qui me concerne, dans mes limites, je renie la vie, la vie telle qu'elle m'est donnée, à moi Occidental du XXe siècle, l'amour de la révolution, par quels secrets détours ? me ramène au monde. Une lueur blanchit. Je crois à l'esprit incarné ; la vie continue. Mais je ne jouirai pas, je sais que tout s'oppose à ce que je jouisse de la vie à venir (elle viendra). Je ne jouirai probablement même pas des premiers épisodes de la longue catastrophe.

Du dehors de la vie, je lutte pour la vie. Un désintéressement monstrueux. »

La seconde partie de son article aborde la question d'un choix révolutionnaire conscient et possible face à la passivité des prolétariats occidentaux et à l'éloignement de toute lutte sociale. Jean Bernier n'admet pas que le communisme officiel ne cherche pas à se redéfinir face à un tel état de fait. Un révolutionnarisme aussi convalescent et balbutiant ne peut satisfaire. Les mots d'ordre actuels du PCF surprennent par leur lymphatisme. Il n'est pas question pour Jean Bernier de s'en contenter. Le sens de la lutte révolutionnaire n'a rien à voir avec une telle position. Il s'explique :

« ... Si j'indique ainsi aux théoriciens communistes d'Occident la voie où j'estime qu'ils devraient s'engager s'ils veulent redonner vie à l'action de leurs partis empêtrés dans les cercles les plus bas de la politique quotidienne la plus dénuée de réalité donc d'esprit révolutionnaire, c'est pour démontrer à quel point, dans l'action spirituelle et morale à laquelle la platitude de l'époque nous contraint de nous limiter, il nous faut faire abstraction des valeurs dites prolétariennes ainsi que de toute préoccupation communiste d'ordre politique. Pour moi – je n'hésite pas à l'écrire de nouveau dans ce premier numéro de *La Guerre civile* – la valeur du prolétariat français en tant que facteur historique révolutionnaire est en cause. Ce doute (j'emploie l'expression la plus modérée ; elle est suffisamment tragique) détermine mon attitude, et c'est lui, rien que lui, qui la rend si difficile, si obscure à mes propres yeux. J'ai cependant la conviction que cette affirmation, si hétérodoxe, si contre révolutionnaire même qu'elle puisse paraître à ceux qui se réclament de Marx tout en se contentant de formules dialectiques frappées de caducité par le mouvement de l'histoire, est la seule contribution originale qu'il soit peut-être en mon pouvoir d'apporter au travail incessant accompli à Moscou pour apprécier justement les circonstances historiques et suivre de plus près la vie agissante des hommes, les rapports de toutes sortes qu'elle engendre dans le cadre de la lutte des classes et de la lutte des races, travail dont dépend étroitement la tactique révolutionnaire de l'Internationale communiste.

Je ne saurais trop insister à cet égard au moment où nous commençons d'exercer dans cette revue une activité commune dont la nécessité s'est imposée à nous d'une façon bien mystérieuse, et qui se situera, si elle est valable, c'est-à-dire révolutionnaire, ni dans le plan de l'esprit pur où continue d'évoluer le surréalisme, méthode de l'esprit qui se prend pour objet de son investigation, ni dans le plan relatif de l'action communiste proprement politique qui s'avère aujourd'hui en France trop dénuée de réalité révolutionnaire pour ne pas induire ceux qui s'y consument à des renoncements indignes de l'esprit. Ce plan nouveau que je puis présentement que pressentir ne sera pas, ou sera assez vaste pour concilier enfin les contradictions mortelles qui dressent l'une contre l'autre, depuis toujours en Occident, « l'histoire sacrée et l'histoire profane des catégories. »

De tels propos, par leur violence et leur audace, ne peuvent qu'irriter sérieusement Marcel Fourrier et plonger dans le doute le groupe surréaliste. On imagine sans peine Jean Bernier en train de lancer de tels avertissements au cours des soirées passées chez André Breton ou dans les locaux de *Clarté*. Jean Bernier invite chacun à regarder le problème de la lutte révolutionnaire en face. Il ne s'agit pas de composer, de se satisfaire d'un horizon politique tracé d'avance et admis par tous comme le fait Marcel Fourrier. Il n'est pas question non plus de chercher à rassurer les surréalistes, nouveaux intellectuels révolutionnaires mais de les interpeller sur des sujets aussi fondamentaaux que le marxisme et la révolution. Le mouvement communiste est frappé de caducité, l'échec de la révolution prolétarienne en France et en Europe est patent. Il est donc essentiel de ne pas nier une telle situation politique et de chercher à définir une nouvelle forme d'activité révolutionnaire d'une dimension supérieure. Jean Bernier est loin d'apparaître comme le partenaire idéal dont puissent rêver Marcel Fourrier et les surréalistes. Ses critiques dérangent beaucoup trop. Avec entêtement et brutalité, il met chacun des protagonistes en face de ses responsabilités. Marcel Fourrier ne peut que protester devant autant d'audace affichée à l'égard du PCF et de l'IC. André Breton ne peut que manifester son désintérêt et son mépris devant autant d'outrances, lui qui a foi dans la révolution politique et sociale, qui croit en son prochain avènement. A peine vient-il de découvrir le parti que Jean Bernier le presse de le renier : étrange malentendu. Marcel Fourrier, André Breton et ses amis ne vont-ils pas, dans ces conditions, prêter de moins en moins d'attention aux propos de Jean Bernier qu'ils jugent déplacés et même envisager de s'éloigner de lui ?

La lettre manuscrite de Jean Bernier[1] nous permet de mieux saisir encore la réalité des positions morales et idéologiques au sein du groupe clartéiste et surréaliste. Jean Bernier écrit :

« Dans cette période d'attente… soulagement.

Alors que nous sommes rejetés sur nous-mêmes, que nous piétinons dans une impasse formelle, aggravée par mille malentendus individuels, sentimentaux et même le jeu sournois encore caché de certains intérêts personnels, inconscients d'eux-mêmes, je veux le croire, et qui s'exercent encore parmi nous et grâce à nous, votre brochure montre que la question reste posée.

Vous avez parcouru du chemin depuis le jour où vous découvrîtes le PC et le marxisme dans un grand enthousiasme et une naïveté pure. Vous vous

---

[1] Dominique Rabourdin précise que ces notes sont rédigées après la parution de « Légitime défense » et qu'elles sont vraisemblablement adressées à André Breton.

êtes imprégnés du marxisme révolutionnaire, je veux dire du sens concret social de la révolution à laquelle le jeu de votre esprit vous pousse comme à une nécessité morale.

Ces progrès de votre pensée, marquons-les, ils fixent et périment déjà bien des points qui furent en discussion entre nous l'hiver dernier dans une extrême confusion cultivée comme à plaisir par quelques-uns.

Vous vous décidez enfin à dire au PCF des vérités cruelles, ces mêmes vérités que je répète depuis deux ans, que je répétais l'hiver dernier de telle sorte qu'on me regardait dans le groupe presque comme un contre-révolutionnaire, qu'un Fourrier me donnait des leçons de pureté marxiste.

Vous posez enfin le problème de notre collaboration communiste sous son angle réel : ce que nous sommes, ce que nous pouvons faire, la mesure dans laquelle la situation du communisme en France a pesé sur nous et nous a fait rater *La Guerre civile*.

Vous écrivez aussi pour la première fois des critiques qui sont la substance même de la crise de *Clarté* et qui, ne pouvant les écrire dans *Clarté* à cause de la position et de la politique tortueuse de Fourrier, me contraignirent à quitter *Clarté* où Fourrier s'obstinait dans une attitude politique servile, de basse propagande.

Vous savez comment je vis *Clarté* morte, sous quel angle restreint je conçus *La Guerre civile*. Le silence vis-à-vis du PCF, du communisme en Occident c'est tout ce que je voyais de possible, dans l'ignorance de Moscou et d'une politique de Moscou qui pouvait vouloir, si dur que cela fût : un pseudo-communisme français. Vous savez comment, devant l'attitude de Fourrier et son défi affiché (qui lui était imposé par le bureau politique après son article d'attaque contre Barbusse et Vaillant Couturier entièrement inspiré par moi), je me refusais à ce bas conformisme, comment je le déclarais impossible dans *La Guerre civile* où alors c'était *Clarté* qui reparaissait, et comment poussé à bout en cette affaire je voulus alors carrément poser la question du prolétariat français avec au besoin un travail marxiste, et non opportuniste relatif à la classe ouvrière française analogue à celui de Marx, d'Engels sur les ouvriers anglais.

Voici la question reposée par votre brochure et plus profondément d'une façon plus grave que vous ne le pensez sans doute vous-même en raison des démarches que cette position de la question sur le plan marxiste impose à votre esprit. Faire la critique du PC et de *l'Humanité*, c'est peut être amener fatalement à faire la critique de la marche actuelle de la révolution en Occident et même en Russie.

Mais venons-en à ce qui vous concerne en propre comme surréaliste. Là, moi aussi j'ai évolué[1]. »

---

[1] Cité par Dominique Rabourdin

Jean Bernier, dans ce document, dénonce le caractère équivoque des relations individuelles. Selon lui, les malentendus, les calculs et les manœuvres de certains se sont succédés et ont sérieusement mis à mal l'entente entre clartéistes et surréalistes.

Il stigmatise l'attitude particulière de Marcel Fourrier, militant respectant scrupuleusement la ligne officielle du parti et réagissant avec énergie à toute critique mettant en cause la légitimité de son action politique.

Sur le plan idéologique, il rappelle que ses critiques et ses avertissements ne sont pas entendus. Il s'attache à alerter clartéistes et surréalistes sur la paralysie de la lutte révolutionnaire mais ne trouve aucun écho favorable. La question de la collaboration communiste constitue, à ses yeux, un problème crucial. Peut-on en effet suivre les mots d'ordre du PCF et de l'IC alors que le combat prolétarien se trouve dans l'impasse ? Est-il possible de se contenter d'un travail opportuniste alors que la révolution a échoué en Europe ? Peut-on se boucher les yeux devant de telles évidences ? *La Guerre civile,* selon lui, ne peut se concevoir sans une redéfinition globale de la lutte révolutionnaire et du communisme en général. Jean Bernier considère que le programme d'action qu'il a présenté dans le numéro de décembre de *Clarté* est le seul possible actuellement. Il n'est pas question de se soumettre à l'orthodoxie du PCF, de se satisfaire d'un marxisme attentiste et confusionniste. On retrouve là, l'esprit même des préoccupations politiques développées par Jean Bernier dans son article « Repère ». Ce style de réflexion rencontre inévitablement l'opposition de Marcel Fourrier et ne peut que susciter l'indifférence des surréalistes. Jean Bernier, exaspéré devant tant d'hostilité et d'incompréhension ne peut que se retirer.

Jean Bernier disparaissant à la fin du printemps 1926, ce sont les idées de Marcel Fourrier qui vont s'imposer. Son modérantisme, la prudence raisonnable de ses propos en matière de politique révolutionnaire ne peuvent que satisfaire le camp surréaliste. Marcel Fourrier se charge alors de maintenir le contact avec ses amis surréalistes en fonction d'une conception honorable et opportune de la lutte marxiste. Dans ces conditions, on renonce sans grand remord à *La Guerre civile* et l'on fait reparaître *Clarté*.

Il n'est donc pas étonnant lorsque Marcel Fourrier se charge, dans le n° 1 de la nouvelle *Clarté* de juin 1926, de donner quelques explications générales sur l'échec de *La Guerre civile,* de découvrir sous sa plume une version édulcorée des faits. C'est ainsi qu'il passe très pudiquement sur l'état de crise qui a secoué le groupe clartéiste-surréaliste :

« En vérité, il s'est passé beaucoup de choses entre les individus et à peu près rien collectivement. »

Il s'applique à montrer que son adhésion à *La Guerre civile* constitue une erreur tactique regrettable :

« S'il m'est arrivé dans la question de la suppression de *Clarté* de commettre une erreur tactique, en l'abandonnant prématurément peut-être faisant preuve alors à mon insu de lassitude - une position d'attente - pour me rallier à l'action commune envisagée avec *La Guerre civile...* »

Enfin, il voit dans l'absence de maturité politique de la part des surréalistes – n'écrit-il pas que ces derniers n'ont pas encore eu l'occasion de passer de la subversion dans l'idée et dans la forme à l'insurrection dans les faits – la raison majeure qui a conduit à l'abandon de *La Guerre civile*.

Comme on le voit, Marcel Fourrier passe sous silence le débat doctrinal que Jean Bernier avait à maintes reprises abordé à l'époque. Ne doutant en aucune façon des qualités révolutionnaires des surréalistes et de leur futur engagement aux côtés du parti, il se refuse, dans la brève analyse qu'il propose de l'expérience de *La Guerre civile,* de parler de Jean Bernier et de ses pressantes interrogations sur les destinées révolutionnaires du prolétariat, et encore moins de sa mise à l'écart.

De son côté, Jean Bernier vivra douloureusement cette rupture avec ses plus anciens camarades. Dominique Rabourdin nous apprend qu'à partir d'avril 1926, Jean Bernier n'écrit plus de poèmes ni de récits, en dehors de quelques rares articles. Il renoncera à s'intéresser aux destinées des surréalistes aux prises avec le PCF. Jusqu'en 1929, il continuera sa collaboration à *l'Humanité* en qualité de responsable de la chronique sportive. C'est à cette date qu'il prendra définitivement ses distances avec le parti.

TROISIÈME PARTIE

CLARTÉ **JUIN 1926-JANVIER 1928**

Chapitre I

Clarté, juin 1926

Après les douloureux événements de l'hiver 1925 et du printemps 1926, Marcel Fourrier décide de faire reparaître *Clarté* à partir de juin 1926. Il fait appel pour cette nouvelle entreprise à Pierre Naville et l'invite à prendre en main avec lui la direction de la revue. Peut-on s'étonner d'un tel choix ?

Marcel Fourrier a suffisamment démontré, durant cette période fort houleuse qui a vu notamment l'élimination de Jean Bernier, qu'il était décidé à défendre une conception stricte et rigoureuse du communisme. Se refusant à cautionner une orientation idéologique pour *La Guerre civile* qu'il considérait comme un vulgaire déviationnisme, il s'est démarqué brutalement et non moins perfidement de son ancien camarade Jean Bernier. Décidé à étouffer ou à repousser toute forme de discussion critique sur le PCF, sur la lutte révolutionnaire en Occident et le communisme en général, il se cantonne dans une position politique fidéiste et conformiste. En tant que révolutionnaire, il se déclare prêt à servir et à respecter la doctrine communiste et à accepter les mots d'ordre de l'IC et du PCR. Rien à ses yeux ne lui semble plus légitime et justifié. Dans ces conditions, il est bien normal qu'il prête une attention particulière à un jeune intellectuel marxiste comme Pierre Naville.[1] Sur le plan professionnel, son expérience journalistique n'est pas négligeable. Pierre Naville a, en effet, été rédacteur de *L'Oeuf dur*, de 1921 à 1923, revue littéraire fondée par Mathias Lubeck, Francis Gérard, M. David…, puis directeur littéraire, avec Benjamin Péret, de *La Révolution surréaliste*.

Sur le plan politique, Pierre Naville a démontré une ambition et une détermination marxistes des plus convaincantes. Il est l'un des surréalistes qui connaît le mieux la doctrine communiste. Dès 1925, Pierre Naville s'est intéressé au marxisme-léninisme. Il veut en savoir plus sur Lénine et sur la philosophie marxiste et se plonge avidement dans les ouvrages théoriques accessibles à l'époque, en langue française, c'est-à-dire « Que faire », « L'Etat et la révolution », « La Révolution prolétarienne et le renégat Kautsky », textes agrémentés de quelques articles du temps de Zimmerwald et de la NEP.

Avec sa brochure *La Révolution et les intellectuels* qu'il rédige au cours de l'hiver 1925-1926, il manifeste une rigueur doctrinale qui ne peut qu'impressionner favorablement Marcel Fourrier. Fustigeant les surréalistes, il les accuse de défendre une idée incertaine de la révolution, dénonce leur méconnaissance de la lutte prolétarienne, leur inconséquence vis-à-vis du

---

[1] Voir Alain Cuenot, *Pierre Naville, (1904-1993), biographie d'un révolutionnaire marxiste,* Nice, Bénévent, 2008, 686 p.

capitalisme et de ses structures, s'en prend à leur individualisme subjectif sans aucun lien avec le terrain économique et social et les pousse finalement et fermement à servir la cause communiste s'ils veulent vraiment être des révolutionnaires.

Pour Marcel Fourrier qui vient juste d'en finir avec les prétentions excessives et antirévolutionnaires de Jean Bernier, une telle démonstration est des plus réconfortantes. Comment ne pas envisager, avec un tel interlocuteur, de relancer *Clarté* et pourquoi pas de tenter d'entraîner André Breton et ses amis vers le marxisme ?

Enfin, sur le plan du militantisme communiste, Pierre Naville offre toutes les garanties possibles. C'est à partir de l'année 1925 qu'il entre dans les rangs communistes. Lors de son service militaire qu'il effectue dans un régiment de tirailleurs nord-africains à Chaumont, il se lie d'amitié avec quelques soldats communistes et milite dans leur cellule. Il s'inscrit alors aux « Jeunesses communistes » puis adhère en 1926 au PCF. Il occupe le poste de secrétaire du « Mouvement des étudiants communistes » en 1926 et assure la fonction de rédacteur de son journal *L'Etudiant d'avant-garde*. Il devient membre de la cellule de l'usine Farman dans le rayon de Boulogne-Billancourt.

L'entente entre les deux hommes, qui s'esquisse alors, ne peut être que positive. Tous deux sont convaincus de la justesse de l'action communiste et décidés à servir fidèlement la doctrine. Avec la collaboration précieuse de Pierre Naville, Marcel Fourrier va s'attacher à redonner vie à *Clarté*. Mais il doit faire face à de nombreux problèmes. Il lui faut reconstituer entièrement l'équipe rédactionnelle et régler au plus vite les dettes qui se sont accumulées.

La rédaction de l'ancienne *Clarté* s'étant dispersée, Marcel Fourrier fait appel à de nouveaux collaborateurs comme Aimé Patri, Michel Collinet professeur agrégé de mathématique (qui signe sous le pseudonyme de Paul Sizoff), Francis Gérard (pseudonyme : Gérard Rosenthal), Lucien Laurat (pseudonyme : Lucien Revo), ami de Boris Souvarine, André Proudhommeaux (pseudonyme : Jean Cello), Michel Malleret. De son côté, Victor Serge poursuit sa collaboration à *Clarté* (son éloignement ne lui permet pas de connaître suffisamment la situation générale de la revue et les événements récents qui ont secoué *Clarté* au cours de l'hiver 1925-1926).

La situation financière de la revue est très préoccupante. Le déficit se monte à 35561 francs. Pour pouvoir faire fonctionner la revue, Marcel Fourrier doit trouver immédiatement la somme de 8000 francs.[1] Ses qualités administratives lui permettent d'éponger progressivement ce passif, notamment en faisant appel aux souscripteurs - il conserve la formule des « Amis de *Clarté* » - et à la générosité des lecteurs. Il annonce en effet dans

---

[1] *Clarté,* n° 3, 1926-1927.

le n° 6 de *Clarté* qu'il ne lui reste plus qu'à régler la somme de 5000 francs, puis dans le n° 11, la somme de 723 francs. Marcel Fourrier s'efforce d'ailleurs de présenter aux lecteurs, dans chacun des numéros de *Clarté*, un bilan succinct de la gestion financière. En fait, la vie même de la revue[1] repose entièrement sur les épaules de Marcel Fourrier et de Pierre Naville qui assurent eux-mêmes les tâches administratives et commerciales quotidiennes.[2]

Ayant dans l'immédiat surmonté les principaux obstacles à la relance de *Clarté*, Marcel Fourrier et Pierre Naville sont prêts, avec leurs différents collaborateurs, à assurer un travail d'information d'inspiration marxiste. Mais sur quelles bases envisagent-ils de mener à bien cette tâche ? Quels objectifs se fixent-ils ? Comment conçoivent-ils la nouvelle plate-forme politique de *Clarté* ? Marcel Fourrier et Pierre Naville s'expliquent tour à tour dans les colonnes de la revue.

Marcel Fourrier qui présente très brièvement ses objectifs tient à faire de *Clarté* un outil d'éducation communiste uniquement :

« Tout nous donne à croire au contraire que l'étude marxiste des faits, la critique marxiste des idées constituent la tâche essentielle d'une revue qui prétend contribuer à la formation et à l'éducation révolutionnaire d'une élite prolétarienne[3]. »

Marcel Fourrier renie brutalement le passé de *Clarté* et le type de travail qu'il a mené, de 1919 à 1925, avec ses anciens camarades. Il n'est plus question pour lui d'encourager un quelconque travail de recherche culturelle sur la littérature et les arts, de renouveler les expériences intellectuelles de type sorélien ou proudhonien :

« A aucun prix nous ne voulons retomber dans l'erreur de l'ancienne *Clarté* : collaboration de toutes les forces intellectuelles – et plus spécialement littéraires – de gauche en vue d'élaborer sur des bases extrêmement vagues et extrêmement confuses un ensemble culturel qualifié de prolétaire. Pour moi et pour quelques autres, il est maintenant avéré que la nécessité d'apporter sur les événements – surtout ceux d'ordre politique et économique qui influent forcément sur les destinées du prolétariat – un point de vue en rapport avec la lutte des classes et en opposition absolument avec le point de vue de la bourgeoisie, explique l'existence de *Clarté* et la rend plus légitime que toute construction culturelle dont on peut parfaitement contester la valeur révolutionnaire dans le temps présent[4]. »

---

[1] Le siège de *Clarté* se situe 8, boulevard Vaugirard, à Paris.
[2] D'après Pierre Naville, la revue est présente dans les régions du Centre, de l'Ouest et du Nord de la France et sur le plan international, en Belgique, Hollande, Allemagne, Suisse et quelque peu en Afrique du Nord.
[3] Marcel Fourrier, « Rapport sur *Clarté* », *Clarté*, n° 3, 1926-1927.
[4] *Ibid.*

Clarté doit désormais se consacrer à la préparation effective du combat révolutionnaire. Elle doit assurer une activité de propagande foncière et quotidienne à côté de la presse communiste. Pour Marcel Fourrier, elle ne fait pas double emploi avec les journaux du parti, bien au contraire, elle constitue un instrument d'information complémentaire, pénétrant, efficace qui « peut prétendre prendre une part considérable dans l'éducation idéologique des révolutionnaires ».

Pierre Naville qui soutient la même ligne politique se montre cependant beaucoup plus précis, ambitieux et critique. Il tient à expliquer qu'assurer le redressement de *Clarté* suppose une rupture totale et définitive avec les anciennes mœurs de la revue. Il se propose donc de faire tout d'abord une mise au point vigoureuse au sujet des allégations de *Clarté* sur la marche de la révolution en Occident puis de démontrer l'incapacité flagrante de la revue à assurer un travail d'éducation communiste.

Pierre Naville considère que les interpellations et les mises au point qui ont fleuri dans la revue et au sein du comité directeur sur le mouvement prolétarien européen ont montré toute leur suffisance et leur inutilité. Alors que l'affaiblissement du prolétariat révolutionnaire français était reconnu officiellement, les responsables clartéistes se sont perdus dans une argumentation personnelle et sentimentale sans valeur aucune :

« Des discussions théoriques aussi oiseuses et aussi futiles qu'on voudra, ont été dans *Clarté* à peu près nulles comme résultat parce qu'elles se sont présentées comme des explications verbales, des mises au point faites sans référence alors qu'en réalité, il s'agissait d'une crise qui affectait l'organisation fragmentaire de la classe ouvrière révolutionnaire que représente *Clarté*[1]. »

La question centrale qui devait au contraire retenir l'attention de chacun était de savoir comment on pouvait expliquer la régression et l'effacement de la position révolutionnaire de la classe ouvrière et comment on pouvait y remédier techniquement. Il était facile de philosopher ou de disserter sur les destinées de la lutte internationale mais chercher à se pencher sur la réalité du combat politique, traiter des grandes questions organisationnelles et idéologiques du mouvement communiste représentaient un tout autre style de réflexion et d'activité. En fait, aucun effort de compréhension et d'orientation n'a été tenté dans *Clarté*. Il est donc important de prendre la mesure exacte du mouvement de décomposition de la classe ouvrière dans la période actuelle et non pas de se perdre en vains bavardages. La tâche qui incombe à tout communiste est de lancer une contre-offensive idéologique. Pour Pierre Naville, il faut fatalement assurer « une critique sans pitié des valeurs social-démocrates, éviter la prolongation d'une confusion réformiste trop longtemps entretenue », mener « un travail de mise au point

---

[1] Pierre Naville, « Notre travail révolutionnaire, *Clarté,* n° 6, 1926-1927.

économique » avec la classe ouvrière dans le cadre des thèses ouvriéristes défendues par le PCF, « renoncer à la métaphysique intellectuelle petite-bourgeoise et raffermir à tout prix le sens du travail communiste avec le souci véritable d'une orientation prolétarienne[1] ».

Les objectifs à atteindre sont simples. C'est seulement en fonction d'un tel travail doctrinal que l'on parviendra à dissiper toute équivoque au sein du mouvement révolutionnaire. Il est donc clair, pour Pierre Naville, que les discussions critiques sur la révolution et le parti communiste français, développées notamment par Jean Bernier, sont tout à fait déplacées et sans lien avec un engagement marxiste conséquent.

Se penchant alors sur le travail d'éducation communiste exercé par l'ancienne *Clarté*, Pierre Naville considère qu'il est des plus modestes. Par le truchement d'une enquête lancée auprès des lecteurs de la revue, il se propose de dresser le bilan négatif de l'activité révolutionnaire de *Clarté*. Se réclamant directement du pacifisme et de la « littérature piteuse d'après-guerre », *Clarté*, selon Pierre Naville, n'a jamais manifesté un esprit de révolte suffisamment profond. N'ayant aucun sens des nécessités de la révolution bolchevique, elle n'a jamais cherché à développer « une éducation marxiste critique révolutionnaire[2] ».

Revue d'éducation culturelle faite presque uniquement pour « des intellectuels petits-bourgeois férus d'art », elle « s'est livrée à une critique anodine « de gauche » de l'activité littéraire et artistique de la bourgeoisie.

« N'ayant apporté aucun éclaircissement, à plus forte raison, aucune directive » sur l'évolution du capitalisme et de la social-démocratie, « elle n'a duré, sans vivre de son propre effort révolutionnaire, que par la bienveillance des milieux pacifistes de gauche[3]. »

Condamnant ainsi sans appel l'ancienne *Clarté,* Pierre Naville considère que l'idéologie communiste doit constituer le seul fondement de la démarche politique de la nouvelle *Clarté*. *Clarté* doit désormais entrer en contact direct avec les masses, assurer « une éducation approfondie véritablement communiste des ouvriers révolutionnaires », participer à la formation « de nouveaux cadres ». Elle doit « lutter de toutes ses forces pour l'avenir de la révolution prolétarienne sur tous les terrains où cette lutte est en cours[4] ».

Ainsi, Marcel Fourrier et Pierre Naville qui ont à leur manière présenté la ligne générale de *Clarté* sont décidés à s'engager dans une voie résolument communiste. Il n'est plus question pour eux de rechercher les principes d'une culture prolétarienne, de combattre les valeurs spirituelles de

---

[1] *Ibid.*
[2] *Ibid.*
[3] *Ibid.*
[4] *Ibid.*

la bourgeoisie et de lancer quelques slogans révolutionnaires ou quelques mots d'ordre politiques en ignorant la dialectique marxiste. Ce temps est révolu. Il ne s'agit plus de rester en marge de l'action communiste dans le but de jouer un rôle de liaison ou de soutien plus ou moins efficace avec les organisations marxistes. *Clarté* doit désormais être un outil essentiel de propagande et d'éducation communiste. Elle doit apparaître comme une arme réelle de la classe ouvrière. Elle doit aider le prolétariat français et occidental à mieux comprendre la doctrine marxiste et le guider dans sa lutte révolutionnaire à venir.

Marcel Fourrier comme Pierre Naville manifestent des sentiments profondément marxistes. Ils adoptent l'un et l'autre une attitude de pure orthodoxie, voulant apparaître avec *Clarté* comme des théoriciens de la philosophie marxiste et des spécialistes de la lutte de classe. S'ils repoussent tous deux les entreprises de recherche critique sur la littérature et les arts, ils tiennent cependant à accorder une place de choix aux écrits surréalistes dans les colonnes de *Clarté*. Ils veulent rester en relation avec le groupe d'André Breton, cherchant personnellement à faire adhérer le surréalisme au communisme.

Clarté va alors, de juin 1926 à janvier 1928, fournir un travail d'information communiste extrêmement riche et varié sous la direction conjointe de Marcel Fourrier et de Pierre Naville. Il est possible de distinguer trois étapes clés dans l'activité générale de la revue, au cours de cette période.

- de juin 1926 à octobre 1927, la revue s'oriente vers un travail d'analyse marxiste pour servir concrètement la lutte de classe. S'inspirant directement des thèses officielles de l'IC, elle s'attache à étudier les problèmes internationaux de la révolution. C'est ainsi qu'elle aborde les questions du colonialisme français, qu'elle suit avec intérêt le mouvement de grève des mineurs anglais et qu'elle étudie les premières formes insurrectionnelles de la révolution chinoise. Dans la même période, elle ouvre ses colonnes aux écrits surréalistes dans le but de convaincre André Breton et ses amis de gagner les rangs communistes.

- A partir de mars 1927, elle entreprend avec Pierre Naville une tâche critique sévère contre Henri Barbusse, alors directeur de *l'Humanité,* à propos de son livre « Jésus ». Le mois suivant, avec Victor Serge, elle engage une besogne accusatrice virulente contre le PCR et l'IC aux prises avec la révolution chinoise, à la lumière des thèses oppositionnelles.

- Enfin, de novembre 1927 à janvier 1928, elle se présente ouvertement comme le porte-parole de l'opposition de gauche en France, s'appliquant notamment à démontrer les imperfections du système économique et social russe. A l'occasion du dixième anniversaire de la révolution de 1917, elle publie un bilan général sur la Russie et présente le testament de Lénine.

Chapitre II

Les surréalistes

Après les événements ayant trait à *La Guerre civile,* Marcel Fourrier et Pierre Naville sont décidés à entraîner les surréalistes vers le communisme. Convaincus du bien-fondé de la doctrine marxiste, ils considèrent qu'il est opportun et justifié d'inviter ces intellectuels dont les ambitions révolutionnaires restent intactes à venir servir efficacement la cause prolétarienne. Quelle forme et quel contenu se proposent-ils de donner à cette nouvelle expérience ?

Marcel Fourrier pense qu'il est nécessaire d'accueillir les surréalistes à *Clarté,* étant donné que ces jeunes intellectuels défendent une conception marxiste de la révolution. Selon lui, leurs qualités révolutionnaires sont indiscutables et le problème de leur engagement politique ne se pose même pas. Il n'hésite pas, en effet, un instant à présenter les surréalistes aux lecteurs de *Clarté* comme des militants marxistes prêts à servir les mots d'ordre du PCF et de l'IC :

« Non seulement les surréalistes admettent parfaitement le marxisme, mais encore ils se rallient aux modalités d'organisation et à la discipline communistes. Ils s'y rallient – eux qui ont le sens de la révolution – parce qu'ils savent bien que l'Internationale communiste représente dans le monde le seul principe d'action révolutionnaire efficace ; vienne l'épreuve décisive et ils prendront place dans les rangs communistes – peut-être même l'impulsion sera-t-elle assez forte pour les porter du même coup vers l'ensemble des problèmes de l'organisation de la révolution[1]. »

Pour Marcel Fourrier, rien à ses yeux ne s'oppose à ce que de tels révolutionnaires rentrent dans les rangs communistes. Il ne s'agit que d'une question de temps, d'autant plus « qu'une confiance d'homme à homme » s'est établie entre clartéistes et surréalistes, « une confiance morale infiniment précieuse » qui autorise tous les espoirs. En attendant de parvenir à ce stade d'adhésion définitive au communisme, Marcel Fourrier invite André Breton et ses amis à poursuivre dans *Clarté* leur tâche de dénonciation de la société capitaliste.

En fait, en écrivant ces lignes, Marcel Fourrier cherche à brusquer la propre évolution du groupe surréaliste, non sans maladresse. Il est convaincu personnellement qu'il est possible, dans les circonstances présentes, d'entraîner les surréalistes vers le communisme. Depuis le printemps 1926, il s'est appliqué à gagner la confiance d'André Breton. Il a réussi à écarter Jean Bernier des discussions entre clartéistes et surréalistes et à repousser la ligne déviationniste fort préjudiciable pour le parti que son ancien camarade

---

[1] Marcel Fourrier, « Lettre aux lecteurs de *Clarté* », *Clarté,* n° 1, 1926.

entendait adopter pour *La Guerre civile*. Il a su offrir aux surréalistes une image rassurante et respectable de la doctrine marxiste. Il ne lui reste plus qu'à persuader André Breton et ses amis, à la faveur d'entretiens suffisamment précis et de contacts répétés, de se mettre au service du communisme. L'important pour Marcel Fourrier n'est pas tant de proposer aux surréalistes de collaborer aux travaux rédactionnels de *Clarté* en leur fixant comme objectif de s'attaquer à la pensée bourgeoise – tâche culturelle qui n'intéresse plus *Clarté* – que d'obtenir leur confiance. Marcel Fourrier, d'ailleurs, va participer activement aux réunions plénières du groupe surréaliste durant l'automne 1926.

Pierre Naville, comme Marcel Fourrier, tient à se soucier de l'avenir politique du groupe surréaliste. A ses yeux, il est important que les surréalistes poursuivent leur investigation sur le plan révolutionnaire. Il pense que *Clarté* peut devenir le lieu de concertation adapté à ce genre de réflexion :

« En cet automne 1926, j'espérais entrevoir une façon inédite de faire concorder les ambitions surréalistes proprement dites (du moins telles que Breton les définissait en pratique à cette époque) et les exigences de l'activité révolutionnaire qu'entraînait le mouvement communiste organisé. *Clarté* refondée pouvait être le lieu où la concertation se ferait connaître[1]. »

La présence surréaliste envisagée dans ces conditions, à *Clarté*, se fera, pour Pierre Naville, sur le plan rédactionnel, dans un climat de parfaite liberté :

« C'est ainsi que Marcel Fourrier me proposa de reprendre avec lui la publication de *Clarté*, mais en modifiant du tout au tout ce qu'elle avait été sous le patronage de Barbusse. Nous estimions qu'une revue de théorie et d'information politiques hors de son contrôle, devait comporter la collaboration de surréalistes libres du choix de leur sujet, de leurs recherches, de leur style, et même de leurs vindictes, que je partageais pour la plupart[2]. »

En effet, la puissance de contestation de la pensée surréaliste est bien suffisante. Elle constitue, pour Pierre Naville, une garantie d'efficacité révolutionnaire de premier ordre. Ce dernier tient d'ailleurs à expliquer que *Clarté*, en ouvrant ses colonnes aux poètes et artistes surréalistes, ne cherche en aucune manière à assurer « une besogne littéraire quelconque » ou à apparaître comme « un vulgarisateur » de l'école surréaliste. Cette expérience surréaliste se conçoit, pour Pierre Naville, comme « un faisceau d'explorations et d'interventions » uniquement :

« Rien ne pourrait être plus éloigné de ce qu'on appelle la *littérature engagée* que ce qui s'esquissait là. Ce n'était pas non plus le divorce entre

---

[1] Pierre Naville, *Le temps du surréel*, Paris, Galilée, 1977, p. 324.
[2] Pierre Naville, *Le temps…, op. cit.*, p. 326.

l'engagement (à quoi ? Dites-le), et la littérature (ou la peinture). Il ne pouvait s'agir que d'un faisceau d'explorations et d'interventions, et l'on ne voit pas ce qui les aurait conduites à concorder en toute occasion[1]. »

En invitant les surréalistes à venir travailler aux côtés de *Clarté*, Pierre Naville ne fait que poursuivre la ligne générale qu'il s'était fixée à partir de l'hiver 1925-1926, c'est-à-dire, convaincre les surréalistes de la nécessité d'un engagement politique conséquent. Il avait tenu, en effet, à la fin de l'année 1925 à prouver aux surréalistes, en rédigeant « La Révolution et les intellectuels » que la seule voie concevable sur le plan révolutionnaire était celle du communisme. Il avait voulu, en adhérant personnellement au PCF au cours de l'année 1926, leur démontrer qu'il était tout à fait possible pour un intellectuel révolutionnaire d'entrer dans les rangs du communisme militant. Il avait souhaité, en restructurant *Clarté* pour en faire une revue foncièrement marxiste, leur montrer le sens véritable d'un travail révolutionnaire. Il était lui-même persuadé que les surréalistes ne tarderaient pas à venir soutenir la cause prolétarienne à la faveur d'événements politiques majeurs. Attaché avant tout à ce que les surréalistes se tournent vers le communisme, Pierre Naville conçoit la collaboration surréaliste à *Clarté* sous un angle particulier. Il ne semble accorder qu'une importance relative aux travaux rédactionnels des surréalistes à *Clarté*. Il n'est pas besoin de leur demander de remplir une tâche de propagande quelconque. L'important est d'entretenir un contact durable avec eux afin de mieux infléchir leur orientation politique. Pour Pierre Naville, il s'agit plus d'obtenir leur adhésion effective au communisme que de les voir évoluer aux côtés de *Clarté* plus ou moins durablement.

A partir de l'automne 1926, Pierre Naville s'efforce d'ailleurs, avec Marcel Fourrier de participer aux soirées organisées par André Breton et ses amis au cours desquelles il s'applique à argumenter en faveur d'une démarche révolutionnaire d'inspiration marxiste. Le compte-rendu qu'il donne dans son livre « Le temps du surréel » d'une de ces réunions est révélateur de l'état d'esprit qui l'anime alors. S'adressant dans une lettre à Denise Naville, il écrit :

« …Vous apprendrez peut-être indirectement, qu'il y a un nouveau « congrès » de « tout le monde », pour remettre en question *pratiquement* le principe de la Révolution. Inutile de vous dire que cela entraîne l'élimination de certains défaillants. Je suis heureux, parce que j'ai eu, et j'aurai de plus en plus raison : la question est posée (principalement par Breton) exactement comme dans ma brochure.

…Hier soir a eu lieu cette réunion. L'impression d'ensemble est qu'il y avait un grand sérieux… Très réellement, c'était intéressant … Cela continue samedi. Je crois que vous seriez bien étonnée des paroles de Breton, qui se

---

[1] Pierre Naville, *Le temps…, op. cit.*, p. 330.

maintient à un niveau remarquable d'ailleurs. Aragon, Fourrier, vous connaissez. J'ai obtenu la confiance générale, *sur les bases de ce qui a été exprimé dans ma brochure.* C'est très important. Quant aux autres, masse amorphe qui attend qu'un avis soit exprimé, lamentable. Vous ne pouvez pas imaginer ce qu'il y a eu de confessions, de concessions, de reniements dans cette séance ; à part Fourrier, Breton et moi, qui semblons constituer les seuls points de départ solides. Je regrette bien que vous n'entendiez pas tout cela, car malgré tout vous vous rendriez compte qu'il y a des hommes pour qui l'action révolutionnaire est une réalité, et qui font tout pour en vivre. Les explications d'Eluard, par exemple, ont été très émouvantes : avec la sincérité et la fébrilité que vous lui connaissez, il a affirmé que vis-à-vis de la révolution il se sentait sur le même rang qu'un ouvrier, et qu'il renoncerait à tous poèmes, etc., qu'il tient pour nuls, imbéciles et faux. Je vous cite cela comme un exemple[1]... »

Il est intéressant de se pencher plus attentivement sur la nature de ces réunions[2] ainsi mises sur pied par André Breton au cours des mois de novembre et décembre 1926 et de distinguer plus précisément le rôle de Pierre Naville à cette occasion avec à ses côtés Marcel Fourrier. Peut-on en effet partager la satisfaction ainsi exprimée par Pierre Naville à l'adresse de Denise Naville ? Qu'en est-il réellement ? Comment Pierre Naville se comporte-t-il ? Quelle argumentation soutient-il alors ?

La première séance[3] qui a lieu, datant du 23 novembre 1926, a pour but d'examiner les positions individuelles de chaque surréaliste vis-à-vis du parti communiste. Chacun des surréalistes est alors interpellé directement à partir d'une discussion franche et directe qui débouche, en fonction des individus, sur une série de mises au point plus ou moins spontanées, faites de mollesse ou de reniements ou de promesses d'engagement sincères et déterminées. Cette manière de procéder, cette volonté de connaître impérativement le degré d'engagement de chaque participant, la violence des interpellations donnent naissance à un climat lourd et pénible au milieu des aveux ainsi prononcés. Le cas d'Antonin Artaud est abordé au tout début. Ce dernier se refuse à envisager un quelconque rapprochement avec le parti, soutenant une conception de la révolution qui n'a rien à voir de près ou de loin avec les principes du marxisme et de la lutte de classe ou avec les sentiments surréalistes. Pierre Naville, témoin de cette violente mise en accusation, ne cherche pas à intervenir pour tenter de venir en aide à Antonin Artaud qui se trouve poussé par ses camarades dans ses derniers retranchements. Ayant

---

[1] Pierre Naville, *Le temps…, op. cit.*, p. 324-325.
[2] Voir *Archives du surréalisme, Adhérer au Parti communiste ?, septembre-décembre 1926*, présenté et annoté par Marguerite Bonnet, tome 3, Paris, Gallimard, 1992, 120 p.
[3] Voir *Archives…, op. cit.*, p. 17-68.

pourtant reconnu le rôle essentiel qu'il a joué dans son évolution personnelle au cours du printemps 1925, ayant salué son intervention salutaire qui a permis au groupe surréaliste de sortir de la paralysie dans laquelle il était plongé, Pierre Naville ne fait rien pour empêcher une exclusion impossible à éviter à ses yeux, tant le fossé est grand entre les préoccupations essentiellement politiques des surréalistes et la démarche personnelle d'Antonin Artaud centrée uniquement sur la recherche d'un nouveau langage poétique et dramaturgique contestataire[1]. Désormais attaché à défendre une conception stricte et exclusive de l'action politique de l'intellectuel, après la publication de sa brochure « La révolution et les intellectuels », Pierre Naville se refuse à toute espèce de commisération vis-à-vis de son ancien camarade. Pressé uniquement à pousser le surréalisme vers le communisme, Pierre Naville ne s'embarrasse pas de préoccupations d'ordre moral. Il va même jusqu'à poser à André Breton la question de la présence d'Antonin Artaud à *La Révolution surréaliste* qui, à ses yeux, ne se justifie plus. André Breton, particulièrement inquiet de la dérive du mouvement surréaliste après les exhortations d'Antonin Artaud, ne se fait pas faute d'appuyer Pierre Naville et d'admettre naturellement qu'une telle collaboration ne peut être qu'interrompue sur-le-champ. La rupture est alors consommée entre Antonin Artaud et l'équipe surréaliste. Celui-ci quitte immédiatement la séance.

Au-delà de cet événement particulier, la réunion se poursuit et voit de nombreux surréalistes se prononcer publiquement pour une adhésion au communisme tandis que d'autres tentent laborieusement de justifier leurs hésitations ou leur refus de s'impliquer sur le plan politique. Pour sa part, André Breton[2], désireux d'aboutir à un engagement révolutionnaire véritable, fait preuve d'une extrême bonne volonté et manifeste d'excellentes dispositions, rappelant à chaque instant à ses amis surréalistes la nécessité d'assumer une position claire qui puisse concilier surréalisme et communisme d'une manière conséquente. A ses yeux, cet examen des possibilités d'action future du surréalisme à l'intérieur ou en dehors du PCF lui apparaît comme fatal et indispensable. Un tel comportement ne peut que réjouir Pierre Naville qui, dans sa lettre à Denise, exprime son entière satisfaction devant une évolution aussi favorable.

Lorsque vient son tour de s'expliquer, Pierre Naville[3] fait preuve à la fois de rigueur doctrinale et d'habileté manœuvrière. Dans un premier temps, il insiste sur le fait que l'adhésion du surréalisme au communisme relève

---

[1] Voir Alain Cuenot, *Pierre Naville (1904-1993), biographie d'un révolutionnaire marxiste,* Nice, Bénévent, 2008, p. 64-68.
[2] Voir *Archives du surréalisme, Adhérer au Parti communiste ? septembre-décembre 1926,* présenté et annoté par Marguerite Bonnet, tome 3, Paris, Gallimard, 1992, p. 32-34.
[3] *Archives…, op. cit.,* p. 52-55.

d'une liberté d'appréciation de chaque participant. Avec une certaine prudence tactique calculée, il explique que s'inscrire au PCF peut être pour certain un véritable enrichissement moral alors que pour d'autres la nécessité d'un tel engagement ne s'impose pas mais qu'ils peuvent exprimer leur solidarité à la cause prolétarienne. Il ajoute également qu'une telle adhésion n'entraîne pas « une désaffection des idées surréalistes » et que, personnellement, il attache « une importance capitale » aux recherches surréalistes qui n'ont rien à voir avec la tactique communiste, position qui ne reflète qu'imparfaitement ses conclusions contenues dans « La révolution et les intellectuels ». Au-delà de ce discours précautionneux - il s'agit pour Pierre Naville d'éviter tout sentiment de rejet de la part de ses amis surréalistes à l'adresse du parti - Pierre Naville, dans une seconde étape, se montre plus direct et plus exigeant. Il précise que pour entrer dans les rangs communistes, il ne faut pas se comporter comme un révolté, un impulsif car, à ses yeux, une telle attitude instinctive confine à un anarchisme stérile sans rapport avec la doctrine marxiste. Selon lui, l'entrée dans le PCF ne relève pas « d'un acte de foi » et ne dépend pas d'un tempérament révolutionnaire quelconque mais d'une logique politique affirmée, s'inscrivant dans un ensemble de doctrines cohérentes obéissant aux lois du matérialisme dialectique. L'important est « de mettre ses idées en pratique de toutes ses forces » face à l'emprise du système capitaliste. Il demande enfin à chacun des assistants s'ils approuvent les idées contenues dans sa brochure « La Révolution et les intellectuels ». Une telle mise au point reçoit l'appui marqué de son ami André Breton[1] qui déclare que sa brochure « a été d'une grande efficacité » et « a contribué à secouer les gens de leur torpeur ». André Breton ajoute que, tout en affirmant qu'il ne partage pas les conclusions définitives de son auteur sur le sens d'un engagement radical, tout entier consacré au socialisme marxiste, en renonçant à toute activité littéraire, il précise qu'il a toujours « défendu » la position de Pierre Naville vis-à-vis du PCF et qu'il lui fait désormais « confiance ». Pierre Naville se trouve alors des plus rassérénés.

Cette séance voit aussi la démission de Philippe Soupault du groupe surréaliste. Pierre Naville[2] se charge à plusieurs reprises de stigmatiser vertement l'attitude de cet écrivain qu'il qualifie de « désordonnée », « opportuniste » et « contre-révolutionnaire », visant au renforcement de la culture bourgeoise plutôt qu'à sa remise en cause, expression d'une « duplicité » inacceptable.

Dans cet échange particulièrement violent, Pierre Naville se montre agressif, tenace et acerbe, attitude qui reflète parfaitement sa volonté de ne pas transiger sur le plan politique et doctrinal et sa détermination à repousser

---

[1] *Archives..., op. cit.*, p. 55.
[2] *Archives..., op. cit.*, p. 56-63.

toute espèce de dérive morale antirévolutionnaire. Il n'hésite pas à attaquer de front Philippe Soupault, sachant pertinemment que la majorité des surréalistes sont en désaccord total avec ce dernier.

La séance du 27 novembre 1926[1] se propose à nouveau d'apprécier le degré d'engagement des différents participants notamment des premiers surréalistes et des membres de la revue surréaliste belge *Correspondance*. Chaque fois un vote de confiance ou de rejet sanctionne chaque intervention. Le cas de Philippe Soupault est à nouveau abordé. Pierre Naville[2] relance la discussion à son sujet et affirme d'une manière abrupte et sentencieuse qu'il n'est plus question de fréquenter un tel individu « ni de lui serrer la main » et qu'il considère personnellement qu'il est « un homme mort » ; son activité, à ses yeux, est douteuse et foncièrement antirévolutionnaire. Il rappelle opportunément que Philippe Soupault le considère comme un petit bourgeois beaucoup moins révolutionnaire que Romain Rolland dont il a fait l'éloge dans *Les Nouvelles Littéraires*. André Breton, de son côté, tout en approuvant les propos de Pierre Naville, insiste insidieusement sur le fait que Philippe Soupault a collaboré sans l'ombre d'un scrupule à la revue fasciste *900* en publiant une nouvelle littéraire intitulée « Mort de Nick Carter » à l'automne 1926. L'exclusion est alors prononcée par 11 voix pour, 5 contre et 3 abstentions.

Au-delà de cette mise à l'écart pour le moins tranchée, Pierre Naville et Marcel Fourrier soumettent une résolution[3] au nom de la rédaction de *Clarté* pour faire le point sur les intentions des surréalistes, conjointement à une motion[4] rédigée pour le camp surréaliste par Louis Aragon, Paul Eluard et Max Morise. Cette résolution obtient l'accord général des participants ; elle vise en effet à adopter le principe d'une adhésion à titre individuel au PCF.

Dans ce texte, Pierre Naville et Marcel Fourrier habités toujours de la même prudence diplomatique, affirment qu'une fusion des activités surréalistes et communistes serait préjudiciable et n'aboutirait qu'à une confusion stérile. En contrepartie, ils reconnaissent hautement la spécificité du surréalisme en tant que mouvement révolutionnaire qui est capable de venir servir sans retenue la cause communiste ; le travail assuré actuellement à *Clarté* ainsi qu'à *La Révolution surréaliste* en est la preuve tangible. Dans ces conditions, ils font entièrement confiance aux surréalistes qui sauront, le moment venu, mener une action politique responsable dans le sens de la IIIe Internationale, d'autant plus que le mouvement surréaliste s'est proposé d'exercer un contrôle direct de l'activité matérielle de chacun, notamment de rejeter toute espèce d'articles à caractère littéraire, de sanctionner toute

---

[1] *Archives…, op. cit.*, p. 69-92.
[2] *Archives…, op. cit.*, p. 69-70.
[3] *Archives…, op. cit.*, p. 88-90.
[4] *Archives…, op. cit.*, p. 90-92.

tentative de collaboration avec des revues bourgeoises. Il ne fait aucun doute qu'à leurs yeux, les surréalistes sauraient prendre leurs responsabilités et adhérer sans faiblir au PCF, si la situation devenait immédiatement révolutionnaire en France et en Europe. En conclusion, ils admettent qu'une adhésion en bloc au parti serait maladroite et inopportune et que seule une adhésion à titre individuel est concevable.

Ce texte de compromis qui ménage les positions de chacun laisse ainsi ouvertes toutes les possibilités d'action commune avec les communistes pour les mois à venir. De plus, il rejoint parfaitement les positions adoptées par les surréalistes qui affichent leur bonne volonté, soucieux qu'ils sont de concilier surréalisme et communisme, reconnaissant que tout comportement étroitement surréaliste ne peut pas répondre sérieusement aux ambitions révolutionnaires de type communiste.

A ce stade de la discussion, l'entente paraît se dessiner clairement pour un engagement prochain aux côtés du PCF. Comme on le voit, Pierre Naville comme Marcel Fourrier se sont appliqués à convaincre leurs amis de la légitimité d'un tel geste, faisant preuve d'une certaine habileté manœuvrière, ménageant les susceptibilités de chacun, faisant reposer leur action sur la confiance que leur manifeste André Breton, tout en forçant la décision du groupe. Le texte de compromis du 27 novembre apparaît ainsi comme une opération fructueuse, menée avec une certaine intelligence tactique.

Les deux dernières réunions du 4 et du 24 décembre 1925[1] qui rassemblent surréalistes et clartéistes se poursuivent dans le même esprit et dans le souci de respecter la résolution adoptée le 27 novembre. Pierre Naville et Marcel Fourrier sont toujours présents et assistent régulièrement André Breton pour mener à bien les débats et prononcer les sanctions adéquates. Pierre Naville, épris d'une certaine rigueur organisationnelle, insiste sur la nécessité de s'en tenir à une discipline stricte au sein du groupe, afin de respecter clairement les exclusions adoptées. Au cours de l'assemblée du 24 décembre, la discussion vise à faire le point afin de savoir qui est décidé à adhérer au parti et quelle tactique il faut défendre par rapport à André Breton qui refuse de désapprouver son article « Légitime défense », comme le lui demande la direction du PCF, tout en exprimant le vœu d'adhérer. Plusieurs surréalistes se prononcent pour une entrée individuelle dans les rangs communistes ; il s'agit de Louis Aragon, André Breton, Paul Eluard, Pierre Unik, Michel Leiris, Yves Tanguy, Jacques Prévert, mais ces trois derniers se rétracteront par la suite ; Benjamin Péret, pour sa part, en est déjà membre depuis quelques mois. Pierre Naville, de son côté, n'intervient que très discrètement, soulignant à juste titre que l'adhésion individuelle au parti n'est pas déterminée par l'adhésion ou non d'André Breton tandis que

---

[1] *Archives du surréalisme, Adhérer au Parti communiste ?, septembre-décembre 1926*, présenté et annoté par Marguerite Bonnet, tome 3, p. 93-108 et p. 109-118.

Marcel Fourrier insiste sur l'importance qu'il y a à rejoindre le parti dans une perspective avant tout « idéologique ».

Lorsque le groupe examine le cas de Jean Bernier[1], rédacteur de *Clarté*, Pierre Naville ne se fait pas faute de souligner ses hésitations répétées, son confusionnisme, son inclination à soutenir une pensée surréaliste ancienne formule au lieu de se tourner vers le marxisme. Ses atermoiements conduisent à sa mise à l'écart du groupe.

A la suite de ces réunions successives, le désir d'adhérer des surréalistes ne se dément pas. Pierre Naville peut être satisfait. L'entente entre surréalistes et clartéistes se poursuit dans un climat de dialogue et d'intelligence politique partagée.

La collaboration surréaliste ainsi conçue par Marcel Fourrier et Pierre Naville se traduit alors au niveau de la revue par la publication de plusieurs articles, de poèmes d'Aragon, Desnos, Eluard, Leiris, chacun, s'appliquant, à sa manière, à travers ses écrits, à traduire son souci légitime de se tourner vers l'action révolutionnaire.

Ainsi, Louis Aragon dénonçant l'inféodation de la pensée au capital, thèse qu'il avait déjà abordée dans l'ancienne *Clarté,* appelle chaque intellectuel à réagir contre les dangers et les menaces que secrète toute société capitaliste, à tourner ses regards vers la Russie et à préparer « la révolution communiste telle que la définit la IIIe Internationale[2] ».

Paul Eluard, sans utiliser un vocabulaire essentiellement politique, exalte l'intelligence révolutionnaire chez Sade, Borel, Lautréamont, Rimbaud et insiste plus particulièrement sur les œuvres de Borel et de Sade qui sont, selon lui, l'expression vivante de l'émancipation et de l'affranchissement de l'homme.[3]

Michel Leiris aborde la question de la démarche politique du poète montrant que la révolte individuelle ne conduit qu'à une impasse, l'intellectuel se détruisant lui-même sans avoir rien modifié des lois absurdes de l'univers. Pour Michel Leiris, le poète doit s'orienter « vers une révolution sociale, seule voie efficace pour exercer ses révoltes, unique

---

[1] Jean Bernier (1894-1975) qui a perdu la confiance des surréalistes et de Marcel Fourrier s'éloigne définitivement de *Clarté*. Il rejoindra le « Cercle communiste démocratique » de Boris Souvarine et sa revue *La Critique sociale* de 1931 à 1936. Lié à Gaston Bergery, il deviendra membre du conseil exécutif de *Front commun* à partir de 1933 puis donnera sa démission en avril 1935. Il entrera également au comité provisoire de « La Conférence nationale contre la guerre » de Robert Louzon. Correcteur d'imprimerie, inscrit à la CGT, il participera à la rédaction du *Réveil syndicaliste* de 1937 à 1939. Se déclarant ennemi de tout totalitarisme, il se rapprochera du *Monde libertaire* et du *Crapouillot*. Après la Libération, il mènera une activité journalistique au *Journal de Genève* et au *Crapouillot*.
[2] Louis Aragon, « Le prix de l'esprit », *Clarté,* n° 1, 1926.
[3] Paul Eluard, « L'intelligence révolutionnaire », *Clarté,* n° 4, 1926-1927.

moyen de transmuter les valeurs » ; il deviendra alors l'allié, le défenseur des masses opprimées.[1]

Etudiant à des degrés divers le problème de l'intelligence révolutionnaire, Louis Aragon, Paul Eluard et Michel Leiris veulent prouver aux responsables de *Clarté* qu'ils sont sensibles à la question de l'engagement politique de l'écrivain et aux questions qui gravitent autour de ce vaste débat idéologique abordé par Marcel Fourrier et Pierre Naville au cours des soirées surréalistes. Les autres articles publiés traitent de sujets beaucoup plus vastes. Desnos notamment s'en prend en termes cinglants au militarisme :

« Si nous laissons ceux qui allèrent à la guerre en conséquence de leurs opinions nous présenter leur note, comme un équarrisseur, nous n'avons plus qu'à cirer nos chaussures, à étudier le maniement d'armes et nous persuader que l'obéissance aux adjudants et à leurs supérieurs est un admirable emploi des facultés humaines. Après quoi, nous pourrons aller creuser nous-mêmes nos tombes aux environs de Charleroi[2]. »

Ces diverses publications dans les colonnes de *Clarté* ne sont pas du goût de *l'Humanité* et du PCF. Les responsables communistes qui ont déjà manifesté une sourde hostilité à l'égard du projet de *La Guerre civile* en rappelant à l'ordre Marcel Fourrier voient d'un très mauvais œil une nouvelle collaboration clartéistes-surréalistes s'esquisser. Ils se refusent à accorder quelque crédit que ce soit à de jeunes intellectuels qui se prétendent révolutionnaires et qui ignorent tout du marxisme et de la lutte des classes. Les œuvres poétiques des écrivains surréalistes sont alors critiquées par les rédacteurs de *l'Humanité*. Maurice Parijanine notamment dont nous avons apprécié le classicisme en matière d'art, à l'époque où il était collaborateur de *Clarté,* multiplie les jugements à l'emporte-pièce. Ainsi Paul Eluard proteste-t-il, à l'automne 1926, contre le traitement dont son livre « Capitale de la douleur » est l'objet dans le journal communiste par ce même Maurice Parijanine :

« Je lis dans *l'Humanité* d'aujourd'hui une note concernant un de mes livres, « Capitale de la douleur. »

Je conviens volontiers qu'un journal communiste français à mieux à faire actuellement que de s'occuper de littérature ou de poésie, mais je m'indigne qu'il prenne parti, avec tous les réactionnaires, contre les deux plus grands poètes révolutionnaires de tous les temps – je parle de Lautréamont et de Rimbaud.

Le génie de Lautréamont et de Rimbaud ne fait qu'un avec celui du peuple. Leur intelligence est commune. Elle ne saurait avoir des maîtres.

---

[1] Michel Leiris, « La vie aventureuse d'Arthur Rimbaud », *Clarté,* n° 2, 1926-1927.
[2] Robert Desnos, « Le chiffonnier de Paris », *Clarté,* n° 2, 1926-1927.

Le peuple peut tout comprendre. Il n'y a pas de « vrai poète » qui lui soit incompréhensible. Il aimerait depuis longtemps Lautréamont et Rimbaud si les mauvais bergers – démagogues et bourgeois – ne s'interposaient entre lui et leur lumière. Ce sont là des procédés renouvelés de la sainte Église catholique et romaine.

Considérant d'autre part comme injurieux mon rapprochement avec les fantaisistes (ces châtrés) et la dernière phrase de votre article, je vous serais obligé de bien vouloir reproduire ma réponse dans votre journal. »

Signé Paul Eluard.

Malgré cette opposition particulière des dirigeants communistes, la collaboration clartéistes-surréalistes se poursuit. La volonté manifestée par Marcel Fourrier et Pierre Naville de s'intéresser aux destinées politiques du groupe surréaliste et de chercher à infléchir leur orientation politique dans un sens communiste semble d'ailleurs trouver une juste récompense. Au cours de l'automne 1927, Louis Aragon, André Breton, Paul Eluard, Benjamin Péret et Pierre Unik adhèrent au communisme. Ils publient une brochure intitulée « Au grand jour », recueil de lettres ouvertes[1] dont deux s'adressent directement à Pierre Naville et Marcel Fourrier et dans lesquelles ils expliquent le sens de leur geste :

« Si par ailleurs, et seulement en fonction de nos humeurs respectives, nous n'avons pas tous cru devoir adhérer au parti communiste, du moins nul d'entre nous n'a pris à sa charge de nier la grande concordance d'aspirations qui existe entre les communistes et lui[2]. »

Face aux réticences de certains de leurs amis comme Paul Nougé et Camille Goemans, ils répondent clairement :

« Nous avons adhéré au PC français, estimant avant tout que de ne pas le faire pouvait impliquer de notre part une réserve et qui n'y était point, une arrière-pensée profitable à ses seuls ennemis (qui sont les pires d'entre les nôtres[3]). »

A l'adresse des autres membres du groupe surréaliste, ils démontrent que la seule voie révolutionnaire concevable est celle du communisme :

« La considération du marxisme et ses conclusions nous a mis en présence d'une organisation définie à laquelle, sur le plan révolutionnaire, les surréalistes n'avaient aucune organisation à opposer, la révolution ne

---

[1] Cinq lettres à Paul Nougé et Camille Goemans, à Marcel Fourrier, aux surréalistes non communistes, à Pierre Naville, aux communistes.
[2] « Au grand jour », mai 1927, *Tracts et déclarations collectives, tome I, 1922-1929, présenté et annoté par José Pierre,* Paris, Le Terrain vague, 1980, 541 p.
[3] Lettre à Paul Nougé et Camille Goemans in : Maurice Nadeau, *Histoire du surréalisme, Documents surréalistes, tome II,* Paris, Seuil, 1948, p. 89.

pouvait être envisagée que comme un fait concret à la réalisation duquel toute volonté révolutionnaire doit servir[1]. »

Ils vont même jusqu'à déclarer que l'adhésion au parti communiste leur paraît « la suite logique du développement de l'idée surréaliste et sa seule sauvegarde idéologique ». Ils tiennent encore à confirmer que cette adhésion sans détours au communisme, ils la doivent à Pierre Naville. A leurs yeux, il est un modèle car il a su le premier, en tant qu'intellectuel surréaliste, se tourner vers l'action politique et militante. Pierre Naville apparaît comme l'homme du débat idéologique engagé alors. Il semble même à lui seul justifier la publication de la brochure « Au grand jour ». Il est le seul à avoir posé clairement le problème de l'engagement politique du groupe surréaliste :

« Dans votre brochure « La Révolution et les intellectuels », vous avez été le premier à poser la question que nous débattions ici. Vous avez été mis à cette occasion à l'épreuve de l'incompréhension et de la routine[2]. »

Cependant, au-delà de ce vibrant hommage rendu à Pierre Naville, les intellectuels surréalistes lui reprochent d'avoir présenté dans les colonnes de *Clarté* le surréalisme comme « une déviation à priori du marxisme » et d'avoir laissé ainsi se répandre dans la presse une telle confusion :

« Il est regrettable, toutefois, que parant sans doute au plus pressé, cherchant à vous garder de l'opportunisme, sans toujours pouvoir prévenir près de vous certaines pusillanimités, certains impairs, il est regrettable que vous ayez dû laisser se produire dans *Clarté*, ou à l'occasion de *Clarté*, une équivoque touchant le surréalisme qui n'en présente point pour vous. Cette équivoque est celle qui tend à faire passer le surréalisme pour une déviation « à priori » du marxisme. Il est absurde de protester aussi longuement que nous le faisons contre un tel mariage de la carpe et du lapin. Il nous faut bien constater l'insistance avec laquelle, dans les milieux qui n'ont d'ailleurs guère moyen d'être bien informés, on traite de surréalistes tous les gens qu'on sait nous connaître.

Il nous faut aussi constater l'insistance qu'on met à présenter le surréalisme comme une doctrine politique positive. Cette énormité a fait son apparition dans le journal *Le Matin*. C'était d'ailleurs sa place. Mais il est plus étrange de voir une telle fantaisie idéalistico-policière prise au sérieux par des matérialistes déclarés. Pendant qu'on y était, que n'a-t-on suspecté le darwinisme, la relativité, la psychanalyse, etc. de gauchisme et de social-démocratisme ? A vrai dire, il ne s'agit ici que d'une erreur de terme, et nous ne serions pas pour nous en formaliser si nous devions convenir que *Clarté* entretient, tant par une absence d'explications que par des explications

---

[1] Lettres aux surréalistes non communistes in : Maurice Nadeau, *Histoire…, op. cit.*, p. 101.
[2] Lettre à Pierre Naville, in : Maurice Nadeau, *Histoire…, op. cit.*, p. 105.

d'origine privée et à tout prendre inexactes, une confusion dont il semble bien que vous seul, à cet endroit, puissiez faire justice ;

C'est pourquoi nous en appelons à vous, en toute confiance[1]. »

De la même manière, s'adressant à Marcel Fourrier, ils n'admettent pas que celui-ci ait voulu faire du surréalisme l'alibi littéraire de la revue *Clarté* :

« N'avoir en vue que de doter *Clarté* d'une partie littéraire eût été perdre avec nous votre peine : la besogne littéraire est une sale besogne que nous n'avons jamais assumée nulle part. S'il vous a plu de publier des poèmes, nous ne vous en avons jamais prié, nous ne vous en savons aucun gré. Quel est le responsable en pareille matière, du signataire du poème ou du directeur de la revue qui les publie ? Vous n'êtes pas un psychologue. Vous croyez jeter du lest, il vous retombe sur le nez[2]. »

Ils ne peuvent non plus accepter que Marcel Fourrier se taise alors que le PCF jette le discrédit sur le surréalisme et que *l'Humanité* refuse de faire paraître, dans ses colonnes, leurs écrits. Ils critiquent alors sévèrement le contenu idéologique de *Clarté* et la portée des efforts déployés par son codirecteur Marcel Fourrier :

« Documentation à coups de ciseaux dans les journaux, écriture hâtive, orientation relativement en accord avec les directives du PCF, tout cela même si les faits se plaisent à contredire les thèses successives que vous défendez, peut encore en imposer pour du bon travail[3]... »

Il est clair pour les surréalistes que leur collaboration à *Clarté* les a sérieusement desservis. Selon eux, elle n'a fait qu'entretenir un sérieux malentendu sur la pensée surréaliste en général et ses propres aspirations. Il est donc nécessaire de dissiper au plus vite une telle équivoque. Ils demandent d'ailleurs à Pierre Naville de faire dans *Clarté* la mise au point qui s'impose. Considérant enfin l'attitude du PCF, ils ne peuvent admettre la défiance et l'incompréhension dont ils sont l'objet de la part des dirigeants communistes. Certes, ils se déclarent prêts à servir la cause communiste en renonçant même à leur caractère propre d'intellectuels surréalistes. N'écrivent-ils pas :

« Jamais, nous y insistons de toutes nos forces, nous n'avons songé à nous affirmer devant vous en tant que surréalistes[4]. »

Ils vont même jusqu'à reconnaître la valeur politique des responsables communistes :

« ... Vous les seuls sur qui nous comptons. Avec qui, bon gré, mal gré, nous partagerons intégralement, quoi qu'il arrive le sens de la réalité révolutionnaire[1]. »

---

[1] Lettre à Pierre Naville, in : Maurice Nadeau, *Histoire...*, *op. cit.,* p. 107.
[2] Lettre à Marcel Fourrier, in : Maurice Nadeau, *Histoire...*, *op. cit.,* p. 101.
[3] *Ibid.*
[4] Lettre à Marcel Fourrier, in : Maurice Nadeau, *Histoire...*, *op. cit.,* p. 100.

Mais le parti leur paraît trop rigide et trop exigeant en leur demandant de remplir une tâche essentiellement politique et militante qui leur est parfaitement étrangère :

« A quoi bon nous contraindre à nous exprimer prématurément sur des questions qui, jusqu'ici, n'ont pas été de notre ressort, mais dont nous ne désespérons pas qu'elles le deviennent ? Débats purement économiques, discussions nécessitant une connaissance profonde de la méthodologie politique ; ou encore quelque expérience de la vie syndicale, ce sont là des choses dont nous ne nous désintéressons en rien, mais auxquelles nous ne sommes en rien préparés, si ce n'est par la reconnaissance formelle de leur importance et de leur absolue nécessité révolutionnaire[2]. »

Ils constatent amèrement que leurs compétences littéraires ne sont pas reconnues et encore moins utilisées au sein même de *l'Humanité*. Ils ne peuvent supporter que la pensée surréaliste soit ainsi ignorée par les rédacteurs de *l'Humanité* et qu'on leur préfère des auteurs aussi conventionnels ou réactionnaires que Blaise Cendrars ou Jules Romains. Nous retrouvons là le sens même des critiques soutenues par André Breton à l'égard du PCF et d'Henri Barbusse, directeur littéraire de *l'Humanité,* dans sa brochure « Légitime défense » et les griefs d'Eluard à l'adresse du même journal communiste.

La prise de position politique des surréalistes contenue dans « Au grand jour » et les critiques formulées à l'égard de *Clarté* et du PCF appellent une réaction de la part de Pierre Naville notamment. Celui-ci présente dans le n° 11 de *Clarté* une claire mise au point sur la collaboration surréaliste à *Clarté*. Il tient tout d'abord à préciser une fois encore que *Clarté* ne vise en aucune façon à pousser les surréalistes à assurer une besogne littéraire quelconque. L'actuelle *Clarté* n'a plus rien de commun avec l'activité politico-culturelle des années passées. Les nombreux essais et recherches en tous genres sur le plan artistique n'encombrent plus la revue. L'idéalisme intellectuel, cette sorte de rationalisme généreux de type barbussien, est définitivement écarté. La présence surréaliste ne peut donc en aucune façon être interprétée dans cette perspective totalement désuète et entièrement récusée par les responsables de la revue. De plus, il s'oppose formellement à faire passer ses amis surréalistes pour des spécialistes de littérature prolétarienne, pour de simples vulgarisateurs de la doctrine marxiste. Leur collaboration à *Clarté* se fait dans une totale liberté sans souci d'efficacité politique ou militante. Leur participation se fonde uniquement sur la puissance de contestation et de subversion extrêmement féconde de la pensée surréaliste et non sur une investigation culturelle ou doctrinale hasardeuse et pseudo-prolétarienne. Pierre Naville écrit à cet effet :

---

[1] Lettre aux communistes, in : Maurice Nadeau, *Histoire…*, *op. cit.*, p. 108.
[2] Lettre aux communistes, in : Maurice Nadeau, *Histoire…*, *op. cit,*, p. 109.

« Quand l'ancienne *Clarté* était qualifiée de littéraire, le coup portait. Le visage de la littérature la dénaturait car le fond même, à peine conscient de son idéologie, était un dérivé du barbussisme, de cet « au-dessus des classes » de l'esprit, de cette littérature. Quand cette accusation a porté contre ce que l'on s'est efforcé d'appeler le surréalisme de *Clarté,* elle a porté à faux ; c'est ce que je tiens à affirmer ici...

On aurait pu dire que la publication d'un remarquable poème de Péret, ou d'un fragment d'Aragon, décelait une tentative de passer sans à-coups de la formule de *La Guerre civile* à celle qu'a appliquée *Clarté* par la suite [...] Un tel point de vue est superficiel, et il est faux. Les formules de transition, lorsqu'elles s'essaient sur un mouvement aussi accusé que le surréalisme, ne sauraient envisager un abandon progressif. Si le critique constate que les récents numéros ne portent pas le nom de tel ou tel de nos amis surréalistes, qu'il n'en tire pas la conclusion que de notre part il y a abandon. S'il y avait de notre part abandon sur ce point, il y aurait recul. Je crois qu'il est juste de dire que nous avons été en spécialisant notre tâche, mais non notre point de vue. Nous ne voulons pas jouer le rôle de vulgarisateurs. Paul Eluard a publié ici des extraits de Pétrus Borel et de Sade ; ces exemples, pour hâtivement qu'ils aient été présentés, signifient notre refus de faire une besogne littéraire quelconque. Un grand nombre de critiques s'y sont intentionnellement trompés, mais nous leur répondrons en bloc que contre leur idolâtrie toute littéraire d'Anatole France, honteux maquillage d'une attitude révolutionnaire par exemple, les protestations individuelles en question, formellement en accord avec les efforts révolutionnaires du prolétariat – le « peuple de Borel » - sont une garantie de premier ordre[1]. »

Faisant allusion à l'attitude hostile du PCF et de *l'Humanité* vis-à-vis du surréalisme, Pierre Naville réplique avec vigueur :

« Quelle est cette étroitesse d'esprit, cet ouvriérisme de mauvais aloi, qui consiste à réclamer de quiconque une besogne « marxiste ? » Nous sommes un peu fatigués du formalisme et de l'orthodoxie qui consistent à réclamer des garanties dérisoires, réclamations faites maladroitement, étroitement et sans aucune compréhension du mouvement historique que nous vivons, de ce mouvement au cours duquel la petite bourgeoisie, la démocratie, font leurs efforts les plus insidieux pour tromper l'avant-garde révolutionnaire du prolétariat. Cette petite bourgeoisie clame les louanges du progrès social, elle se vêt de haillons pour nous approcher plus sûrement, mais son but est de nous corrompre jusqu'à la moelle, d'amener la décrépitude des forces ouvrières révolutionnaires. »

Avec cette claire mise au point, Pierre Naville fait preuve d'une bienveillance et d'une volonté de compréhension sympathiques à l'égard de ses amis surréalistes. Il tient à les rassurer et à leur apporter son soutien dans

---

[1] Pierre Naville, « L'activité de *Clarté* », *Clarté,* n° 11, 15 juillet 1927.

l'engagement révolutionnaire qu'ils ont pris vis-à-vis du PCF. Sans chercher à brusquer leur évolution, il reste attentif à leurs préoccupations politiques et morales. En vérité, il attend très peu de leur présence à la revue qu'il dirige avec Marcel Fourrier. C'est en dehors de *Clarté* qu'il envisage de continuer à guider la volonté politique d'André Breton et de ses amis.

Afin d'effacer les dernières craintes ou réticences qui peuvent encore gagner les surréalistes, Pierre Naville publie à leur adresse une brochure intitulée « Mieux et moins bien », en juin 1927. Il cherche à éclairer une fois encore les surréalistes dans leur ambition révolutionnaire et distingue pour eux les supports politiques et intellectuels sur lesquels repose la pensée surréaliste. Il reconnaît tout d'abord la bonne volonté manifestée par André Breton et ses amis et leur souci de clarifier leur position à l'égard du parti communiste :

« Certains de nos amis ont essayé de faire la mesure de leur bonne foi, de leurs certitudes, de leurs illusions et de leurs erreurs dans la brochure « Au grand jour » (Paris, 1927)[1]. »

Il admet volontiers que le parti communiste s'est montré bien maladroit à leur égard :

« Cet élan vers les méthodes bolcheviques de la révolution que les surréalistes ont subi, malgré toutes les maladresses dont il s'est entouré, a été très mal accueilli[2]. » Il convient que la politique culturelle des responsables communistes reste des plus équivoques, justifiant par-là les critiques formulées par André Breton dans « Au grand jour » notamment :

« Il faut reconnaître que de biens mauvais patrons sévissent. Pour les uns Barbusse, pour les autres le « bon maître ». Mais n'importe. Là aussi, quoiqu'avec des raisons assez bonnes, n'a-t-on pas prétendu nous mettre en position d'abandonner telles activités dont la conformité marxiste n'apparaissait pas au premier abord ? Cet état d'esprit a été considérablement entretenu, sans étude réelle, sans explications sérieuses, plausibles, sans manifestation intéressante, et uniquement semble-t-il, pour ne pas abandonner le bénéfice d'une tradition « culturelle » prolétarienne dont le surréalisme ne paraît évidemment pas donner de gages extérieurs. On sait que cette tradition qui s'est lourdement affirmée depuis Zola – et non sans quelque légitimité à cette époque – s'est ensuite laissée attacher à des gloires aussi bassement acquises que celle d'un Anatole France ou d'un Barbusse, c'est-à-dire acquises au prix des pires équivoques et de compromissions multiples dont la plus grave est de prétendre à l'admiration « unanime » d'une nation honteusement et misérablement bourgeoise[3]. »

---

[1] Pierre Naville, *Mieux et moins bien*, Paris, 1927, (Gallimard, 1975), p. 109.
[2] Pierre Naville, *Mieux...*, *op. cit.*, p. 108.
[3] Pierre Naville, *Mieux...*, *op. cit.*, p. 109.

Malgré ces maladresses plus ou moins supportables, Pierre Naville considère que l'engagement surréaliste aux côtés du marxisme apparaît comme une nécessité. Il tient en particulier à expliquer qu'il ne s'agit en aucune manière d'un renoncement ou d'un reniement comme semblent le faire entendre Antonin Artaud, Drieu La Rochelle ou certains humanistes traditionalistes de la revue *Philosophie*[1]. Plus sérieusement, il s'applique à démontrer que la « désespérance fondamentale » qui habite la pensée surréaliste anime tout autant le révolutionnaire. Le pessimisme constitue, en effet, un principe essentiel et transcendant qui touche aussi bien l'activité surréaliste que l'activité politique révolutionnaire :

« Ce pessimisme permettra la recherche de moyens extrêmes pour échapper aux nullités et aux déconvenues d'une époque de compromis, comme le sont presque toutes les époques. Ce pessimisme est à l'origine de la philosophie de Hegel, et il est aussi à la source de la méthode

---

[1] Pierre Naville se charge d'ailleurs, dans le n° 3 de *Clarté*, de dénoncer les faiblesses et les contradictions de la démarche du groupe *Philosophie* autour d'Henri Lefebvre qui, après avoir signé le manifeste « La révolution d'abord et toujours » à l'automne 1925, repousse tout engagement révolutionnaire aux côtés de *Clarté* et des surréalistes. Considérant qu'à partir de mai 1926, ils se fixent comme seul objectif de défendre avec la revue *Esprit* un discours philosophique vantant la toute puissance de la conscience subjective pour mieux appréhender l'essence des choses, Pierre Naville juge le projet parfaitement idéaliste et abstrait, révélant tragiquement le refus de ces intellectuels bourgeois « de s'engager sur le terrain de la lutte des classes ». Réfugiés dans un quiétisme discret et vertueux, ils apparaissent, pour Pierre Naville, comme « des serviteurs empressés de l'idéologie conservatrice ». (Pierre Naville, « Les tendances confusionnistes du groupe *l'Esprit*. De l'incompatibilité du jargon judéo-philosophique avec le matérialisme historique », *Clarté*, n° 3, août-septembre 1926).

Il est à noter que, si en mai 1926, les amis d'Henri Lefebvre que Pierre Naville a côtoyés pour la plupart en Sorbonne, n'acceptent pas de s'engager sur le plan pratique, sous l'influence de Paul Nizan, ils décident, à la fin de l'année 1928, d'adhérer au PCF pour la majorité d'entre eux et de fonder *La Revue marxiste*. Une affaire tragi-comique qui met en scène Georges Friedmann et ses tentatives hasardeuses de spéculations financières met un terme à ce projet et fait éclater le groupe. Cet événement haut en couleur est révélé par André Breton dans son « Second manifeste ». Tandis qu'Henri Lefebvre se plonge dans un militantisme de base, Paul Nizan et Georges Politzer entament une carrière au service du parti. (Voir Michel Trebitsch, *Les mésaventures du groupe « Philosophie », 1924-1933*, Paris, Entr'revues, printemps 1987, p. 6-9. Voir Caubert Antoine, Mémoire de maîtrise sous la direction de Jacques Girault, « Le groupe « Philosophie », Paris I, 1981, 206 p.)

révolutionnaire de Marx[1] [...] il a dévoré et il dévore encore les révolutionnaires[2]. »

La richesse et la puissance d'un tel pessimisme n'ont rien à voir avec les préoccupations étroites et ridiculement humanistes d'un Drieu La Rochelle ou d'un Paul Valéry ; il va jusqu'au bout de son accomplissement, ne se souciant nullement d'intérêts matériels parfaitement risibles :

« Je tiens pour évident qu'un pessimisme dépourvu de conséquences funestes pour la vie, la vie médiocre, la vie courante, la vie sociale pour parler clairement, n'est pas un pessimisme. Quelqu'un prétendra-t-il, s'il ne pousse pas à l'accomplissement de ses conséquences funestes, s'arrêter sur la pente du scepticisme ? ... Et après il se retrouvera en train de barboter dans les eaux sales de la « notoriété ». Je souligne qu'à cette occasion on ne nous fera pas prendre Voltaire pour Victor Hugo, ni Jésus-Christ pour Lénine[3]. »

Il est alors essentiel pour Pierre Naville de chercher à organiser et à fixer ce pessimisme :

« L'organisation du pessimisme est vraiment un des « mots d'ordre » les plus étranges auquel puisse obéir un homme conscient. C'est cependant celui que nous réclamons de lui voir suivre. Cette méthode, si l'on peut dire, et l'on dirait plus justement : cette tendance, nous permet et nous permettra peut-être encore d'observer la plus haute partialité, celle qui nous a toujours retranchés du monde ; elle nous empêchera du même coup de nous fixer, de dépérir - c'est-à-dire que nous maintiendrons aussi fermement notre droit à l'existence dans ce monde[4]. »

La pensée surréaliste peut alors venir coïncider avec un processus intelligent et incarné : le bolchevisme :

« Eh ! Que nous importent de soudaines loques, de brusques désistements, des cadavres que nous ne regardons même pas se putréfier ! Tant qu'un seul homme sera capable de penser et de vivre selon ce pessimisme vivant dressé comme la voile de tous les vents et de tous les orages, les autres ne seront à son regard que ces cadavres.

Notre vertu sera d'avoir donné à d'autres le goût de la victoire, de l'enchantement que nous n'aurons peut-être jamais atteint – mais sans défaillance.

...Et quoique cela puisse paraître un peu subtil ou maladroit, je pense que c'est à ce propos que l'on peut faire intervenir le souci d'une action

---

[1] Pierre Naville, *Mieux...*, op. cit., p. 112.
[2] Pierre Naville, *Mieux...*, op. cit., p. 113.
[3] Pierre Naville, *La révolution et les intellectuels,* Paris, Gallimard, 1975, p. 114.
[4] Pierre Naville, *Mieux et moins bien,* Paris, 1927, (Gallimard 1975), p. 116-117.

révolutionnaire assez totale pour que nous ayons pu l'identifier avec le bolchevisme[1]. »

Pourtant Pierre Naville admet que cette désespérance fondamentale, dans sa dimension supérieure, dépasse l'acte proprement révolutionnaire dans sa réalisation et demeure pour l'existence de l'homme, une quête toujours renouvelée, sans cesse remise en cause, impossible à saisir, sur laquelle le temps n'a pas de prise :

« J'ai dit le rôle du tempérament. Ceux d'entre nous dont les capacités s'étendent jusqu'à la pratique révolutionnaire, sont les meilleurs ; ce sont ceux qui sont le plus à même de se survivre noblement, ce sont ceux qui peuvent ne pas abandonner l'espoir que la victoire, un jour, jaillira.

Mais ce qui nous permet d'augurer dès aujourd'hui nos futures défaites, c'est justement notre désir et notre certitude d'atteindre à la limite de nos propres forces, n'importe quand. Ceux qui sont morts à l'âge de vingt ans n'ont pas plus empêché le rêve de se poursuivre que ceux qui sont morts à soixante-dix ans, et nous n'avons pas la naïveté de voir la fin du monde au bout de notre nez[2]. »

Le goût de la victoire de cette démarche essentielle ne peut se mesurer :

« Notre victoire n'est pas venue et ne viendra jamais. Nous subissons d'avance cette peine. Il y a longtemps que nous nous sommes vus. Je pense que c'est pour cela que le temps n'a pas sur nous cette prise que l'on voudrait lui voir[3]. »

Ainsi, Pierre Naville, avec ce recueil « Mieux et moins bien » encourage une fois de plus André Breton et ses amis à servir la cause marxiste. Mais dans cette réflexion fondamentale, il dépasse en fait la position révolutionnaire du surréalisme pour atteindre au problème de l'existence. Evoquant dans « Le temps du surréel » le sens rédactionnel de son ouvrage, il déclare en effet :

« A le relire aujourd'hui, le texte que j'écrivais me semble avoir répondu au vœu de Breton. Ce n'est pas seulement l'amitié qui m'y invitait, cela va de soi. C'était le souci impérieux chez moi d'exprimer, sous une forme qui n'était certes pas *marxiste* tout ce qui demeurait irrésolu pour un marxiste ; d'évoquer - plus encore : d'invoquer - tant d'obscurs problèmes de l'existence qu'on pouvait pour un moment mettre entre parenthèses, mais qui seuls à mes yeux justifiaient une activité politique révolutionnaire. Je désirais que tous mes amis fussent au clair à ce sujet[4]. »

---

[1] Pierre Naville, *Mieux…, op. cit.*, p. 120.
[2] Pierre Naville, *Mieux…, op. cit.*, p. 119-120.
[3] Pierre Naville, *Mieux…, op. cit.*, p. 120.
[4] Pierre Naville, *Le temps du surréel*, Paris, Galilée, 1977, p. 341.

Il démontre que cette existence qu'il s'est forgée, à laquelle il se donne, constitue une remise en cause perpétuelle et que la finalité de son action révolutionnaire ne sera jamais alors atteinte :

« A relire ce texte - à le faire lire à d'autres - j'interroge des lambeaux de souvenirs et je me demande si tout cela n'était pas que vent dans le vent... Pourtant l'écho s'y installe, et j'écoute encore ce mystérieux rappel et vois revenir le temps où je proférais naïvement des oracles. Le son de ces phrases, je leur trouve une sorte de violence prophétique, qui n'était pourtant pas dans mon activité pratique, où je reçois à travers tant d'années la pierre d'une fronde que j'aurais moi-même bandée contre moi, où je me serais à moi-même livré mon propre secret[1]. »

Il conclut d'ailleurs avec une certaine mélancolie :

« Certains lecteurs de cet article se demanderont peut-être si ce désir d'unir dans un même dessein les ressources surréalistes et les expressions déterminées d'une action révolutionnaire n'était pas la tentation d'un rêve indéchiffrable - toujours indéchiffré. Qu'importe : en ce temps-là je devais m'y livrer, et je m'y livrai[2]. »

Ayant cherché à caractériser les principaux supports de l'action révolutionnaire et à distinguer la finalité propre de la lutte politique, Pierre Naville, par la rédaction de sa brochure encourage une fois encore ses amis surréalistes à venir servir la cause du prolétariat. Mais dans cette invitation et cet encouragement à agir au côté du parti, il rappelle qu'il ne tient pas à subordonner l'intelligence révolutionnaire à de vulgaires calculs politiques ou nécessités tactiques de basse propagande, répondant par-là aux vœux d'André Breton. En qualité d'intellectuel communiste, il veut aller plus loin encore. Il tient en effet à dépasser la démarche élémentaire des surréalistes adhérant au marxisme. Il ne s'agit pas seulement de lancer quelques coups de chapeau amicaux au communisme et au combat de classe, d'adresser un regard circulaire sur les événements sociaux et politiques comme le font André Breton et ses amis. Il faut davantage réfléchir, peser la valeur et le bien-fondé de l'action révolutionnaire et du marxisme international. C'est la tâche à la fois ardue et dangereuse que se fixe Pierre Naville avec *Clarté* désormais :

« L'intelligence, raison et passion de la curiosité inventive, devait de toute évidence s'ouvrir sans réserve aucune aux luttes sociales elles-mêmes, et c'est justement dans ce domaine que j'allais m'appliquer à des investigations délicates et dangereuses parce qu'elles mettaient en cause de façon assez directe la politique du mouvement communiste international. Refuser l'étouffement de toute recherche, même aberrante et dépourvue de tout permis de circulation, fort bien. Mais du même coup, soumettre le

---

[1] *Ibid.*
[2] Pierre Naville, *Le temps..., op. cit.*, p. 343.

mouvement communiste lui-même à toute une critique requise par les conditions propres à sa réalisation, voilà qui était tout aussi indispensable et même urgent. C'était cette critique là que Breton n'était guère disposé à envisager pour son propre compte ; au surplus, il ne l'observait chez moi qu'avec méfiance, doute[1]. »

A la lecture de ce recueil, on peut ainsi mieux comprendre l'importance du rôle joué par Pierre Naville, véritable initiateur du groupe surréaliste, dans son adhésion au marxisme. On peut aussi mieux saisir le sens profond des préoccupations surréalistes de Pierre Naville et la nature même de sa démarche fondamentalement révolutionnaire. Curieusement, alors qu'André Breton et ses amis se rangent du côté du parti communiste français, déjà Pierre Naville se pose en intellectuel révolutionnaire critique et exigeant à l'encontre de la doctrine marxiste.[2]

---

[1] Pierre Naville, *Le temps...*, op. cit., p. 332-333.
[2] Maurice Nadeau (*Histoire du surréalisme*, tome I, Paris, Seuil, 1945, 358 p.) et Louis Janover (*La Révolution surréaliste*, Paris, Plon, 1989, 226 p.) dans leur ouvrage respectif mettent en lumière le rôle de Pierre Naville dans le processus d'engagement politique des surréalistes aux côtés du PCF tandis que Carole Reynaud Paligot, tout en faisant silence sur cet événement, (*Parcours politique des surréalistes,* Paris, CNRS, 1995, 339 p.) ne retient que l'hypothèse classique de la prétendue volonté d'André Breton et de ses amis de vouloir contrôler la ligne culturelle de *l'Humanité*, argument convenu déjà abordé par V. Short en 1965 (*The political history of the surrrealist movment in France, 1918-1940,* Thèse, Brighton, 1965, 682 p., 2 volumes) et qui ne parvient pas à rendre compte réellement du degré exact d'attachement des surréalistes à servir la révolution en compagnie du PCF.

Chapitre III

La guerre du Maroc et l'échec de la révolution rifaine

Déterminé à assurer un travail d'information et d'éducation communistes dans les rangs du prolétariat ouvrier, *Clarté* s'attache tout d'abord à considérer avec attention la position française au Maroc et les dernières tentatives de résistance du peuple rifain.

La situation au Maroc a sérieusement évolué. Les Rifains sont stoppés dans leur mouvement insurrectionnel par les forces militaires françaises et espagnoles. Le gouvernement français a placé à la tête de son armée le maréchal Pétain qui déclenche, au début de l'année 1926, une contre-offensive générale. Soucieux de ne pas ternir son étoile, Pétain met sur pied une énorme expédition militaire qui rassemble plus de 200000 soldats métropolitains appuyés par 100000 hommes de la légion étrangère espagnole. L'équipement est abondant et ultramoderne et comporte notamment une artillerie considérable, une imposante escadrille d'aviation. Face à cet appareil militaire, l'armée rifaine n'aligne que 75000 hommes. Au terme d'un mois de lutte, le 29 mai 1926, Abd el Krim se rend aux troupes françaises après avoir négocié une capitulation honorable. Il sera interné à La Réunion d'où il parviendra à s'évader en 1947, soit à la suite de 21 ans de captivité. Devant de tels événements, *Clarté* s'interroge et tente de saisir les raisons de l'échec de la révolte rifaine.

Dans son éditorial du n° 1 un intitulé « L'impérialisme français triomphe au Maroc », illustré de deux photographies touchant la répression militaire avec la légende suivante : « Au Rif, on coupe la tête des « rebelles », à Damas, on pend les bandits druzes », *Clarté* appelle les révolutionnaires à s'organiser devant le renforcement de l'appareil militaire impérialiste dans le monde, qui frappe très durement les jeunes nations colonisées comme le Rif, la Tunisie, l'Égypte, le Soudan, la Palestine et la Syrie. Elle s'inquiète gravement de la passivité du prolétariat français dans le conflit marocain. Selon elle, l'impérialisme a pénétré largement le prolétariat, l'opportunisme social-démocrate a gagné les consciences, soutenu par les pseudo-intellectuels prolétariens (*Clarté* rappelle que l'enquête de 1925 et l'appel d'Henri Barbusse d'une faiblesse doctrinale évidente ont révélé la compromission flagrante des intellectuels dits de gauche). L'absence de force idéologique au service de la révolution dans le pays s'est fait cruellement sentir. Elle déclare amèrement :

« Rien ne fait plus défaut en France que l'esprit révolutionnaire et tout milite au contraire en faveur de l'emprise de l'esprit bourgeois sur la classe ouvrière. »

Marcel Fourrier[1], reprenant la même analyse, fournit des explications plus théoriques. Le manque de combativité s'explique par le procédé de stabilisation du capitalisme. Le capitalisme trouve dans l'impérialisme le moyen de réaliser d'énormes profits. Il réduit les capacités révolutionnaires du prolétariat en l'intéressant à l'exploitation des colonies. Il neutralise son action révolutionnaire en le rapprochant des conditions d'existence de la petite bourgeoisie. Ainsi naît un prolétariat paralysé, corrompu qui se laisse entraîner dans le sillage de la bourgeoisie. L'échéance de la révolution est alors une fois de plus retardée. Cependant, Marcel Fourrier ne désespère pas. La révolution chinoise démontre que le mouvement révolutionnaire ne meurt pas. Il voit dans l'évolution diplomatique générale le conflit futur qui opposera la bourgeoisie mondiale contre le prolétariat mondial.

Contre l'impérialisme et le militarisme français

Les conclusions de *Clarté* sur le problème marocain et la lutte anti-impérialiste demeurent, à ce stade, assez schématiques et conventionnelles. La déception provoquée par la défaite du Maroc explique en grande partie cette situation. Cependant, *Clarté* va redoubler d'efforts dans les mois à venir. S'inspirant de la campagne antimilitariste et anticolonialiste du PCF, politique qui reste la ligne traditionnelle du parti au cours des années 1926-1927, elle défend une position beaucoup plus conséquente et active. Les communistes français s'attaquent vigoureusement à la politique réactionnaire du gouvernement d'Union nationale de Raymond Poincaré. Ils s'en prennent directement à la tradition républicaine et impériale du pays, allant même jusqu'à prôner l'indépendance de l'Alsace-Lorraine. Ils ne craignent pas d'affronter le pouvoir par des interventions répétées et virulentes de leurs députés à l'Assemblée nationale. « Les Jeunesses communistes », de leur côté, assurent un travail antimilitariste notable. Elles multiplient les assemblées de conscrits, manifestent à l'occasion des départs des différentes classes, distribuent des tracts dans les casernes.

Lorsque le projet de loi militaire Painlevé-Boncour est soumis, le 3 mars 1927, à l'Assemblée nationale, *Clarté,* à l'image du PCF, s'élève contre une telle proposition. Cette loi, présentée par le socialiste Paul Boncour, prévoit, tout en réduisant le service militaire de 18 à 12 mois, le renforcement de l'armée coloniale, de l'armée de carrière et de la gendarmerie, la réquisition des syndicats en cas de guerre. Elle garantit aux entreprises travaillant pour la défense nationale des versements d'indemnités. Enfin, elle oblige l'ensemble des intellectuels à se mettre au service de la nation. Au cours des débats parlementaires, le PCF et ses

---

[1] Marcel Fourrier, « Prolétariats occidentaux et peuples orientaux », *Clarté,* n° 1, 1926.

députés comme Jean Renaud, Jacques Duclos, Marcel Cachin, André Marty dénoncent avec violence le caractère réactionnaire de ce projet. Malgré leurs interventions, la loi est adoptée à la Chambre des députés par 500 voix contre 31.

Clarté, à l'exemple du PCF, proteste avec véhémence contre de telles dispositions qui, selon elle, visent à un renforcement général de l'appareil militaire impérialiste. Pierre Naville[1] s'en prend à la social-démocratie qui se fait le complice de la classe bourgeoise, une fois de plus. Le social-patriotisme s'impose à nouveau. La SFIO et la CGT, selon lui, « préparent délibérément les mitrailleuses et les cartouches de la prochaine Union sacrée[2] ». Pour Pierre Naville, il est urgent, face à cette montée de l'impérialisme, face à ces préparatifs de guerre, de défendre une position fondamentalement marxiste. Il rappelle que, pour tout militant communiste, l'idée de défense nationale n'existe pas et que le devoir de tout révolutionnaire est de transformer la guerre impérialiste en guerre civile.

Marcel Fourrier[3], de son côté, oppose à l'organisation bourgeoise des forces armées le sens révolutionnaire de l'Armée rouge, « symbole de la lutte des classes », « signe définitif du triomphe de la classe ouvrière ».

De la même manière, Victor Serge démontre qu'il est urgent que le prolétariat s'organise afin de mieux résister aux menaces de guerre de l'appareil impérialiste. Insistant sur l'importance de la stratégie prolétarienne de lutte contre la guerre, il[4] demande aux diverses formations ouvrières et syndicales d'intensifier leur propagande contre la guerre au sein de l'opinion, d'étudier attentivement les préparatifs de guerre de la bourgeoisie, ses différents plans de mobilisation, de mettre sur pied des organisations centralisées, clandestines, souterraines, disposant d'un armement notable afin de réagir avec efficacité et promptitude contre toute tentative de guerre lancée par la classe bourgeoise capitaliste.

Clarté n'arrête pas là son travail de critique. Un point particulier de la loi touchant la mobilisation des intellectuels en cas de guerre l'incite à se montrer plus intransigeante encore sur le plan idéologique. Sollicitée par la revue *Europe* qui lance une enquête auprès des artistes et écrivains français pour connaître leurs sentiments vis-à-vis de cette disposition juridique

---

[1] Pierre Naville, « L'impérialisme français renforce son armée », *Clarté,* n° 7, 15 mars 1927.
[2] *Ibid.*
[3] Marcel Fourrier, « De la Garde nationale (1848) à l'Armée rouge (1918) », *Clarté,* n° 7, 15 mars 1927.
[4] Victor Serge, « Les nouveaux aspects du problème de la guerre », *Clarté,* n° 3, 1926-1927.

singulière¹, *Clarté* défend un point de vue doctrinaire rigoureux. C'est Marcel Fourrier, en qualité de codirecteur de la revue qui est invité à se prononcer. Sa réponse rédigée au nom de toute la rédaction est publiée dans le n° 9 de *Clarté*.²

Clarté, par l'intermédiaire de Marcel Fourrier, tient à expliquer qu'elle se désolidarise de la campagne de protestations organisée par les intellectuels de gauche. Il n'est plus question pour elle de se satisfaire d'un révolutionnarisme sentimental où se mêlent dans une belle platitude, humanisme, pacifisme, internationalisme. Il s'agit de repousser cette confusion réformiste si longtemps entretenue dans les colonnes de *Clarté* au cours des années 1919-1925. Condamner la guerre et le militarisme français, c'est pour *Clarté,* affirmer les principes fondamentaux de l'idéologie marxiste, c'est-à-dire travailler à la destruction de la civilisation capitaliste, viser à la transformation de la guerre impérialiste en guerre civile pour assurer la victoire du prolétariat. Pour *Clarté* et pour tout communiste, le principe de défense nationale n'existe pas ; l'essentiel est d'entreprendre la décomposition de l'armée et de l'Etat bourgeois. Pour la première fois, *Clarté* soutient une définition stricte de l'antimilitarisme révolutionnaire qu'elle restitue dans la stratégie de la révolution prolétarienne. Elle aborde, d'un point de vue essentiellement marxiste la question de la guerre, de l'engagement de l'intellectuel. Elle met ainsi un point final aux discussions et réflexions d'ordre humanitaire et intellectuel qui fleurissaient auparavant dans ses colonnes. Sa réponse est suffisamment riche sur le plan idéologique pour qu'on la reproduise dans son entier :

Lettre du 25 mars 1927.

« Messieurs,

Vous me faites l'honneur de me demander de m'associer à une déclaration protestant contre deux paragraphes de l'article IV de la loi sur l'organisation générale de la nation en temps de guerre, lesquels, dites-vous constituent « l'atteinte la plus grave qui ait jamais été portée à la liberté de conscience. »

« Nous devons en conséquence, ajouterez-vous, nous lever de toutes nos forces contre cette inadmissible et irréalisable ingérence de la loi dans un domaine qui lui échappe. »

---

[1] Deux communistes sont invités, dans cette enquête, à présenter leurs conclusions : Marcel Fourrier pour *Clarté,* Maurice Parijanine pour *l'Humanité*. L'ensemble des réponses recueillies par la revue *Europe* est publié dans ses numéros du 15 mars et du 15 avril 1927.

[2] Marcel Fourrier, « Les intellectuels français et la loi Paul Boncour », *Clarté,* n° 9, 15 mai 1927. Dans cet article, *Clarté* reproduit à dessein la réponse du socialiste Pressemane favorable à l'application d'une telle loi. La confusion et la faiblesse de ses propos sont édifiantes.

J'approuve, Messieurs, votre initiative, mais je ne puis cependant m'y associer sans préciser ma position. Membre du parti communiste, écrivain communiste, je ne combats pas, mon parti ne combat pas deux paragraphes seulement d'une loi entièrement dirigée contre la classe ouvrière, d'une loi, qui, dans son intégralité constitue bien une loi de défense de classe, une véritable loi de guerre civile – mais la loi tout entière.

Vous vous effrayez, Messieurs, de deux paragraphes qui mettent tout simplement votre pensée, vos forces intellectuelles, vos moyens d'expression à la disposition des pouvoirs publics et de la police militaire. En cas de guerre, Messieurs, la défense nationale (nous disons nous : la défense capitaliste) se servira de vos noms avec ou sans votre permission. La protestation d'un Romain Rolland en 1914 ne sera même pas admise. Vous serez les signataires obligatoires de tous les manifestes hystériques au nom de la patrie et vous l'aurez bien mérité. Votre objection de conscience retarde singulièrement sur les événements historiques contemporains. Vous entendez rester maîtres du contrôle de votre pensée, dans tous les cas. Vous êtes, Messieurs, bien sûrs de vous. En 1914, Anatole France, l'incurable et méprisable sceptique courut s'engager et, d'enthousiasme mobilisa sa pensée au service de la défense nationale. Pourriez-vous me dire, Messieurs, en cas de guerre, quel sera le dilemme en vertu duquel vous accorderiez ou refuseriez le secours de votre pensée à la France. Défense contre Agression…Droit contre Force… Justice contre Iniquité… Civilisation contre Barbarie… Dans un autre cas, Messieurs, lorsque les avions français bombardaient les villages rifains, semaient des bombes sur les marchés suivant les recommandations des généraux français et tuaient par centaines, des femmes et des enfants, la plupart d'entre-vous ont mis en avant le grand mot de civilisation pour trouver au crime une pénible excuse ; alors que le crime ne s'excuse pas : il doit se justifier et quand donc l'impérialisme osera-t-il justifier les siens ? Déjà perce chez vous l'idée d'une défense possible de la civilisation européenne (qui n'est que la fin de la civilisation bourgeoise) contre la barbarie (l'Orient qui représente la révolte logique des peuples opprimés contre cette fameuse civilisation européenne bourgeoise) qui procède derrière ses hommes de lettres, ses intellectuels à tout faire, à l'assassinat et au vol collectifs.

Je ne reconnais, Messieurs, qu'un seul principe de défense, de droit, de justice, de civilisation : celui de classe. Je trouve logique que la bourgeoisie menacée par le prolétariat, classe révolutionnaire, classe ascendante, cherche par tous les moyens, d'une part, à augmenter ses profits capitalistes, et, d'autre part à défendre ses privilèges. Mais les progrès de la conscience de classe des prolétariens, la notion plus certaine qu'ils ont acquise de leur tâche historique, de leur tâche révolutionnaire, la présence enfin dans le monde d'un Etat à forme socialiste et de son armée rouge, l'existence d'une Internationale communiste organisée, puissante par ses partis nationaux, tout cela fait qu'il n'est plus possible au capitalisme d'envisager une guerre de rapines qui ne soit pas aussi une guerre de classe. Pour obliger son prolétariat à faire la guerre, ses ouvriers à fabriquer armes et munitions, ses paysans à s'en servir, sa petite bourgeoisie à former les cadres et à surveiller les uns et les autres, le capitalisme, Messieurs, a besoin de vous, intellectuels bourgeois par votre classe – pour raconter des histoires à tous les figurants, pour confectionner un « moral » unique à tout le pays.

D'ailleurs, pour éviter à certains les scrupules moraux qui pourraient peut-être tardivement les asaillir, l'Etat capitaliste les réquisitionnera, tout simplement ses intellectuels, comme il réquisitionne du bétail. Et votre ami, monsieur Paul Boncour, socialiste SFIO ? Rapporteur de cette même loi militaire, vous adjure (dans *l'Oeuvre* du 25 mars) de bien comprendre qu'il n'y a aucune humiliation pour des écrivains (comme vous) de présumer que leur cœur battrait comme il a battu au rythme de leur pays crucifié.

Messieurs, il n'est un secret pour personne que les communistes nient la Défense nationale en régime capitaliste, et qu'ils ont pour objectif, dans toute guerre, de transformer par tous les moyens, la guerre impérialiste en guerre civile, afin d'arracher le pouvoir des mains de la bourgeoisie. Nous croyons que ce n'est que par la mort du régime capitaliste et de la civilisation capitaliste que prendront fin les guerres impérialistes qui ne sont ni offensives, ni défensives, mais tout simplement qui sont des guerres de rapines, de destruction et de conquête de matières premières ou de débouchés.

Ce n'est donc pas une simple objection de conscience qui nous fait nous dresser, nous Communistes, contre une loi qui modernise le dispositif de la mobilisation future du pays, mais une raison profonde de classe.

Notre conscience nous commande à nous, en cas de guerre, d'être des défaitistes au sein même de la guerre et des insurgés, dès que nous en aurons acquis la force. (C'est ainsi que nous entendons contribuer au moral du pays, moral que nous nous efforcerons par tous les moyens, de rendre révolutionnaire).

Vous serez alors avec nous ou contre nous.

Je vous prie, Messieurs, de publier cette lettre, malgré sa longueur. Sollicité par vous, j'avais l'élémentaire devoir de préciser une idée que je m'efforce de rendre la moins individuelle.

D'autre part, veuillez considérer ma réponse comme la réponse collective de mes camarades de *Clarté*. »

Signé : Marcel Fourrier.

Faisant allusion à nouveau à la loi Paul Boncour, dans son éditorial[1] du n° 11, *Clarté* tient à montrer que le processus de militarisation de l'Indochine, de l'Afrique, du Maroc s'accélère dangereusement et que les

---

[1] Editorial, « La lutte contre l'impérialisme français par l'antimilitarisme », *Clarté*, n° 11, 15 juillet 1927.

menaces de guerres coloniales sont imminentes. Elle s'en prend alors à la duplicité du parti socialiste qui, en votant le projet de loi Paul Boncour et les crédits militaires, a renoncé une fois de plus à se mettre au service de la classe ouvrière. Elle appelle l'opinion à s'organiser face à la montée de l'impérialisme français par un antimilitarisme de type prolétarien. Il s'agit concrètement de développer, au sein des colonies et dans la métropole, des formes de résistance communiste définies par le parti :

- Refuser les périodes. Mener une activité de propagande chez les réservistes.

- Eduquer les jeunes avant le service militaire.

- Dénoncer les entreprises coloniales.

- Créer dans les colonies des centres d'agitation, ces différents mouvements de contestation devant se faire en étroite collaboration avec les sections locales du PCF.

Cette campagne anticolonialiste et antimilitariste menée par le PCF et dont *Clarté* se fait l'écho aboutit, au cours de l'année 1927, à une épreuve de force entre le gouvernement et le parti. Les responsables politiques lancent, à partir du mois d'avril 1927, une vaste offensive contre les communistes. Poincaré, président du Conseil, déclare, à Bar-le-Duc, qu'il n'admettra pas qu'on détruise l'empire colonial français. Albert Sarraut, ministre de l'Intérieur, dénonce, à Constantine, la propagande anticolonialiste et antimilitariste des communistes et termine son discours par ce cri retentissant :

« Le communisme, voilà l'ennemi. »

La répression s'organise. Les poursuites et les condamnations des militants communistes se multiplient. Le gouvernement, à la rentrée de la Chambre le 10 mai 1927, présente sept demandes de poursuite à l'égard des parlementaires communistes dont Paul Vaillant Couturier, Jacques Duclos, Clamamus, Doriot pour leurs articles dans la presse. Pierre Semard, secrétaire du PCF, est condamné, le 10 mai, à huit mois de prison pour provocation de militaires à la désobéissance, Jacques Doriot à treize mois.[1] Le 4 juillet, Marcel Cachin, L. Beras, Bonnefous, Chassaigne et G. Vital sont frappés de diverses peines d'emprisonnement. Se constituant prisonniers, ils sont incarcérés à la Santé. Sur un vote de la Chambre, Marcel Cachin est libéré le jour même.

Clarté, pour sa part, demande à ses lecteurs de réagir contre cette campagne de répression qui s'installe et réaffirme sa détermination à poursuivre son action anti-impérialiste. Elle rappelle les différentes formes d'action politique à mener :

---

[1] Sur l'intervention des socialistes, Raymond Poincaré consent à surseoir à son arrestation pour qu'il puisse se pourvoir en cassation.

- Soutenir tout mouvement national des peuples opprimés dirigé contre l'impérialisme.
- Assurer l'alliance entre les classes ouvrières de la métropole avec les forces anti-impérialistes des colonies.
- Affirmer la solidarité de lutte entre les peuples des colonies et les travailleurs des pays oppresseurs.

Elle s'attache à mieux situer ce combat communiste dans l'évolution générale du système capitaliste. Les mouvements insurrectionnels des colonies, écrit-elle, marque bien « l'époque de décomposition du capitalisme et des guerres interimpérialistes ». Reprenant les conclusions de Lénine, elle considère que la phase historique de l'impérialisme est atteinte, signe de dégénérescence de l'économie capitaliste, annonciateur du début de l'ère de la révolution prolétarienne.

Dans son éditorial[1] du n° 13, *Clarté* intervient à nouveau pour protester contre l'intensification de la lutte menée contre les communistes et trace un tableau saisissant de la répression qui s'abat sur les différents responsables communistes.

Ainsi, *Clarté,* par ses diverses interventions, réussit, sur le plan idéologique, à soutenir une attitude anti-impérialiste rigoureuse et ambitieuse à la fois. Les principes fondamentaux de la lutte de classe sont clairement affirmés. Elle défend avec force et détermination l'idéologie prolétarienne. Elle dissipe ainsi toute équivoque doctrinale. Il n'est plus question pour elle de faire référence à l'ancienne *Clarté* et à son révolutionnarisme abstrait et sentimental. La rupture avec le verbiage réformiste et internationaliste est largement consommée. Elle apparaît, à ce stade, comme un outil efficace de propagande communiste. Cependant, gagnée par l'ardeur combattante du parti, elle ne cherche pas suffisamment à réfléchir aux nécessités tactiques de la lutte communiste dans l'organisation des mouvements insurrectionnels des colonies en relation directe avec l'Internationale communiste.

La grève des mineurs anglais

La grève des mineurs anglais retient toute l'attention de *Clarté*. Elle constitue un événement d'importance sur le plan révolutionnaire. Avant même d'approcher les diverses analyses de *Clarté* sur cette question, il est important de rappeler dans quelles conditions ce conflit social a éclaté et de préciser la stratégie mise en place par les militants des trade-unions et la politique défendue par les représentants soviétiques pour organiser la classe ouvrière anglaise et tenter de l'amener à triompher de la résistance patronale et gouvernementale.

---

[1] Editorial, « La campagne et la lutte contre le communisme en France », *Clarté,* n° 13, 15 septembre 1927.

Devant les difficultés persistantes de l'industrie houillère, le gouvernement conservateur anglais adopte une politique de rigueur qui sanctionne durement le monde du travail. Il prend la décision de diminuer les salaires et d'augmenter les heures de travail. Les subventions qui avaient été accordées depuis 1921 sont supprimées. Face à ces mesures de rétorsion, les trade-unions déclenchent, le 1er mai, la grève dans les mines et l'étendent très vite, le 4 mai, à l'ensemble des travailleurs. Ce sont 4 millions de grévistes, cheminots, dockers, marins, ouvriers des mines, des usines et des services publics qui sont mobilisés contre le patronat et le gouvernement. Dans cette lutte ouverte contre le pouvoir, les responsables anglais peuvent compter sur l'appui des syndicalistes russes et son président Tomsky. Un comité anglo-russe se constitue, chargé de mener à bien le combat de la classe ouvrière anglaise.[1]

Le chef du gouvernement britannique Baldwin riposte aussitôt en déclarant la grève illégale sous prétexte qu'elle n'a pas été décidée par référendum. Forces de l'ordre et briseurs de grève volontaires s'attaquent au mouvement ouvrier. Le gouvernement profite de cette atmosphère d'insurrection pour brandir l'épouvantail bolchevique. Les chefs des trade-unions, inquiets de la vigueur de la répression policière, décident, avec les délégués russes, de reporter au 12 mai l'ordre de grève générale. Les mineurs, isolés, continuent leur action pendant six mois, paralysant partiellement les autres activités du pays. En fin de compte, ils doivent s'incliner en novembre 1926. Leurs salaires sont diminués, leurs journées de travail passent de 7 heures à 8 heures dans les puits, le droit de grève est sérieusement limité. Le système d'assurance sociale est cependant maintenu. Baldwin sort vainqueur de l'épreuve et sur sa lancée décide de rompre les relations diplomatiques avec la Russie.

Dans ce conflit social aigu, la ligne politique adoptée par les représentants du comité anglo-russe et par les dirigeants du parti communiste russe relève d'une étrange diplomatie. Moscou cherche secrètement à amener les chefs des trade-unions et du labour-party à se rapprocher de l'Internationale communiste. Pour ce faire, le comité central du parti communiste russe substitue au faible parti communiste anglais un courant politique qui doit s'appuyer directement sur les forces de gauche

---

[1] La création du comité anglo-russe résulte des échanges fructueux entre la Grande-Bretagne et la Russie et ses représentants ouvriers. En novembre 1924, une délégation de dirigeants des syndicats britanniques, conduite par Purcell, rend visite à l'Union soviétique. A son tour, une délégation des syndicats soviétiques conduite par Tomsky est reçue au congrès de Hull des trade-unions en mai 1925. Le 14 mai, les deux organisations constituent un comité syndical anglo-russe sur une base paritaire. Le comité a pour objectif déclaré la lutte pour l'unité syndicale internationale contre la réaction et le danger de guerre.

traditionnelles du labour-party et de ses responsables. Il s'applique à ne pas exaspérer ou mécontenter leurs alliés anglais. Dans ces conditions, le PC anglais perd toute initiative dans la conduite du mouvement ouvrier au profit des trade-unions et paraît ne plus rien représenter aux yeux du prolétariat. Le mouvement ouvrier se trouve alors entièrement placé entre les mains des dirigeants des trade-unions. Le calcul opportuniste de Moscou pèse alors lourdement sur l'avenir de la grève des travailleurs anglais. L'opposition unifiée avec Léon Trotsky intervient au sein du bureau politique pour dénoncer une telle orientation. Léon Trotsky multiplie ses critiques, démontrant que le comité central avec Staline, Boukharine, Zinoviev fait le jeu du réformisme et menace directement la réussite de la grève de mai 1926. Il déplore tout autant que le parti communiste anglais perde ainsi son indépendance et apparaisse désormais comme un élément passif et inefficace de la lutte ouvrière. L'ajournement de la grève générale de soutien aux mineurs, décidé par les chefs des trade-unions, confirme la justesse de ces accusations. Léon Trotsky, aussitôt, réclame la dissolution du comité anglo-russe et la rupture totale avec les chefs des trade-unions et du labour-party.

Pour leur part, les dirigeants soviétiques persistent à accorder leur confiance aux responsables de la gauche anglaise. Tomsky, président du comité anglo-russe, avec l'assentiment du parti communiste, a même approuvé la décision de mettre fin à la grève générale. Staline continue à penser à utiliser le comité anglo-russe à des fins politiques. Malgré la lutte désespérée des mineurs anglais, la stratégie politique révolutionnaire mise sur pied par le parti communiste russe conduit à un échec. Le mouvement ouvrier anglais avec le comité anglo-russe qui avait déclenché la grève, n'a pas réussi à ébranler l'appareil industriel bourgeois mais l'a au contraire renforcé et a compromis pour longtemps le communisme en Angleterre.

Abordant la question anglaise, *Clarté,* avec Pierre Naville, présente les différentes argumentations soutenues au sein du comité central du PCF mais ne parvient pas à se dégager d'une attitude classique de soutien à la ligne officielle du parti.

Clarté tout d'abord, en se référant au numéro de juin-juillet 1926 de *La Correspondance internationale* dresse un tableau général de l'action des travailleurs anglais et caractérise le sens de la démarche politique des représentants syndicaux et ouvriers.[1] S'inspirant des conclusions de Manouilsky, membre du comité central et de l'exécutif de l'Internationale communiste, *Clarté,* avec Pierre Naville, souligne en premier lieu que la crise anglaise a éclaté dans une situation économique marquée par le marasme, l'endettement et le chômage. Reprenant les explications de Zinoviev, *Clarté* note que ce sont les chefs des trade-unions et du labour-party qui, en multipliant les compromis avec l'Etat bourgeois, ont réduit à

---

[1] Pierre Naville, « La grève des mineurs anglais », *Clarté,* n° 3, 1926-1927.

néant toute tentative d'action unitaire au sein de la classe ouvrière, faisant échouer par-là même le mot d'ordre de grève générale du 12 mai. S'appuyant sur la démonstration de Léon Trotsky, *Clarté* rappelle que la radicalisation des trade-unions est gravement négligée et que la tactique minoritaire se trouve de ce fait absorbée par un centrisme paralysant. Enfin, évoquant les critiques formulées par Andreïev, membre du bureau politique du PCR, *Clarté* démontre qu'une lutte acharnée contre le réformisme s'avère indispensable et qu'en ralliant l'aile gauche du labour-party, le parti communiste anglais pourra assurer la victoire prochaine du prolétariat anglais.

Considérant alors avec beaucoup plus d'attention la politique suivie par l'Internationale communiste, *Clarté* avec Pierre Naville[1] ne parvient pourtant pas à discerner l'équivoque idéologique entretenue par le PCR dans la conduite du mouvement ouvrier anglais. Faisant allusion aux déclarations de Léon Trotsky qui, au cours de la XVe conférence du PCR, en 1926, réclame que le parti communiste anglais rompe définitivement avec les dirigeants réformistes des trade-unions et exige la dissolution immédiate du comité anglo-russe qui par sa complaisance à l'égard des leaders du labour-party déforme le sens même du combat révolutionnaire des mineurs, *Clarté* juge ses propositions tout à fait imprudentes et dangereuses car elles ne visent, selon elle, qu'à désorganiser gravement la lutte ouvrière et à provoquer la disparition rapide du parti communiste, déjà si peu influent dans les rangs des travailleurs. Elle leur oppose les thèses de Staline qui mettent l'accent sur l'absolue nécessité de collaborer avec l'ensemble des forces trade-unionistes afin de ne pas se couper des masses, garanties évidentes, selon *Clarté*, d'un succès logique et fondé du prolétariat sur la bourgeoisie.

Evoquant dans un dernier bref article l'action courageuse des mineurs, *Clarté* avec Pierre Naville[2] reprend une fois de plus l'essentiel de l'argumentation officielle de l'IC. Elle tient à rendre hommage à l'action déterminante des représentants ouvriers qui ont su, selon elle, réaliser une « grande unité d'action » au sein des organisations syndicales, apporter un « soutien effectif » aux grévistes et établir « un lien très puissant » au sein des masses exploitées. Elle conclut avec la même ferveur communiste que les crises successives du capitalisme anglais sont « autant d'occasions pour le prolétariat de rattraper le temps perdu et de trouver le moment décisif de sa victoire ».

Ainsi *Clarté*, dans son étude du problème anglais, ne parvient pas à se défaire d'une position classique de soutien à la ligne officielle du PCR et de l'IC. Pourtant, en faisant référence à plusieurs reprises aux travaux de Léon Trotsky et à son intervention à la XVe conférence du PCR, elle se donnait les

---

[1] Pierre Naville, « Un pas vers la libération anglaise », *Clarté*, n° 4, 1926-1927.
[2] Pierre Naville, « La loi contre les trade-unions », *Clarté*, n° 9, 15 mai 1927.

moyens d'approcher plus critiquement la question anglaise. En fait, elle ne réussit pas à discerner les insuffisances de la stratégie révolutionnaire du parti et de l'IC, sa politique opportuniste vis-à-vis des trade-unions et du labour-party, les erreurs du comité anglo-russe dans la conduite de la grève. Son inexpérience politique, sa réflexion idéologique trop théorique à l'époque ne lui permettent pas de s'engager dans un tel débat d'idées.

Rationalisation et crise du capitalisme international

Soucieuse de poursuivre son travail d'éclaircissement et d'éducation au sein de la classe ouvrière, *Clarté* dresse un diagnostic précis de l'évolution du capitalisme international et des terribles menaces qu'il fait peser sur l'ensemble des travailleurs. Pour assurer un tel travail analytique, *Clarté* se contente, une fois encore, de reprendre l'argumentation classique des représentants officiels de l'IC et du PCF sur ce thème. C'est en effet à partir de l'automne 1926 et du printemps 1927 que les responsables de l'IC inaugurent une vaste campagne de sensibilisation sur les dangers de la rationalisation mise sur pied par les milieux industriels bourgeois. Aux yeux des dirigeants communistes, les Etats européens livrent une bataille sans merci pour tenter de sortir du marasme économique dans lequel ils sont plongés. Ils s'efforcent de redresser leur économie par une intense rationalisation, c'est-à-dire par un renforcement de l'exploitation des travailleurs en réduisant les salaires, en diminuant la main-d'œuvre, en augmentant le nombre d'heures de travail.

A l'exemple de l'IC, le PCF et la rédaction de *l'Humanité* se mobilisent pour dénoncer une telle orientation économique si préjudiciable. Pierre Semard, secrétaire général du parti, écrit dans *l'Humanité* du 11 janvier 1927 que la rationalisation « n'est pas un simple problème de technique individuelle mais l'application d'un plan d'ensemble de la bourgeoisie, destiné à résoudre les difficultés des monopoles aux dépens du prolétariat et des peuples coloniaux ». Marcel Cachin, à la Chambre des députés, intervient tout aussi vigoureusement pour protester contre le plan patronal de la rationalisation. Parallèlement à la dénonciation de la rationalisation capitaliste, les responsables soviétiques de l'IC, considérant les tentatives répétées des forces capitalistes pour redresser leur appareil de production, en arrivent à affirmer, d'une manière péremptoire, que le capitalisme international, incapable de sortir de ses propres contradictions, est condamné à disparaître définitivement. Au cours du VIIIe plénum du PCR, les membres du bureau politique professent en effet la théorie de la crise permanente et finale du capitalisme. Le système économique bourgeois ne doit plus connaître d'essor industriel, frappé qu'il est de décadence. A l'aggravation de ces méthodes d'exploitation doit répondre fatalement la radicalisation des masses. Une vague de grèves doit inévitablement se déverser sur le vieux et le nouveau continent, entremêlées de luttes révolutionnaires. Molotov n'hésite pas à lancer :

« Seul un opportuniste bouché ou un pauvre petit libéral ne verrait pas que nous voici entrés des deux pieds, en plein dans l'ère des événements révolutionnaires. » L'IC appelle alors d'une manière exaltée le prolétariat à des manifestations qui doivent porter un coup fatal et ultime à la civilisation bourgeoise. Le PCF, convaincu de la justesse de l'argumentation de l'IC, multiplie les interventions, croyant passionnément à l'approche imminente de la crise alors que la stabilisation économique en France est réelle. Il n'invite plus les travailleurs qu'à des luttes politiques, à des journées grandioses préparatoires à l'insurrection dont Moscou détient la clé et dont les masses en réalité demeurent absentes. Du coup se succèdent des aventures présentées comme des « assauts révolutionnaires prolétariens ». En vérité, les grèves ou manifestations en question sont menées par une poignée de militants. Elles isolent gravement l'avant-garde communiste et permettent aisément à la bourgeoisie d'en décimer les rangs.

Clarté, à l'image du parti et de la presse communistes, ignorant la réalité économique et sociale du moment, développe avec application les idées maîtresses de la démarche communiste.

Dans son éditorial[1] du n° 4, elle démontre que la rationalisation capitaliste touche l'ensemble des puissances industrielles occidentales. Elle explique qu'en Grande-Bretagne cette politique se heurte à la résistance des mineurs anglais, qu'en Allemagne, la restructuration de l'industrie lourde entraîne une masse de licenciements et qu'en France, la politique déflationniste de Poincaré organise le chômage. Elle tient aussi à souligner que la rationalisation est l'expression même de l'état de décomposition du capitalisme européen et que le système français en particulier « menacé par ses divisions, vieilli, décadent » entre dans une phase historique de crise économique grave.

Dans son éditorial[2] du n° 6, *Clarté* redouble d'ardeur militante. Elle n'hésite pas à affirmer que le capitalisme européen est incapable de sortir de ses propres contradictions et que le processus de son déclin est engagé. La révolution prolétarienne est alors proche. Elle va même jusqu'à lancer avec autorité une sorte de postulat politico-révolutionnaire singulier :

« Ainsi chaque étape de l'évolution impérialiste du monde marque une étape de déclin de l'impérialisme. Et chaque étape du déclin de l'impérialisme se traduit par une nouvelle activité révolutionnaire des masses. »

---

[1] Editorial, « Premiers symptômes », *Clarté,* n° 4, 1926-1927.
[2] Editorial, « Préparatifs de guerre », *Clarté,* n° 6, 1926-1927.

Poursuivant avec la même vigueur sa démonstration, elle considère que la rationalisation conduit inévitablement à un renouveau de la lutte de classes qui ne peut aboutir qu'à la prise de pouvoir par le prolétariat.

Elle tient à montrer que le cas de la Grande-Bretagne est à ce titre tout à fait significatif. C'est à ses yeux l'exemple type de la dégénérescence du système capitaliste occidental. Privée de ses monopoles, de ses Dominions, perdant son hégémonie sur les pays opprimés d'Orient, routinière dans son économie, la Grande-Bretagne est frappée de déclin. Cherchant à regagner sur les classes ouvrières les bénéfices qu'elle ne réalise plus sur les marchés extérieurs, elle bute sur l'opposition déterminée de ses mineurs. La renaissance de l'esprit prolétarien est incontestable. Le prolétariat anglais se trouve en effet, pour *Clarté,* placé « aux avant-postes de la lutte révolutionnaire en Europe ». Elle achève son explication en insistant sur les tentatives désespérées de la Grande-Bretagne et des autres Etats capitalistes pour reconquérir leurs anciennes positions en Europe et dans le monde. Ce sursaut des différents impérialismes est lourd de conséquences pour la paix internationale. Il traduit, selon *Clarté,* une volonté évidente d'étouffement, de la part des forces capitalistes, de la Russie, patrie du socialisme.

Approchant plus particulièrement la situation économique de la France, *Clarté* voit dans la politique de Poincaré un exemple caractéristique de rationalisation dangereuse et inadmissible. La démarche soutenue par le gouvernement d'Union nationale se traduit, à partir de 1926, par une tentative de rapprochement avec l'Etat allemand. En effet, en septembre 1926, Briand et Stressman signent les accords de Thoiry qui encouragent les ententes entre les milieux industriels français et allemands. En octobre de la même année, les principaux trusts sidérurgiques des deux pays, auxquels s'associent ceux de la Belgique, du Luxembourg et de la Sarre, forment le cartel européen de l'acier qui fixe les quotas de production et réglemente les prix. En 1927, à la conférence de Genève, la création d'une entente douanière européenne est envisagée. Trois comités nationaux sont constitués à Paris, Berlin et Budapest. Pour *Clarté,* il est certain que la politique de Thoiry vise avant tout à sauvegarder les bases économiques du capitalisme européen et à généraliser la rationalisation.[1]

Selon *Clarté,* il est évident que l'économie européenne, menacée directement par la crise prochaine, n'a aucune chance réelle de s'en sortir. Les antagonismes intercapitalistes s'exaspèrent et menacent l'horizon international.[2] Ces diverses manœuvres impérialistes dont la France est

---

[1] Marcel Fourrier, « Le rapprochement franco-allemand et le problème de la reconstruction capitaliste de l'Europe », *Clarté,* n° 8, 15 avril 1927.
[2] Marcel Fourrier, « L'impuissance capitaliste à la conférence de Genève », *Clarté,* n° 9, 15 mai 1927.

l'initiatrice ne peuvent être considérées par la classe ouvrière, note *Clarté* en guise de conclusion, que « comme une trêve provisoire entre deux guerres ».

Poursuivant sa démonstration, *Clarté* redouble de zèle communiste. Elle ne peut admettre que certains observateurs puissent affirmer que le capitalisme occidental a réussi à se stabiliser et que l'industrie et le commerce, dans de nombreux pays, ont repris un rythme de croissance normal. De la même manière, elle ne peut supporter de voir certains dirigeants de gauche prendre la « démocratie réformiste américaine » comme un modèle de progrès social et se féliciter de constater que les méthodes américaines de rationalisation ont contribué efficacement à relancer l'appareil de production européen. Il est urgent, pour *Clarté,* de dénoncer de telles allégations et d'alerter l'ensemble des travailleurs sur le caractère factice et illusoire d'une telle reconstruction capitaliste en Europe.

Avec Lucien Revo[1], *Clarté* se charge de montrer qu'en réalité la situation économique occidentale est d'une exceptionnelle gravité. Frappée de plein fouet par une crise « d'une virulence sans précédent[2] », l'Europe cherche à reconquérir sa place dans le marché mondial mais elle se heurte à l'énorme appareil productif américain. Son infériorité technique et commerciale par rapport aux Etats-Unis est presque insurmontable. La rationalisation qu'elle entreprend, qui vise à réduire son coût de production, frappe directement la classe ouvrière. Elle tente de retrouver sa capacité de concurrence sur le plan international mais une telle tâche s'avère « désespérément difficile ». Le nombre des concurrents s'accroît de plus en

---

[1] Otto Maschl (1898-1973), dit Lucien Laurat (pseudonymes : Lucien Revo, Primus, Jimel), né à Vienne, adhère en 1915 à « L'Association des étudiants socialistes ». Propagandiste du parti communiste autrichien, il participe à la tentative d'insurrection de juin 1919. Remarqué pour ses talents de journaliste, il devient, sur intervention de Boris Souvarine, correspondant de *l'Humanité* à Berlin, de 1921 à 1923 puis homme de liaison entre le PCF et le PCA. Economiste reconnu, il est nommé, par Boukharine, professeur d'économie politique à l'Université des peuples d'Orient de Moscou. Evoluant vers le luxemburgisme, il quitte l'URSS en 1927, après la défaite de l'opposition, pour rejoindre Boris Souvarine à Paris et Pierre Naville. Participant aux travaux du « Cercle Marx-Lénine » de Boris Souvarine, il rompt avec le mouvement trotskiste animé par Pierre Naville, à l'automne 1929. Disciple de Boris Souvarine, il collabore régulièrement à *La Critique sociale* fondée en 1931 et au « Cercle communiste démocratique » qui succède au « Cercle Marx-Lénine ». Désormais hostile aux thèses communistes, il rejoindra la SFIO, faisant connaître ses options planistes, inspirées d'Henri de Man. Après la Libération, fervent partisan de Guy Mollet puis collaborateur assidu du « BEIPI », d'« Est-Ouest », du « Contrat social », il deviendra un soutien indéfectible de Boris Souvarine et défendra, à l'exemple de son ami, un anticommunisme obstiné.
[2] Lucien Revo, « Les problèmes de la stabilisation capitaliste », *Clarté,* n° 10, 15 juin 1927.

plus tandis que le degré d'absorption du marché mondial se réduit d'autant. En réalité, le capitalisme européen est « sur la ligne descendante » et entre dans une crise de vieillissement irréversible. Le seul répit qui s'offre à lui serait l'ouverture du marché chinois. Pour Lucien Revo, la bataille est perdue d'avance. Les crises qui ne suivent plus le mouvement cyclique, le chômage perpétuel, l'impossibilité d'élargir le marché autrement qu'aux dépens d'autres pays, l'offensive incessante du patronat contre la classe ouvrière, l'intensification inouïe du travail aggravent tous les antagonismes, écrit Lucien Revo, que la production capitaliste porte, dès son origine, dans ses flancs. La lutte sociale, dans ces conditions, « atteint une acuité inconnue dans le capitalisme stable d'avant 1914 ». La décomposition du capitalisme, pour Lucien Revo, est fatale. Il conclut amèrement :

« Cette « stabilisation » accumule des matières explosives aux quatre coins du monde. N'oublions pas que la guerre de 1914 est venue comme un coup de foudre dans une situation beaucoup plus « stable » que celle d'aujourd'hui. »

Lucien Revo, avec la même conviction, explique, dans le n° 14 de *Clarté*[1] que la rationalisation de type américain qui force l'admiration des sociaux-démocrates et même des travailleurs n'est qu'un leurre. Karl Marx, note Lucien Revo, a su admirablement dénoncer dans « Le Capital » tous les effets néfastes des structures capitalistes sur la classe ouvrière. Il est donc vain de se faire quelque illusion sur cette nouvelle forme d'organisation du travail et de la production. Les responsables du syndicat américain AFL, rappelle Lucien Revo, condamnent eux-mêmes ce système qui conduit à une augmentation de la production profitant largement au milieu capitaliste sans pour autant enclencher une augmentation proportionnelle des salaires. En réalité, la rationalisation, pour Lucien Revo, « aggrave la crise car elle augmente la productivité sans ouvrir de nouveaux débouchés ». Elle entraîne, par une concentration renforcée des entreprises, « une part considérable du prolétariat au chômage à perpétuité, à la paupérisation certaine, inévitable, fatale ». Réussit-elle, par une amélioration du pouvoir d'achat des travailleurs, à relancer le marché ? Pour Lucien Revo, il n'en est rien car « ce n'est pas la consommation intérieure qui crée au capitalisme des débouchés ». Elle ne fait qu'exacerber la lutte des classes « par suite des tortures qu'elle inflige fatalement au prolétariat ». Elle n'est pas capable de mettre une économie à l'abri d'une crise « car les crises sont inévitables en régime capitaliste ».

Clarté s'est appliquée à reprendre l'essentiel de l'argumentation communiste sur la rationalisation et la crise future du capitalisme. Ne cherchant pas à caractériser mieux le terrain économique et social des années

---

[1] Lucien Revo, « Réalités et utopies de la rationalisation », *Clarté,* n° 14, 15 octobre 1927.

1926-1927, elle soutient que les forces capitalistes sont entrées dans une phase de dégénérescence irréversible. Croyant à un déclin presque inévitable du capitalisme européen, elle se comporte comme si elle se trouvait dans une situation révolutionnaire alors que la stabilisation de l'appareil économique bourgeois en 1926-1927 et le reflux du mouvement ouvrier sont évidents. Sa foi communiste ne lui permet pas, à ce stade, de corriger son analyse. Il faudra attendre l'intervention de Pierre Naville dans le n° 14 de *Clarté* pour mettre fin à de telles interprétations.

L'impérialisme américain

Dans le cadre de la réflexion générale sur l'évolution du capitalisme international, *Clarté* observe avec attention la puissance de production de l'appareil américain qui représente la force essentielle du capitalisme en 1926-1927. Avec Marcel Fourrier, *Clarté,* dans un premier temps, signale l'importance d'un discours économique de Léon Trotsky, prononcé à Moscou le 18 février 1926 et publié par la librairie de *l'Humanité,* dans lequel l'auteur démontre la formidable supériorité des Etats-Unis.[1] Pour Marcel Fourrier, ce texte représente un schéma d'analyse du système capitaliste extrêmement clair et précis. Léon Trotsky explique en effet que les Etats-Unis occupent, depuis 1918, une position dominante sur le plan mondial, qu'ils disposent de la majeure partie des capitaux et du marché et que leur système d'influence s'accroît démesurément. Il insiste particulièrement sur le caractère pacifiste d'un tel expansionnisme, rappelant notamment que la conférence de Washington sur le désarmement, le plan Dawes, le règlement des dettes interalliées ont permis aux Etats-Unis de placer sous leur dépendance les Etats européens. Il note que cet impérialisme américain s'impose avec force, réussissant à conquérir de nouveaux marchés, menant une lutte sans merci pour la recherche de matières premières et de sources d'énergie, pénétrant la zone africaine et asiatique et qu'il constitue désormais une menace grave pour une Europe en déclin, divisée, plus pauvre qu'avant 1914.

A ses yeux, la crise du capitalisme européen qui s'annonce prépare la victoire prochaine du socialisme. Selon lui, l'appareil américain empêchera l'Europe de se relever, l'acculant de plus en plus à la ruine. « Il la poussera presque automatiquement dans la voie de la révolution. » Il sera alors possible, ajoute-t-il, dans un avenir plus lointain, d'envisager alors, face au bloc américain, la formation des Etats-Unis d'Europe et d'une fédération eurasiatique marquant le triomphe du communisme. Pour Marcel Fourrier,

---

[1] Marcel Fourrier, « Prolétariats occidentaux et peuples opprimés », *Clarté,* n° 1, 1926-1927.

cette étude économique et ses conclusions essentielles ne peuvent qu'aider *Clarté* dans sa connaissance de la civilisation capitaliste américaine.

Jean Mécat, dans le même numéro,[1] détaille aux lecteurs de *Clarté*, à l'aide d'informations statistiques fournies, la puissance de de la machine économique américaine. Ses capacités productives et monétaires sont impressionnantes : elle va jusqu'à diriger sur le plan international l'économie européenne, tenir sous sa dépendance dans la zone Pacifique le Japon et inquiéter sérieusement la Russie. Attirée par la richesse minière et énergétique du sol russe, observe Jean Mécat, elle tente d'asservir l'Union soviétique. La lutte qu'elle mène pour devenir maîtresse de son potentiel pétrolifère est suffisamment significative et alarmante, selon lui.

Pierre Naville, dans le n° 2 de *Clarté*, renchérit.[2] A ses yeux, la lutte pour le pétrole traduit une phase cruciale de la lutte que se livrent les Etats impérialistes dans le monde. La pénétration économique de la Russie par les sociétés pétrolières américaines est lourde de conséquences. Les récentes négociations commerciales conclues entre la Standard Oil, la Shell et les syndicats russes révèlent le sens des prétentions impérialistes américaines. Poursuivant sa démonstration, Pierre Naville en arrive à soutenir une argumentation économique pour le moins contestable. Selon lui, les Etats-Unis, ayant mesuré les capacités énergétiques soviétiques, comprennent avec angoisse que la Russie apparaît comme une puissance économique aussi redoutable que la Grande-Bretagne. Avec un tel concurrent, les Etats-Unis risquent même de perdre le marché européen si la Russie s'apprête à développer considérablement sa production, explication bien peu sérieuse quand on considère l'état de l'appareil industriel soviétique en 1926 et la situation réelle de sa capacité de production énergétique. Pierre Naville, dans le même esprit, déclare que les Etats-Unis sont décidés à étouffer économiquement la Russie afin de conserver leur suprématie économique. La lutte internationale se résume alors à un duel entre l'impérialisme américain et l'Etat prolétarien russe. Reprenant les affirmations de Léon Trotsky présentées par Marcel Fourrier, Pierre Naville conclut que de ce conflit dépend l'avenir de tout le communisme international.

C'est en découvrant les analyses économiques soutenues par Léon Trotsky que *Clarté* s'applique à étudier la puissance de l'impérialisme américain. Si Marcel Fourrier, Jean Mécat et Pierre Naville se réfèrent à Léon Trotsky, ils ne sont pas pour autant en mesure de saisir et d'apprécier le sens même de son action politique en tant qu'oppositionnel, au sein du PCR. Cependant, à partir de son discours économique, ils considèrent avec attention l'appareil capitaliste américain et sa politique hégémonique.

---

[1] Jean Mécat, « Ce que représente dans le monde l'impérialisme américain », *Clarté*, n° 1, 1926-1927.
[2] Pierre Naville, « La lutte pour le pétrole », *Clarté*, n° 2, 1926-1927.

Puisant avidement et instinctivement dans l'argumentation économique de Léon Trotsky, ils ne parviennent pas à approcher d'une manière plus nuancée la réalité des rapports économiques entre les Etats-Unis et la Russie. De plus, s'inspirant des thèmes de propagande de la presse communiste sur les dangers que fait peser l'impérialisme américain sur l'Europe et surtout sur la Russie, ils se contentent d'explications tout à fait conventionnelles.

D'une manière plus personnelle et plus originale, *Clarté* se charge d'expliquer à ses lecteurs l'importance des mécanismes de production et d'organisation économique que sont le taylorisme et le fordisme dans l'impressionnant appareil productif américain et les dangers qu'ils représentent pour la classe ouvrière. Ces diverses interventions et publications relèvent d'un travail plus général de propagande communiste visant à alerter le prolétariat sur le caractère faussement réformiste et novateur du système capitaliste américain.

Clarté présente tout d'abord une étude collective de sa rédaction, dans laquelle elle caractérise les méthodes de rationalisation fondées sur l'organisation scientifique du travail et les conséquences dramatiques qu'elles engendrent sur les conditions d'existence des travailleurs.[1] S'attachant plus particulièrement à signaler le caractère factice des aménagements sociaux liés à l'introduction du fordisme, elle déclare que des initiatives comme la prime à la production, le logement à bon marché ne développent chez le travailleur que « passivité et soumission » et ne font qu'accélérer le processus d'intégration de la classe ouvrière à la production capitaliste, supprimant ainsi, à plus ou moins long terme, l'esprit de classe chez le travailleur. D'une manière plus approfondie, elle met en lumière les processus utilisés par le pouvoir patronal pour étouffer adroitement toute vie syndicale. Elle présente toute une série de mesures tout à fait caractéristiques :

- La pratique de l'open shop qui, en instaurant des rapports privilégiés avec l'ouvrier, permet de mieux le manipuler.

- Le principe de « l'unionist company » qui, en invitant le syndicat à participer activement à la politique de l'entreprise, renforce la collaboration de classe et l'esprit d'indépendance syndicale.

- La technique de transformation du syndicat en « mutualité », « en « amicale », en « club » qui neutralise l'action syndicale et accélère « l'embourgeoisement de l'ouvrier ».

- Enfin, la mise hors la loi des organisations ouvrières extrémistes.

---

[1] « Procédés modernes d'exploitation ouvrière », *Clarté*, n° 5, 1926-1927.
« Les tentatives de la suppression de la lutte des classes », *Clarté*, n° 7, 15 mars 1927.

Afin que sa démonstration soit encore plus convaincante, *Clarté* confie le soin à un militant communiste américain B. D. Wolfe[1] d'analyser en détail la position du travailleur américain et de montrer les effets néfastes de la collaboration de classe.[2]

Pour B. D. Wolfe, la politique patronale a permis la formation d'une catégorie de privilégiés au sein de la classe ouvrière. Une sorte d'aristocratie ouvrière s'est constituée, décidée, selon lui, à servir le capitalisme américain. Ces différents éléments du prolétariat sont comparables, « à des mercenaires de l'oppression internationale et de la collaboration de classe ». La politique des dirigeants américains vise un double but : réconcilier les ouvriers avec le capitalisme et détruire chez eux la solidarité, la conscience de classe au profit de l'individualisme « pour en faire les défenseurs inconscients du capitalisme et de l'impérialisme ». Les moyens mis en œuvre pour corrompre ainsi le prolétariat sont d'une extrême diversité. Il s'agit notamment du système de participation ouvrière aux profits de guerre et aux bénéfices des monopoles, du contrôle des marchés de l'emploi par les syndicats, de la distribution d'avantages salariaux aux ouvriers spécialisés, d'importantes rémunérations accordées aux membres des syndicats jaunes. B. D. Wolfe distingue ainsi les tentatives de récupération politique des leaders syndicaux par le patronat, la pratique d'un « syndicalisme du capital » par les responsables ouvriers. (ils placent leurs fonds sous forme d'action dans les sociétés industrielles).

Si *Clarté* réussit, par cette initiative originale, à approcher, d'une manière vivante et concrète, le terrain économique et social du capitalisme américain, sa démarche s'inscrit une fois encore dans une perspective plus générale de propagande communiste. En effet, le parti tient à démontrer à l'ensemble du prolétariat que la politique de modernisation américaine et les diverses dispositions sociales qui l'accompagnent ne font qu'accentuer l'exploitation ouvrière et à opposer les travailleurs les uns aux autres. Il cherche également à dénoncer le comportement de la bourgeoisie française et de la social-démocratie qui se font les avocats du système économique américain, assimilant faussement progrès technique et progrès social. *Clarté,* à l'image du parti, s'applique à lancer les mêmes avertissements, non sans emprunter un itinéraire analytique personnel.

---

[1] Betram D. Wolfe, dit Abright Arthur Wallace (1896-1977), étudiant américain, entre au parti socialiste américain en 1916. De 1919 à 1929, il est responsable du parti communiste américain (CPUS), de L'Agit prop de 1925 à 1928. Après 1929, il entre dans les rangs de l'opposition avec Jay Lovestone jusqu'en 1940.
[2] B. D. Wolfe, « Les bases de l'impérialisme américain : formation d'une aristocratie ouvrière », *Clarté,* n° 10, 15 juin 1927 et n° 13, 15 septembre 1927.

Les dangers de guerre contre la Russie

Ayant abordé avec application la question de la nature et de l'évolution de la situation économique générale, ayant largement insisté sur l'approche imminente d'une crise qui viendrait paralyser le système productif bourgeois, *Clarté* tient à expliquer que la Russie est directement menacée et que de véritables préparatifs militaires sont en cours de la part des puissances impérialistes pour venir écraser le premier Etat socialiste prolétarien. Cet avertissement qu'elle lance avec angoisse à ses lecteurs ne fait que s'inspirer des thèses défendues par l'IC à partir du printemps 1927.

Le gouvernement russe développe, en effet, tout au long de l'année 1927, l'idée d'une menace armée contre la Russie. Staline et le comité central du PCR proclament la révolution en péril face aux forces capitalistes occidentales. Ils ne cessent d'entretenir la fiction selon laquelle l'Europe et avec elle les Etats-Unis préméditent exclusivement d'attaquer la Russie. En fait, cette démarche singulière soutenue par le secrétaire du parti relève d'une opération politique habilement orchestrée. Sérieusement malmené par l'opposition unifiée, Staline manœuvre avec intelligence. Reprenant les déclarations alarmistes des oppositionnels qui, les premiers, ont soulevé la question d'une menace armée contre l'Union soviétique, Staline utilise à son profit ce slogan et fait planer sur le prolétariat bolchevique le danger d'une machination belliqueuse antisoviétique. Les oppositionnels, pour ne pas se contredire, approuvent cette version des faits et font taire pour un temps leurs critiques contre le parti afin de se mobiliser pour la défense du pays. Seuls Tchitcherine et Ossinsky, au sein du bureau politique, contredisent cette thèse de panique avec des paroles de bon sens et de sang-froid. A la fin de l'année 1927, Staline, sûr de son autorité au sein du parti, ne se fait pas faute de tourner en dérision les représentants de l'opposition unifiée et notamment Zinoviev qui très sérieusement prévoyait le déclenchement du conflit pour le printemps puis l'automne 1927. L'IC, docile devant Staline, multiplie de son côté les cris d'alarme et les appels à la mobilisation contre le camp impérialiste. C'est ainsi qu'à l'issue de son VIIIe plénum, tenu en mai 1927, elle dénonce avec énergie les menées militaristes des Etats bourgeois. Le 30 juillet 1927, elle adresse un message solennel, à l'occasion du XIIIe anniversaire du premier conflit mondial, aux ouvriers et paysans de tous les pays, leur demandant de déclencher une grève générale pour août prochain afin de protester contre la nouvelle guerre fomentée contre la Russie. Le PCF, de son côté, applique à la lettre les mots d'ordre et recommandations de l'IC et appelle ses militants à opposer un front uni contre l'offensive prochaine des puissances impérialistes. A sa conférence nationale de Saint-Denis de juin 1927, le parti demande que la résistance s'organise afin de lutter contre l'offensive impérialiste. Le 26 août, André Marty, dans un entretien à un journal anglais *The Referee* publié dans *l'Humanité,* accuse les impérialistes de préparer un plan d'attaque contre les soviets.

Clarté, en compagnie de la presse communiste, participe alors activement à cette campagne de dénonciation sans chercher à se pencher plus sérieusement sur la réalité même du tissu international en 1927. Dans son éditorial du n° 10, *Clarté* avertit solennellement ses lecteurs du danger imminent de guerre qui pèse gravement sur la nation russe.[1] A ses yeux, la situation actuelle conduit « infailliblement » à la guerre. Les raisons en sont multiples. Le capitalisme européen se trouve « dans un état de crise chronique ». Les économies française, anglaise et allemande sont totalement désorganisées. La bourgeoisie occidentale adopte une politique terriblement réactionnaire. Sur le plan économique, afin de pouvoir résister à la concurrence américaine, elle intensifie la rationalisation. Pour d'obtenir des rendements meilleurs et d'améliorer ses taux de profit, elle envisage de renverser la dictature du prolétariat. Son objectif est simple : il s'agit pour elle d'ouvrir le marché russe à la libre concurrence, de lui rendre ses capacités d'absorption des marchés européens. Il lui est facile de constituer un bloc antisoviétique prêt à asservir la Russie.

Pour *Clarté,* les menaces des impérialistes européens sont extrêmement préoccupantes. La lutte antibolcheviste qu'ils mènent relève d'une tactique bien définie. *Clarté* se charge d'en montrer les principaux aspects. Selon elle, il s'agit tout d'abord de chercher à isoler la nation russe, de créer un état de tension perpétuelle entre elle et les principales capitales européennes par une série de provocations et d'accusations mensongères comme de la rendre responsable de la crise économique actuelle, de dénoncer le rôle déstabilisateur de la IIIe Internationale. Il s'agit d'utiliser comme base d'opération les Etats satellites de la France et de la Grande-Bretagne tels que l'Estonie, la Lituanie, la Lettonie, la Pologne, la Roumanie et même de provoquer, pourquoi pas, un mouvement de scission au sein de la république d'Ukraine. Il s'agit aussi de faire échec à la révolution chinoise et à tout mouvement d'émancipation nationale qui puisse venir en aide à la Russie. La Grande-Bretagne, sur ce point particulier, note *Clarté,* multiplie ses efforts pour que la Chine ne devienne pas une démocratie prolétarienne. « Sa lutte pour le marché chinois est directement liée à sa lutte contre la révolution socialiste. »

Enfin, sur le plan intérieur, la tâche de chaque gouvernement est d'ameuter les opinions publiques contre les organisations communistes et l'IC, de chercher à désorganiser le mouvement ouvrier international, de soutenir le réformisme social-démocrate des Jouhaux et consorts. *Clarté,* consciente et inquiète du danger qui pèse, selon elle, sur la Russie, appelle chaque militant à s'organiser pour venir défendre l'Etat soviétique.

---

[1] Editorial, « La lutte contre la Russie », *Clarté,* n° 10, 15 juin 1927.

Dans le même numéro, *Clarté* tient à prouver que toutes les conditions sont réunies sur le plan militaire pour que les Etats européens envahissent rapidement la Russie. Se référant directement aux articles de *La Correspondance internationale, Clarté* avec Jean Cello (André Prudhommeaux), distingue avec force détails, l'importance du dispositif militaire des Etats baltes et nordiques mis en place par la Grande-Bretagne.[1] Dans le n° 11 de *Clarté,*[2] avec le même souci d'information, Jean Cello brosse un tableau des armements des Etats voisins de la Russie, notamment de la Finlande, de l'Estonie, de la Lituanie, de la Pologne et de la Roumanie. Il rappelle que les impérialistes européens n'hésitent pas à apporter leur soutien aux organisations fascistes qui se développent dans plusieurs de ces Etats.

Ayant repris dans son ensemble les arguments de la presse communiste, *Clarté* cependant semble vouloir corriger son jugement politique. Dans son éditorial[3] du n° 12, elle tend à se montrer plus nuancée dans l'appréciation du danger de guerre contre la Russie. Rappelant que des discussions ont surgi au sein du PCR à ce sujet, elle fait preuve de plus de circonspection. A ses yeux, l'impérialisme anglais n'est pas à même d'exécuter ses menaces contre la Russie. La nation britannique est en proie à des difficultés économiques qui ne lui permettent pas de soutenir une politique d'agression. Si sa politique d'inféodation des pays baltes et nordiques ne peut être niée, elle n'est qu'un danger de guerre parmi d'autres dans la conjoncture internationale. En réalité, pour *Clarté,* « rien ne prouve que cette action militaire et totale soit imminente ». Il est nécessaire de faire preuve de bon sens et de modération :

« Il est bon que nous connaissions le danger ; danger permanent au même titre que toutes les formations militaires impérialistes et que nous fassions le nécessaire, sinon pour y parer du moins pour pouvoir l'utiliser, mais il ne faut pas créer une mentalité alarmiste en indiquant des délais fixes, des modalités prévues.

Certes la Grande-Bretagne, la France, la Pologne font des efforts discrets pour essayer d'entraîner une crise intérieure en Russie (séparatisme ou autre) mais l'état général de leur économie et leurs perspectives ne permettent pas de penser qu'ils entreront dans un conflit militaire total ; les risques sont encore plus grands que les bénéfices possibles. »

Enfin, *Clarté* fait observer que les récents événements de Chine réduisent encore les possibilités de conflit entre la Russie et la Grande-

---

[1] Jean Cello (André Prudhommeaux) « Les armements baltes au service de l'hégémonie anglaise », *Clarté,* n° 10, 15 juin 1927.
[2] Jean Cello, « Les positions avancées de l'impérialisme et du fascisme », *Clarté,* n° 11, 15 juillet 1927.
[3] Editorial, « La Grande-Bretagne fera-t-elle la guerre », *Clarté,* n° 12, 15 août 1927.

Bretagne. Les succès apparents du KMT et de la petite bourgeoisie actuellement réjouissent grandement la Grande-Bretagne et « font dévier son animosité contre l'URSS ».

Ainsi, *Clarté,* avec cet éditorial, en corrigeant l'interprétation officielle du danger de guerre en Russie, paraît s'engager sur une voie nouvelle. En fait, il n'en est rien. Ses remarques critiques ne sont suivies d'aucun effet. Les articles qu'elle présente alors avec Jean Cello et Marcel Fourrier, dans les numéros suivants, restent fidèles à la ligne officielle soutenue par le parti.

Pour Jean Cello,[1] la lutte antibolcheviste de la Grande-Bretagne reste tout à fait actuelle, elle constitue une menace constante pour la Russie.[2] Retraçant les grandes lignes de la politique impérialiste de la Grande-Bretagne depuis 1920, il insiste sur l'importance des moyens mis en œuvre visant à l'écrasement de l'Etat prolétarien. Reconnaissant cependant que la Grande-Bretagne ne dispose pas seule d'un pouvoir de contrôle suffisant et que sa diplomatie a subi quelques revers, il refuse de se montrer aussi optimiste que certains des responsables communistes de l'Internationale :

« A mon sens, il est de première importance dans l'examen de la situation actuelle de ne pas sous-estimer les possibilités de conflit interimpérialiste comme on a tendance à le faire aujourd'hui à l'Internationale communiste. »

Selon lui, le danger de guerre est bien réel et persistant et exige de chaque militant une attention de tous les instants. En présence du risque de guerre qui de près ou de loin menace la révolution prolétarienne, note-t-il, en présence du péril où se trouvent les masses exploitées de la Chine, en présence de la répression formidable qui s'abat sur les organisations communistes, « il est juste de proclamer la révolution en péril ».

Marcel Fourrier se montre tout aussi préoccupé et inquiet. Selon lui, la question de la destruction par la force de la Russie reste posée[3]. Même s'il considère qu'il est utile de se soucier de l'état du capitalisme européen et de ses antagonismes, de son niveau de stabilisation, l'offensive contre l'Union

---

[1] André Prudhommeaux, dit Jean Cello (1902-1968), étudiant à la faculté des sciences de Paris, fréquente le milieu communiste. Au contact de Pierre Naville, il passe dans le camp de l'opposition à partir de février 1928 comme membre du « Redressement communiste » d'Albert Treint jusqu'en décembre 1928 puis avec le groupe bordiguiste de Michelangelo Pappalardi. Il animera le journal *L'Ouvrier communiste,* de 1929 à 1930, s'appliquant à soutenir un spontanéisme révolutionnaire débarrassé des thèses léninistes. A partir de l'été 1930, il se tournera définitivement vers l'anarchisme et deviendra un animateur et un militant politique reconnu.

[2] Jean Cello, « Le front impérialiste peut-il se souder ? », *Clarté,* n° 12, 15 août 1927.

[3] Marcel Fourrier, « La défense de l'URSS et le prolétariat mondial », *Clarté,* n° 13, 15 septembre 1927.

soviétique est, selon lui, inévitable. Les Etats capitalistes sont en effet acculés à cette guerre. Ils ont un intérêt primordial à écraser l'Etat prolétarien. La Grande-Bretagne donne d'ailleurs le ton à la réaction mondiale, écrit-il, en prenant la tête de la croisade antisoviétique. La SDN, elle aussi, prépare, au nom de la paix, l'oppression contre la Russie :

« Dans cette phase guerrière de ce conflit qui se rapproche inéluctablement, il est nécessaire que le prolétariat s'organise pour assurer la défense de la révolution prolétarienne. »

Enfin, dans son éditorial du n° 14, *Clarté* est encore plus convaincue de la proximité de la guerre impérialiste contre la Russie en apprenant le renvoi de l'ambassadeur de Russie à Paris, Rakovsky, sous la pression du gouvernement Poincaré.[1] Cet événement, selon elle, ne peut être envisagé que « comme une période de préparation de guerre ouverte contre la Russie[2] ».

Ainsi *Clarté* développe-t-elle, avec application et sérieux, les thèses de l'IC et du PCR sur l'imminence d'une guerre contre la Russie. Elle tente pourtant de faire preuve de plus de nuance sur l'approche de cette question mais finalement ne réussit pas à sortir de la voie officielle de la campagne communiste.

---

[1] Le gouvernement français, irrité par les menées subversives des militants communistes, indigné par les propos tenus par l'ambassadeur russe Rakovsky qui déclare en substance : « tout prolétaire honnête doit activement travailler à la défaite de son gouvernement » ne cache pas son hostilité à l'égard de l'Union soviétique. Début septembre, une violente campagne de presse lancée par les forces politiques de droite contre Rakovsky se déchaîne dans le pays. Le gouvernement obtient alors de Moscou le désaveu des déclarations de son ambassadeur puis son renvoi.
[2] Editorial, « Le problème de la rupture », *Clarté*, n° 14, 15 octobre 1927.

Chapitre IV

La critique du « Jésus » d'Henri Barbusse

Pierre Naville, dans sa définition du programme de reconstruction de *Clarté*, a clairement insisté sur la nécessité de rompre avec l'héritage pacifiste et réformiste des années passées, et notamment de se dégager de l'emprise du barbussisme, mélange d'idéalisme et d'internationalisme pseudo-révolutionnaires. Décidé à assurer un travail foncièrement et rigoureusement communiste dans *Clarté*, il tient à dissiper toute équivoque au sujet de Henri Barbusse et de sa philosophie. Il lance alors une série d'accusations extrêmement violentes à l'encontre de l'auteur du « Feu », à l'occasion de la parution d'un de ses romans « Jésus », se souciant peu du poste important qu'occupe Henri Barbusse au sein du parti communiste français (il est alors directeur littéraire de *l'Humanité* et reconnu comme un des plus grands écrivains prolétariens français).

En janvier 1927, Henri Barbusse publie son ouvrage sur Jésus. Dans cette étude, il explique avec sérieux que le christianisme et le révolutionnarisme ne font qu'un. Jésus est présenté comme un révolutionnaire athée, luttant contre l'injustice sociale et bousculant la puissance politique des gouvernements. Il se bat contre la souffrance et la misère, il dénonce toutes les formes d'oppression. Il veut assurer le triomphe de la grandeur humaine. Toute son action, selon Henri Barbusse, s'identifie à la lutte des révolutionnaires socialistes. La grande leçon de Jésus, c'est que l'homme peut se sauver lui-même. Il possède en lui, par son intelligence et sa lucidité, les moyens de combattre toutes les idéologies d'oppression y compris la religion chrétienne. Avec la toute puissance de sa raison qui dominera ses sentiments et sa force morale et spirituelle, il pourra bâtir son propre salut.

Devant une telle publication, Pierre Naville ne peut rester indifférent. Il n'est pas possible, à ses yeux, de laisser passer une argumentation aussi contestable. Comment peut-on tolérer qu'un intellectuel qui se prétend communiste puisse assimiler la lutte prolétarienne à l'action évangélique du personnage de la Bible ? Tous les principes fondamentaux de la philosophie marxiste sont ainsi parfaitement galvaudés. Pierre Naville se fait un devoir d'avertir les militants communistes contre de tels errements. A de telles arguties, il oppose l'analyse rigoureuse que fait Lénine sur les religions en général[1].

---

[1] Lénine, « Les partis ouvriers devant la religion », *Clarté*, n° 7, 15 mars 1927.

Ne voulant pas en rester là, Pierre Naville s'attaque plus directement aux affirmations d'Henri Barbusse contenues dans son livre[1]. C'est, à ses yeux, une accumulation de faiblesses et d'inconséquences sur le plan révolutionnaire. Affirmer que c'est en Jésus qu'on trouve l'origine de la pensée sociale révolutionnaire contemporaine, assimiler Jésus à Marx, autant d'assertions insupportables qui sont la négation du sens de l'histoire et du marxisme en général. Ne pas s'inquiéter de la fonction réactionnaire de l'Église, instrument au service de la classe dominante, justifiant l'exploitation et l'oppression de la classe ouvrière, c'est faire bon marché du socialisme scientifique et du matérialisme historique. Il est nécessaire de démasquer cette « démagogie spirituelle » dont fait preuve Henri Barbusse qui soutient une théorie idéaliste, antimarxiste de la lutte révolutionnaire, sorte de « socialisme mystico-constructiviste » qui est la plus belle négation du sens dialectique de la lutte des classes. Comment admettre une conception aussi erronée et dangereuse de la révolution ? Comment est-il possible de réduire la lutte politique pour l'affranchissement de l'homme à une affaire de logique et de moralité ; la toute puissance de la raison et de l'intelligence venant avec solennité bousculer le joug qui étouffe l'individu ? Pour Pierre Naville, Henri Barbusse a une conception « mystique » du mouvement révolutionnaire des masses à travers l'histoire ; son appel constant à la raison, son idéalisme généreux n'ont rien à voir avec la doctrine marxiste. Sa philosophie s'identifie à une sorte de « rationalisme bourgeois ».

Après avoir condamné sans appel l'ouvrage d'Henri Barbusse, Pierre Naville s'en prend avec indignation à *l'Humanité* et au parti communiste français qui, sans l'ombre d'un scrupule, cautionnent une telle publication :

« C'est dans *l'Humanité,* pour son public sympathisant auquel on devrait surtout en matière intellectuelle ne donner qu'une base sûre, rigoureuse, fortement révolutionnaire, adaptée aux besoins et aux nécessités de cette époque, que se publient des commentaires débilitants et pauvres sur la figure de Jésus[2]. » Pierre Naville rappelle, non sans malice, que l'ouvrage d'Henri Barbusse est actuellement interdit en Russie soviétique. Que faut-il en penser ? « Serait-ce qu'il est assez bon pour les camarades du parti ou sympathisants en France » ? « Henri Barbusse pourrait-il nier avoir reçu telles lettres où les correspondants affirment leur contentement d'avoir de quoi concilier la foi chrétienne et la foi… communiste ? Que de travail à faire[3] ! » Face à cette complaisance coupable de *l'Humanité*, Pierre Naville rapporte l'exemple du journal italien : *il Lavoratore italiano* qui n'a pas hésité à dénoncer la faiblesse doctrinale du « Jésus » d'Henri Barbusse et qui

---

[1] Pierre Naville, « Pourquoi nous combattons Jésus », *Clarté,* n° 7, 15 mars 1927.
[2] *Ibid.*
[3] *Ibid.*

s'étonne que, dans un but commercial, Henri Barbusse, militant communiste ait sollicité l'appui de responsables d'un parti traître, le PSI :

« Noble sentiment camarade Henri Barbusse. Mais la discipline communiste, permettez-nous de vous le rappeler, ne peut s'accommoder, camarade Henri Barbusse, de la philanthropie ni de la piété […]

Vous ne devez pas non plus oublier, camarade Henri Barbusse, et vous en êtes bien persuadé puisque vous êtes communiste, que les hommes auxquels vous avez envoyé votre adhésion, auxquels vous avez fait confiance pour l'avenir ont été les saboteurs de la révolution prolétarienne italienne, les complices plus ou moins conscients du fascisme et sont les responsables de la déroute[1] de 1924. »

L'attitude critique de Pierre Naville ne laisse pas insensible les responsables du parti communiste français. Soucieux de conserver intacte l'image de marque d'Henri Barbusse, intellectuel de renom qui s'est rangé aux côtés des communistes et qui occupe une fonction importante à *l'Humanité*, le bureau politique décide d'infliger un blâme à la revue *Clarté* et à ses directeurs :

« Le bureau politique, saisi de plusieurs protestations concernant le dernier numéro de la revue *Clarté,* déclare que cette revue est en dehors du contrôle du parti et n'est qu'une entreprise privée. Il rappelle cependant que, dans la polémique écrite, les camarades collaborant à *Clarté*, tout en ayant toute latitude pour discuter sur le terrain intellectuel les œuvres des membres du parti, ont à s'abstenir d'expressions grossières et injurieuses qui n'ajoutent rien à leurs critiques et constituent une « publicité » de mauvais aloi. Le camarade Barbusse qui est l'objet de ces attaques est directeur de la rubrique littéraire de *l'Humanité* et, à ce titre, le bureau politique n'a qu'à se féliciter de sa collaboration. Le bureau politique déclare que son dévouement, que ses écrits servent la cause du prolétariat. Enfin, si *Clarté* n'est pas sous le contrôle du parti, les camarades communistes qui y collaborent demeurent sous son contrôle et le bureau prendra toute mesure pour faire cesser les attaques injurieuses contre d'autres communistes[2]. »

---

[1] Pierre Naville, « Un nouvel idéaliste : Henri Barbusse », *Clarté*, n° 10, 15 juin 1927.

[2] Il faut en effet rappeler que le bureau politique du parti communiste français, inquiet du traitement dont Henri Barbusse est l'objet par la rédaction de *Clarté*, se réunit le 11 février et le 31 mars 1927. (Voir Archives Institut Thorez, Procès-verbaux des séances du bureau politique) Dans sa première réunion, le bureau politique se déclare prêt à défendre Henri Barbusse en tant que militant communiste et intellectuel de renom. De plus, il autorise Henri Barbusse à répondre aux critiques qui lui seront adressées sans « toutefois employer un ton polémique », l'important pour le parti étant de limiter au maximum l'ampleur et les conséquences possibles d'un tel débat. Dans sa seconde réunion, le bureau politique avec Pierre Semard précise que Marcel Fourrier, responsable clartéiste, avait demandé l'autorisation au

Cette sanction officielle n'inquiète pas outre mesure les responsables de *Clarté* notamment Pierre Naville qui est décidé à poursuivre son travail de dénonciation.

La mise en accusation d'Henri Barbusse

Pierre Naville ne se satisfait pas de cette première forme de critique qui tourne autour de la publication littéraire de « Jésus » d'Henri Barbusse. Il va plus loin encore. Il mène une attaque en règle contre son auteur et sa position politique depuis les années 1919-1920 qu'il juge parfaitement étrangère à la doctrine marxiste[1]. Déterminé à faire de *Clarté* une revue d'éducation communiste habitée d'une rigueur idéologique sans faille, Pierre Naville veut mettre un point final à toute confusion qui pourrait encore exister à la seule évocation du nom d'Henri Barbusse. La tâche indispensable est de se désolidariser de la philosophie barbussienne et de sa phraséologie humanitaire.

Considérant l'activité politique d'Henri Barbusse depuis 1919, Pierre Naville se montre extrêmement sévère dans ses conclusions. A ses yeux, le militantisme d'Henri Barbusse n'a qu'un très lointain rapport avec la réalité de la lutte communiste. Ses essais politico-littéraires traduisent une faiblesse doctrinale manifeste :

« *Clarté, Le couteau entre les dents, La lueur dans l'abîme*, c'est toute une époque de confusion profonde, de platitude idéologique, d'œuvres impardonnables. Epoque soldée par un passif magnifique et dont il ne reste que quelques brochures aujourd'hui sans valeur sérieuse et littéralement impossibles à relire, car elles n'atteignent aucun des problèmes fondamentaux du mouvement révolutionnaire considéré dans son ensemble[2]. »

Il est certain pour Pierre Naville que le pacifisme et l'internationalisme généreux soutenus par Henri Barbusse et d'autres écrivains après la guerre, ne représentent que des protestations sentimentales d'une parfaite inutilité face à l'emprise et au poids des structures économiques et politiques du capitalisme et de l'impérialisme. Empêtré d'idéalisme révolutionnaire, Henri

---

parti de critiquer le « Jésus » d'Henri Barbusse. Le bureau politique souligne l'existence d'une lettre de protestation de l'auteur du « Feu ». Paul Vaillant Couturier, de son côté, appelle à la modération dans l'analyse de cette question. Par contre, Renaud, Marion, Marrane exigent que *Clarté* cesse ses attaques à l'encontre d'une telle personnalité. Le résultat de ces discussions conduit à la publication que je cite ci-dessus.

[1] Pierre Naville, « Un nouvel idéaliste : Henri Barbusse », *Clarté,* n° 10, 15 juin 1927.
[2] *Ibid.*

Barbusse et les autres intellectuels sont bien incapables de mesurer la vanité de leur combat :

« Ceux qui se prétendaient les révolutionnaires de demain, les rénovateurs de l'esprit mondial s'abandonnaient à l'internationalisme pacifiste et même ne reculaient pas devant cette formule « l'internationale de la pensée ». Mais le pacifisme ne servait personne : il n'est qu'une idéologie au service d'une autre idéologie. Aussi bien les intellectuels de 1919-1920 ne jouèrent-ils aucun rôle : on les entendait bien dire que la grande guerre devait être la dernière. En vérité, toute l'idéologie se ramenait à cela. Ils cherchaient le règne de la Raison, voire celui de l'Esprit, au-delà des luttes de parti ou de classe. Ils parlaient de fraternité, d'union des peuples. Mais, au même instant, l'impérialisme français dégagé de tout verbalisme, de toute illusion, exaspéré, continuait ses ravages, préparait son avenir, entraînait à sa suite tous les hommes exténués, aveugles et se débattait malhabilement dans ses contradictions économiques et morales dont ils ne saisissaient pas les ressorts[1]. »

Cette foi passionnée en l'homme et l'esprit humain qui habite Henri Barbusse trouve un prolongement politique tout à fait inattendu et contestable, aux yeux de Pierre Naville. En effet, Henri Barbusse assimile d'une manière imprudente et fantaisiste la doctrine marxiste comme l'aboutissement de la lutte de l'intelligence et de la raison contre toutes les formes de servitude. La définition qu'il donne du marxisme dans *Le couteau entre les dents* est à ce titre significative, pour Pierre Naville :

« C'est une application pratique aux conditions économiques de la vie sociale contemporaine des vérités éternelles de la Raison et de la Conscience. »

Et Pierre Naville d'ajouter :

« Quel est l'ouvrier, quel est le marxiste qui peut admettre qu'un tel langage soutienne d'une manière quelconque l'action révolutionnaire[2] ? »

Ce souci de reconnaître la toute puissance de la raison, ce culte du rationalisme amènent Henri Barbusse à des conclusions tout aussi maladroites dans son approche de la philosophie marxiste. A ses yeux, le cartésianisme et le kantisme ont réussi un travail analytique sur la société et ses institutions aussi important et déterminant que le marxisme. Pierre Naville proteste contre de telles allégations et leur oppose le sens de la démarche hégélienne et marxiste qui nie à elle seule toute forme d'arbitraire individuel.

Ainsi, pour Pierre Naville, ce rationalisme mystique et idéaliste à couleur révolutionnaire que prône Henri Barbusse doit être sévèrement

---

[1] *Ibid.*
[2] *Ibid.*

condamné et rejeté par tout révolutionnaire marxiste qui se respecte. Il déclare :

« Libre à tout écrivain ami de l'ordre existant, libre aux innombrables « intellectuels » admirateurs de divinités, libre aux primaires qui font profession de limiter leur compréhension au niveau de la culture offerte par la troisième république, libre aux organisateurs de conférences, aux amateurs de prêtres, d'apprécier soigneusement « Jésus » et son dernier cent de propos célèbres mais que des hommes jouissent à la fois de l'autorité morale dans un parti communiste et de la notoriété dans le monde bourgeois se croient autorisés à nous glisser leurs nauséabondes pacotilles sous prétexte de nous mener plus sûrement vers les réalités révolutionnaires et le plus grand développement moral, cela premièrement est inintelligent et sans fondement autre qu'une grossière spéculation sentimentale, et deuxièmement est intolérable de la part d'un communiste véritable, troisièmement devrait être expliqué et dénoncé à tout homme susceptible de réfléchir au besoin véritable de la révolution et de l'époque où nous sommes[1]. »

Ayant démontré toutes les faiblesses et toutes les confusions du révolutionnarisme d'Henri Barbusse, Pierre Naville tient, en ce qui concerne la vie de la revue et ses ambitions politiques et idéologiques, à dissiper toute équivoque. Son souci de réorganiser *Clarté* passe par le rejet définitif de toute allusion, de toute référence au barbussisme. Il s'explique dans le n°11 de *Clarté*.[2]

L'intellectualisme abstrait dans lequel a évolué la revue depuis 1919 et qui inspirait son combat politique n'avait aucune prise réelle sur les événements et la société capitaliste. La portée révolutionnaire de sa démarche était pour le moins inconsistante. Une revue dite littéraire ne pouvait en effet inquiéter la classe bourgeoise. Pierre Naville écrit :

« Quand l'ancienne *Clarté* était qualifiée de littéraire, le coup portait. Le visage de la littérature la dénaturait : car le fond même, à peine conscient de son idéologie, était un dérivé du barbussisme, de cet « au-dessus des classes » de l'esprit de cette littérature[3]. »

Cet état d'esprit « littéraire » entretenu par la revue a entravé gravement toute activité politique et toute prétention révolutionnaire. Pierre Naville considère même que les recherches prolétariennes d'inspiration soréliennes menées en 1922-1925 et qui n'étaient pas dénuées d'intérêt ont été alors escamotées :

« Les études qui ont été faites dans *Clarté* sur Proudhon, Sorel, n'ont pas manqué d'intérêt mais elles ont manqué leur but. Elles sont restées entachées, dans leur expression, d'un certain vague parce qu'on avait négligé

---

[1] *Ibid.*
[2] Pierre Naville, « L'activité de Clarté », *Clarté,* n° 11, 15 juillet 1927.
[3] *Ibid.*

de discuter après le rollandisme, du barbussisme autour duquel gravitait encore lointainement *Clarté*. Je me suis ainsi rendu compte que le travail sérieux que nous voulions fournir ne pourrait aller sans une discussion de ce problème[1]. »

Il s'avère donc urgent et indispensable sur le plan idéologique, si l'on veut défendre la pensée marxiste, de soutenir une conception communiste de la lutte prolétarienne, de rompre avec la symbolique politique et culturelle de l'ancienne *Clarté,* avec cette philosophie barbussienne « opportuniste et petite bourgeoise » :

« Afin de dissiper toute équivoque autour des études que nous avons publiées et du sens dans lequel ont été faites ces études, nous avons voulu indiquer nettement notre désaffection totale de la phraséologie d'Henri Barbusse. Le titre conservé à la revue pouvait encore prêter à confusion chez quelques lecteurs ; je pense qu'il ne le peut plus maintenant. Les quelques premiers numéros parus en juin-septembre 1926 nous ont permis de rechercher le point juste par où devait céder le barbussisme, et la limite passée, laquelle il devenait urgent, à notre sens, de s'en désolidariser ouvertement sous les yeux de la classe ouvrière et des meilleurs de ses militants[2]. »

Ainsi, les critiques menées à l'encontre d'Henri Barbusse et de ses diverses publications doivent être ressenties, selon Pierre Naville, comme une nécessité doctrinale afin de servir dans un sens réellement communiste la classe ouvrière et révolutionnaire marxiste :

« Les trois articles que nous avons publiés ne constituent pas un amas « d'injures », ce que certains ont voulu y voir mais ce qu'il aurait été superflu de faire durant douze pages. Ils contiennent un nombre assez notable de critiques précises, de textes discutés… chacun, d'après les documents cités, les explications données, a pu vérifier son opinion ou la former. Et cela, non d'après de grandes phrases vagues, des affirmations sentimentales touchant la révolution sociale mais en fonction du stade actuel du mouvement prolétarien. Le moment actuel, et si nous voulons préserver les sources vives du prolétariat et lui offrir une chance décisive de se développer, exclut la possibilité de concéder quoi que ce soit au vague à l'âme petit bourgeois. Certes, dans ce cas, Henri Barbusse n'est qu'un exemple, mais il est tout à fait significatif d'un état de chose général. La critique d'Henri Barbusse présentait donc pour nous le double avantage de faire la lumière sur la position idéologique de *Clarté* en fonction de sa pensée et de signaler à l'ensemble du public et particulièrement aux communistes un danger, en définissant plus nettement notre sens de l'idéologie marxiste. »

---

[1] *Ibid.*
[2] Pierre Naville, « L'activité de Clarté », *Clarté,* n° 11, 15 juillet 1927.

Le rigorisme idéologique de Pierre Naville, son sens du marxisme-léninisme ne lui permettent pas d'accepter qu'un laisser-aller doctrinal puisse exister au sein de *Clarté* et plus encore au sein du PCF et de *l'Humanité*. Il ne tient pas non plus à participer à quelques manœuvres obscures pour récupérer des éléments de la classe bourgeoise, petite et moyenne, et ne peut supporter qu'on conserve dans les rangs communistes des intellectuels pseudo-marxistes comme Henri Barbusse. L'essentiel est de diffuser dans la classe ouvrière une idéologie sans faille, afin que le combat révolutionnaire puisse progresser et triompher.

Après cette mise au point importante qui contribue à assurer dans *Clarté* un travail d'épuration idéologique, Pierre Naville se montrera au cours de l'automne 1927 encore vigilant et critique à l'égard d'Henri Barbusse et de ses publications. Mais, ses interventions qui restent avant tout ponctuelles, ne concernent que les projets personnels d'Henri Barbusse sur le plan littéraire.

Pierre Naville s'étonne ainsi que l'interdiction qui pesait en Russie sur le livre « Jésus » depuis cinq mois ait été levée. Il lance avec indignation :

« Ce livre scandaleux ne trompera pas, espérons-le, les ouvriers d'URSS et malgré la « préface-critique » dont on prétend accompagner l'ouvrage, on ne pouvait pas faire un plus odieux envoi chez ceux de nos camarades qui restent conscients[1]. »

Lorsque Henri Barbusse publie son essai critique *Les judas de Jésus* dans lequel l'auteur analyse les origines et la nature du christianisme, la déformation du message évangélique entreprise par l'Église officielle et ses représentants, Pierre Naville déplore que cette plaquette fasse l'objet une nouvelle fois d'une publicité dans *l'Humanité*. Sous la rubrique : Les livres, dans le n° 14 de *Clarté*, il relève cette publicité du journal communiste :

« C'est un livre clair et prenant qui substitue à l'anticléricalisme indigent et négatif des bourgeois, la doctrine communiste logique, complète, généreuse. »

Il proteste avec véhémence :

« Où donc dans ce livre se trouve exposée la doctrine communiste ? A-t-on jamais remarqué qu'Henri Barbusse fut coupable d'exposer sérieusement un aspect quelconque du marxisme ? Quant au communisme, il ne sait pas évidemment de quoi il parle. »

et ajoute :

« Je ne sais de ces formules de propagande ce qui l'emporte de l'odieux ou du ridicule. Il est vrai que c'est de la littérature pour classes moyennes. »

Lorsque Henri Barbusse se rend en Russie en novembre 1927 à l'occasion du dixième anniversaire de la révolution d'Octobre, il explique

---

[1] *Ibid.*

qu'il s'agit en particulier, pour l'intéressé, de faire admettre ses écrits sur Jésus et la religion chrétienne par les responsables soviétiques.

« Barbusse ne demandait qu'une chose : voir ses *Jésus* tolérés. Au milieu des énormités qui se débitaient en d'autres domaines, c'était vraiment la moindre des choses...Barbusse fut absous, mais dans la gêne. Une série d'écrivains communistes, et même « quelques compagnons de route », mirent en doute la valeur du barbussisme[1]. »

Il tient aussi à rappeler que, par la même occasion, Henri Barbusse décidé à lancer un hebdomadaire culturel en France intitulé *Monde* cherche à récupérer des fonds que lui accordera le Secours rouge. Constatant que le projet de la revue *Monde* se précise, il exprime ses doutes et ses craintes, dans le n° 16 de *Clarté,* sur le sens et la portée politique d'un tel organe de presse. Il écrit :

« Nous voulons signaler ici une tentative possible de confusionnisme idéologique dont il importe de marquer les limites. Il s'agit de la publication d'un organe hebdomadaire « de gauche » dont le titre serait *Monde*. Cet organe se propose d'être un instrument éventuel du progrès envisagé sous l'angle prolétarien et anti-impérialiste (ce qui en France ne veut pas forcément dire antidémocratique). »

Pierre Naville poursuivra son travail de dénonciation du barbussisme même après la disparition de *Clarté* en janvier 1928. Dans la revue trotskiste *La Lutte de classes*[2] dont il sera le directeur, il attaquera une nouvelle fois Henri Barbusse dans le numéro d'avril 1928.

---

[1] Pierre Naville, *Trotsky vivant,* Paris, Aujourd'hui, 1975, p. 62-63.
[2] Pierre Naville, « Henri Barbusse contre le marxisme », *La Lutte de classes,* n° 2, avril 1928.

Chapitre V

La révolution chinoise

L'activité révolutionnaire s'est sérieusement ralentie en Occident. Mais le communisme gagne du terrain dans les colonies, en Chine et secoue durement l'édifice impérialiste. La révolution russe renforce sa position et représente le modèle, le pôle d'attraction de tous les révolutionnaires. Après la déception de 1923, née de la défaite du peuple allemand, la révolution chinoise constitue la deuxième chance palpable de révolution victorieuse pour le prolétariat et les forces socialistes révolutionnaires. *Clarté* concentre tous ses efforts sur cet événement capital de l'histoire du marxisme et confie à Marcel Fourrier puis à Victor Serge le soin d'analyser cette question. Avec Marcel Fourrier, *Clarté* se fait l'écho de la politique officielle du PCR et de l'IC qui justifie une collaboration politique étroite entre forces prolétariennes et Kuo Min Tang. Avec Victor Serge, *Clarté* dénonce cette confusion idéologique entretenue par Staline et établit les forces véritables de la lutte de classe dans la révolution chinoise. La poussée révolutionnaire du peuple chinois procède d'une démarche stratégique particulière. Il est important, avant même de considérer les analyses de Marcel Fourrier et de Victor Serge dans *Clarté,* de se pencher attentivement sur la politique suivie par les différentes forces révolutionnaires en présence.

La révolution de 1911 est une première étape déterminante de l'histoire intérieure de la Chine[1]. Elle a conduit à l'élimination de la vieille dynastie mandchoue. Cependant elle n'a pas pour autant inauguré une ère nouvelle de modernisation et de progrès démocratique pour le pays. Le premier président de la république chinoise Yuan Che Kaï retrouve les pratiques de l'ancien régime. Le désordre et l'anarchie s'installent très vite. Le pouvoir officiel tombe entre les mains des généraux qui se taillent de véritables empires au sein de la république chinoise dans lesquels ils règnent en maîtres, exerçant la justice, levant les impôts, imposant un ordre économique de plus en plus lourd pour les paysans. Exactions, prévarications se multiplient. La Chine des « Seigneurs de la guerre » n'est plus qu'une juxtaposition de provinces, un Etat démembré où les intrigues et les coups de main se généralisent. L'impérialisme européen, américain, présents en Chine depuis le XIXe siècle a beau jeu de consolider sa position économique et d'accentuer sa domination. Le règlement du premier conflit mondial dans lequel la Chine s'est engagée au côté des alliés – une entrée en guerre de pure forme – renforce encore la présence étrangère sur le continent asiatique. Les traités de paix qui lui sont imposés permettent au Japon de bénéficier des anciennes

---

[1] Voir Pierre Broué, *La question chinoise dans l'Internationale communiste,* Paris, EDI, 1976, 539 p.

annexions allemandes en territoire chinois. Les différentes puissances impérialistes poursuivent leur politique de pillage économique des richesses du pays. Toutefois, face à un terrain politique et économique aussi désastreux, les forces politiques chinoises, à partir de 1919-1920, se décident à réagir.

Sun Yat Sen, père de la révolution chinoise de 1911, chef de file du parti nationaliste chinois s'engage à mettre sur pied, à Canton, un foyer révolutionnaire capable de préparer la réunification de la Chine et d'abattre la dictature des militaires. Tirant la leçon des événements, il tente de définir une nouvelle stratégie politique, associant libéralisme et marxisme, bourgeoisie nationale et classe opprimée ; alliances contradictoires et éphémères mais qui vont suffire, en trois ans, à transformer l'avenir politique de la Chine. Sun Yat Sen comprend en effet qu'il n'est plus possible de se tourner vers l'Occident et de compter sur lui pour assurer le développement de son pays, ni de faire confiance au parlementarisme chinois qui, depuis 1911, n'a cessé de trahir ses maîtres successifs et a laissé s'installer une dictature militaire. Sun Yat Sen tient à s'affirmer mais avec d'autres méthodes et d'autres moyens. Sa philosophie politique n'a pas changé. Elle repose sur trois principes : Nation, démocratie, réforme sociale. – Nation : l'unité de la Chine reste le but suprême ; il s'agit de libérer le pays de la domination des impérialistes. – Démocratie : le régime parlementaire, la multiplicité des partis sont incapables de lutter contre l'anarchie militaire ; il faut un parti discipliné, hiérarchisé, efficace qui prenne en charge la volonté profonde du peuple chinois. Sun Yat Sen se rapproche de la conception léniniste du parti politique. – Réforme sociale : Sun Yat Sen rejette la solution communiste comme irréalisable. Il reste fidèle à l'idée d'une démocratie économique fondée sur l'initiative privée et une paysannerie libre mais il prend conscience de la force potentielle que représentent le peuple et l'Etat en matière de développement économique.

Sun Yat Sen entre en relation avec les responsables soviétiques à Shangai au cours de l'année 1923. Un premier contact s'établit avec Sun Yat Sen par l'intermédiaire de l'ambassadeur russe Ioffé. Les deux hommes publient une déclaration commune dans laquelle l'ambassadeur russe déclare reconnaître que les conditions n'existent pas encore en Chine pour l'établissement du communisme et apporte tout l'appui du gouvernement de son pays aux objectifs qui sont ceux de la république chinoise, à savoir unité et indépendance nationale. Conformément à cette déclaration de principe, une collaboration commence avec l'Union soviétique au cours de l'année 1924. Le bureau politique russe envoie au KMT un conseiller permanent : Borodine. Les officiers russes encadrent l'armée nationaliste. Les militaires chinois sont envoyés à Moscou. L'un d'eux, Tchang Kaï Chek, jeune colonel, à son retour, fonde l'Académie militaire de Canton. Cette opération est bénéfique pour le KMT qui réussit ainsi à moderniser son armée qui n'est plus constituée de mercenaires et à restructurer son parti selon les méthodes bolcheviques.

Parallèlement à l'action menée par le KMT, le parti communiste chinois prend naissance en juillet 1921. Il rassemble un petit groupe d'intellectuels autour de l'ancien doyen de la faculté des lettres de Pékin, Chen Du Xiu et s'évertue à mettre en pratique les grandes leçons du marxisme russe. En août 1922, il est invité par le représentant de l'IC, Maring, à adhérer au KMT. Cette adhésion tactique, selon Maring, constitue l'unique moyen pour les communistes chinois de nouer des liens avec le mouvement populaire pour mieux assurer la direction du combat prolétarien.

Reprenant à son compte la proposition de Maring, le bureau politique du parti russe invite officiellement tous les militants communistes chinois à entrer dans le KMT. Une telle mesure s'avère positive puisque le parti communiste chinois voit son influence grandir au sein des masses ouvrières. Il joue un rôle important, dès 1924, dans les grèves de Canton et de Hongkong, en 1925 dans les manifestations ouvrières de Shangai. Il anime le syndicat général des travailleurs qui atteint le chiffre de 500000 adhérents en 1925. Avec des militants comme Mao Tsé Toung et Pong Paï, il commence à s'implanter en milieu rural. Il compte alors en 1925 jusqu'à 20000 militants. Plusieurs de ses représentants occupent au sein du KMT des postes importants : Li Da Zhao et Tan Ping Shan sont membres de l'exécutif du KMT, Mao Tsé Toung est suppléant et Chou En Laï est responsable de l'Académie militaire de Canton.

Cette politique d'alliance pour le moins surprenante qui associe nationalisme et marxisme, bourgeoisie nationale et classes opprimées ne semble pas être un motif de discorde au sein même de l'IC et du PCR. Certes, Léon Trotsky s'est montré hostile à l'entrée des communistes au sein du KMT mais ne fait pas de cette question son cheval de bataille. Radek, pour sa part, apporte son soutien à cette politique. Chacun considère qu'il s'agit d'une orientation justifiée et légitime dans le cadre des thèses du IIe congrès de l'IC présentées par Lénine sur la question nationale et coloniale. Mais très vite la situation va se dégrader.

Au cours de l'année 1925, devant la poussée des grèves organisées par le PCC, le KMT s'inquiète et commence à enrayer ce mouvement. De son côté, le PCC propose la sortie du KMT afin de mieux diriger la lutte des travailleurs. L'IC oppose son veto. La ligne qu'elle dicte aux communistes chinois est d'éviter d'engager des combats de classe contre la bourgeoisie patriotique du KMT, de freiner notamment les mouvements agraires, de s'abstenir de toute critique du Sun Yat Senisme. Staline et Boukharine justifient cette politique de cette manière : la république chinoise est une république bourgeoise. Dans la lutte contre le féodalisme et la bourgeoisie internationale, la bourgeoisie chinoise a un rôle révolutionnaire et anti-impérialiste et l'alliance entre elle et les ouvriers paysans doit être préservée.

Durant l'été 1926, les manifestations populaires prennent une ampleur incomparable. Un puissant mouvement de masse ouvrier et paysan se développe et culmine avec l'explosion des grèves de Canton et de Hankéou. Des soulèvements paysans contre les seigneurs et des révoltes urbaines contre les impérialistes se multiplient. Le KMT, littéralement porté par l'élan de ce mouvement semble diriger et incarner la révolution nationale anti-impérialiste en Chine. Depuis la mort de Sun Yat Sen, le général Tchang Kaï Chek, chef de « l'armée révolutionnaire » partage avec Wang Chin Wei la direction du parti. Bientôt inquiet de la montée du mouvement ouvrier et de l'influence des communistes et des conseillers soviétiques, la bourgeoisie du KMT opère, sous la direction de Dai Ji Tao, un regroupement de droite et accorde toute sa confiance à Tchang Kaï Chek. Le 20 mars 1926, ce dernier réalise son premier coup d'Etat à Canton. Ses soldats arrêtent plusieurs de ses rivaux nationalistes et plusieurs dirigeants communistes.

En mai, il obtient de l'exécutif du KMT que les communistes soient tenus à l'écart des postes responsables. Devenu chef de parti et commandant en chef, il prend tous les pouvoirs afin de mener à bien la reconquête du territoire chinois sur « les Seigneurs de la guerre » dans le nord du pays. En juillet, il proclame la loi martiale, assimilant la grève à un acte de sabotage, sans provoquer de réaction des communistes chinois. Staline et Boukharine sont convaincus de la mission historique du KMT de diriger la révolution en Chine. Ils saluent l'avancée de Tchang Kaï Chek comme le symbole de la progression démocratique et sociale. Au cours du VIe plénum de l'exécutif de l'IC réuni le 4 mars 1926, ils définissent le KMT comme « le bloc révolutionnaire des ouvriers, des paysans, des intellectuels et de la démocratie urbaine » (le bloc des quatre classes). Le KMT est admis comme « parti sympathisant » dans l'IC et Tchang Kaï Chek comme membre d'honneur à son præsidium. Pour Staline, la faiblesse de la bourgeoisie chinoise justifie une telle politique et autorise même la participation communiste au pouvoir capitaliste. Pour ne pas alarmer cette bourgeoisie insignifiante selon lui et pour rassurer Tchang Kaï Chek, il prescrit par ses émissaires de fermer les yeux sur la répression des grèves du sud et de faire confiance aux chefs civils et militaires de Canton. Face au premier coup de force de mai 1926 de Tchang Kaï Chek, Staline invite la presse soviétique à taire la vérité. L'opposition russe avec Léon Trotsky, pour sa part, refuse une telle orientation et exige une politique et une organisation distinctes pour soustraire les communistes chinois de la tutelle du KMT. La politique menée par Tchang Kaï Chek à la fin de l'année 1926 et au printemps 1927 n'inquiète pas outre mesure les responsables soviétiques. Pour eux, il continue à apparaître comme le grand allié de la Russie et le dirigeant prestigieux de la révolution anti-impérialiste.

L'analyse de Marcel Fourrier

Face à cette période cruciale de l'histoire de la Chine, comment Marcel Fourrier se comporte-t-il ? Quel type d'analyse soutient-il ? Quel genre d'approche du terrain politique et économique de ce pays se propose-t-il de développer ? Parvient-il à saisir avec profondeur et sagacité la réalité et les contradictions de la stratégie révolutionnaire définie par l'IC et appliquée par le PCC ?

Dans la série d'articles qu'il présente dans *Clarté,* Marcel Fourrier se contente le plus souvent de reproduire la ligne officielle du marxisme russe. Marcel Fourrier dans le n° 2 de *Clarté* entreprend tout d'abord de montrer l'importance des différents impérialismes sur le territoire chinois et notamment les impérialisme japonais et américain qui se livrent une bataille sans merci pour exploiter la richesse de la Chine et qui cherchent avec le même acharnement à prendre le contrôle de l'immense marché asiatique.[1] Considérant alors le mouvement national chinois, il met l'accent sur l'importance de la formation de Sun Yat Sen qui a su renouveler son action politique en organisant la lutte à la fois contre les forces capitalistes étrangères et contre les parlementaires corrompus du gouvernement républicain de 1911. Les grandes grèves de 1924, la constitution d'armées populaires dirigées par la classe ouvrière, en liaison avec les éléments les plus extrémistes du KMT dans les principales villes du sud, reflètent parfaitement le dynamisme des nationalistes chinois et leur volonté de servir les intérêts des classes populaires. Pour Marcel Fourrier, il ne fait aucun doute que le mouvement de libération de la Chine gagne de plus en plus de terrain et évolue inéluctablement vers la lutte de classe. Il n'hésite pas une seconde à accorder, dans le numéro suivant, au parti national de Sun Yat Sen des vertus politiques essentiellement démocratiques.[2] Il écrit :

« Le KMT se garde bien de perdre le contact avec les masses. [...] Le KMT s'efforce de réaliser un véritable gouvernement démocratique correspondant aux intérêts des paysans et des ouvriers pour annuler les traités imposés à la Chine par les puissances impérialistes. »

Parlant du programme du KMT, il lance :

« L'importance de ce programme ne saurait échapper à personne. S'il était réalisé, la révolution socialiste aurait fait en Chine un progrès vers son émancipation totale qui marquerait du même coup un pas en avant de la révolution mondiale. »

---

[1] Marcel Fourrier, « La libération de la Chine marquera le déclin de l'impérialisme et ouvrira l'ère des révolutions », *Clarté* n° 2, 1926-1927.
[2] Marcel Fourrier, « Où va la Chine ? », *Clarté,* n° 3, 1926-1927.

Dans le n° 6, Marcel Fourrier[1] semble se donner les moyens de faire une étude politique plus pertinente en se penchant sur la composition sociale et politique de la Chine, mais une fois de plus, il se satisfait d'une conception caduque de la lutte révolutionnaire. Si le KMT lui apparaît comme « un bloc révolutionnaire populaire en majorité petit bourgeois », il n'hésite pas à déclarer :

« Or c'est seulement en fonction du rôle que joue à l'intérieur du KMT le prolétariat, c'est en fonction de l'aptitude plus ou moins grande qu'acquiert ce prolétariat à diriger la masse immense de la paysannerie que la Chine évoluera plus ou moins rapidement vers le socialisme. »

Reproduisant un entretien de Tchang Kaï Chek, réalisé par un journaliste américain le 23 novembre 1925 et s'attachant à la déclaration suivante de ce dernier :

« Les bases politiques du nouveau gouvernement seront celles définies dans les trois principes du peuple du docteur Sun Yat Sen. La forme de ce nouveau gouvernement dans ses grandes lignes sera la même que celle du gouvernement actuel de la Russie. »

Marcel Fourrier affirme :

« Les principes du KMT ne sont pas ceux du socialisme mais ils donnent une base réelle, non capitaliste, à un gouvernement populaire (consacrant l'union des paysans et des ouvriers et des classes moyennes) pour édifier le socialisme. »

Marcel Fourrier, dans ses diverses analyses, ne semble pas comprendre l'antinomie existant au sein du KMT et, confiant dans les thèses populaires de Sun Yat Sen et les affirmations de Tchang Kaï Chek, se convainc que le mouvement d'émancipation nationale en Chine prendra nécessairement le chemin du socialisme malgré la présence d'une haute bourgeoisie d'affaires et d'une bourgeoisie commerçante artisanale largement implantées dans le parti chinois.

Dans son éditorial du n° 8 « Défendons la révolution chinoise », *Clarté* entrevoit ce danger seulement. Les Etats capitalistes, note *Clarté,* peuvent en effet détourner la révolution de ses buts et faire accéder au pouvoir la bourgeoisie nationale. Cependant, *Clarté* reste confiante dans l'aile gauche du KMT et les thèses de Sun Yat Sen car il est possible, écrit-elle, de « faire brûler à la révolution chinoise l'étape capitaliste que toutes les révolutions nationales ont connue, en évoluant de la féodalité vers le marxisme ». Etudiant plus attentivement les forces politiques qui composent le KMT, *Clarté* distingue un courant prolétarien et un courant bourgeois au sein même de la formation nationaliste et s'inquiète logiquement de la menace que ce dernier peut faire peser sur le mouvement révolutionnaire. Cependant,

---

[1] Marcel Fourrier, « Les buts de la révolution chinoise », *Clarté,* n° 6, 1926-1927.

tout à fait optimiste, *Clarté* croit naïvement au maintien et au respect de l'unité du KMT :

« L'unité dans le KMT repose essentiellement sur un programme parfaitement défini et que pas plus Tchang Kaï Chek que les autres leaders dits « modérés » ne songent à transgresser. Certes, il existe une aile droite dans le KMT, dont la plupart des leaders ont été exclus précédemment, aile droite composée d'éléments manifestement bourgeois, prêts à se détourner de la voie révolutionnaire, désireux de tirer la révolution en arrière, partisans toujours de la lutte pour l'émancipation nationale et contre les militaristes du nord mais aussi quelque peu effrayés par le réveil formidable des masses paysannes opprimées, droites qui sont pour les transactions avec l'impérialisme, contre la lutte des classes. »

Ayant perçu les dangers réels qui pèsent sur l'avenir de la lutte politique révolutionnaire, *Clarté* cependant ne les dénonce pas.

Les études de la révolution chinoise sont à ce stade singulièrement maladroites. Marcel Fourrier et *Clarté* n'ont pas déjoué le piège et n'ont pas vu que la bourgeoisie et les forces militaires réactionnaires allaient constituer le principal obstacle à l'affirmation d'une révolution socialiste. Les thèses du bloc des quatre classes définies par Staline et l'IC, principes foulant au pied les fondements du marxisme-léninisme, ne rencontrent aucune objection de la part de Marcel Fourrier et de *Clarté*. Ils se contentent de reproduire les thèses officielles de l'IC placée sous la direction de Staline et de suivre le PCF et *l'Humanité* dans leurs diverses déclarations et analyses sur le phénomène chinois.

La politique menée par Tchang Kaï Chek à la fin de l'année 1926 et au printemps 1927 n'inquiète pas outre mesure les communistes. Pour eux, il demeure le grand allié de la Russie et le dirigeant prestigieux de la révolution anti-impérialiste. Son comportement en tant que chef de l'armée révolutionnaire devant la ville de Shangai ne provoque aucune réaction d'hostilité. Alors que les syndicats de Shangai dirigés par les communistes décident, à partir de février, le soulèvement armé, soulèvement qui est réprimé par le commandant de la place, le général Li, l'armée de Chang Kaï Chek cesse subitement sa progression sur la ville insurgée. Constatant alors malgré les efforts du général Li que l'insurrection ouvrière gagne du terrain et se trouve sur le point de l'emporter, Tchang Kaï Chek décide le 26 mars d'entrer dans la ville. Avec l'appui des hommes d'affaires occidentaux et des banques, il organise aussitôt des troupes de choc afin de pouvoir étouffer au plus vite la révolte ouvrière. Ses préparatifs, ses liens avec les forces réactionnaires sont si évidents qu'il est désavoué par le KMT. Pourtant, la presse communiste salue sa victoire. Pour *l'Humanité* du 23 mars 1927, son entrée à Shangai signifie le début de la « grande commune » chinoise, une nouvelle étape de la révolution mondiale. A Moscou, Staline, le 5 avril 1927, devant le parti, affirme que Tchang Kaï Chek se soumet à la discipline :

« Tchang Kaï Chek n'a peut-être pas de sympathie pour la révolution, mais il dirige l'armée et ne peut faire autrement que de la diriger contre les impérialistes. »

La réalité apporte un violent démenti à de telles assertions. Le 6 avril, Tchang Kaï Chek prend l'offensive et devient maître de la ville. Son coup de force contre les révolutionnaires réussit. Il se retourne contre le prolétariat ouvrier et paysan. Des milliers de syndicalistes et de communistes, accusés d'être réactionnaires, sont désarmés puis massacrés. Le gouvernement insurrectionnel est dissous, les conseillers soviétiques sont en fuite, le PCC est traqué. Ce n'est que le 20 avril, dans une édition de « La Correspondance internationale » qu'on reconnaît la « trahison de Tchang Kaï Chek ». Staline ne peut admettre qu'il se soit trompé et recommence la même politique en plaçant les mêmes illusions dans les forces révolutionnaires du gouvernement de Wou Han que dirige l'homme du KMT de gauche Wang Iung Wei et qui compte deux ministres communistes.

L'étude de Victor Serge

Après les sinistres mécomptes de Shangaï et de Canton, *Clarté* comprend qu'elle a fait fausse route. Il n'est plus question pour elle d'approcher les événements chinois sans une attention critique certaine. Il ne s'agit plus, pour elle, de se faire naïvement l'écho de la ligne officielle du PCR. Elle reconnaît d'ailleurs, sans difficulté, ses erreurs et annonce à ses lecteurs qu'elle va désormais assurer une fonction d'information et d'analyse politiques beaucoup plus rigoureuse et précise. Elle écrit, sous la plume de Pierre Naville :

« Il faut convenir que comme tous nos camarades, nous avons souvent manqué de documentation sérieuse et détaillée. Si bien qu'à un problème théoriquement bien posé, nous avons parfois donné – avec l'ensemble de l'Internationale – des solutions douteuses et même franchement erronées, sur des points aussi importants que la fonction bourgeoise du KMT, le mouvement paysan, l'armée nationale révolutionnaire etc... Les récents articles de Victor Serge s'efforcent de remettre les choses au point. Ne respectant que les résultats obtenus par la véritable critique et par l'étude détaillée des questions et des positions diverses, nous continuerons à apporter des éclaircissements[1]... »

Marcel Fourrier, pour sa part, admet lui aussi qu'avec *Clarté* il s'est fourvoyé mais à l'inverse de son camarade, il ne fait aucune allusion à l'Internationale :

« Dans quelques-unes de nos précédentes études, nous avons commis, faute de renseignements précis, un certain nombre d'erreurs dans

---
[1] Pierre Naville, « L'activité de *Clarté* », *Clarté,* n° 11, 15 juillet 1927.

l'appréciation exacte de la situation, principalement en ce qui concerne les rapports du KMT et le prolétariat chinois et les problèmes de la lutte des classes en Chine[1]. »

Clarté décide de faire appel à Victor Serge[2] afin qu'il étudie en profondeur la révolution chinoise. Sous son influence, *Clarté* va, à partir de mai 1927, se dégager d'une position marxiste conventionnelle pour aborder, d'un œil critique, les décisions du PCR et de l'IC. *Clarté* dispose en effet en la personne de Victor Serge d'un politologue de premier plan.

Jusqu'en 1922, Victor Serge remplit les fonctions officielles de représentant de l'IC en Europe occidentale et centrale. En désaccord avec l'action du Komintern, il renonce quelques années plus tard à occuper plus longtemps une telle charge. L'échec de l'insurrection ouvrière allemande, la mort de Lénine suivie d'un durcissement idéologique général, la bolchevisation accélérée et systématique des partis communistes nationaux sont autant d'éléments qui le poussent à prendre une telle décision. A la fin de l'année 1924, il passe dans le camp oppositionnel au côté de Trotsky. Membre du centre d'opposition de gauche, il se spécialise dans l'étude des questions internationales. Après la victoire de la coalition Staline, Rykov, Boukharine, en décembre 1925, il s'engage résolument dans l'action militante, organisant avec ses amis de Leningrad des campagnes de recrutement, des réunions semi-clandestines de propagande. Il assure personnellement la liaison entre le centre oppositionnel de Leningrad et celui de Moscou animé par Trotsky lui-même. Il reste, sur le plan officiel, membre de la cellule communiste d'un grand quotidien du soir de Leningrad : la *Krassnaya Gazeta*. En 1926, la révolution chinoise mobilise toute son attention. Il se trouve au cœur de la campagne menée par l'opposition contre Staline. Il est en effet responsable de la commission internationale du centre de Moscou avec notamment Kharitonov, porte-parole de Zinoviev, Radek, F. Wolf, A. Nin, le Bulgare Lebedeff. Il bénéficie d'une masse d'informations sur la révolution chinoise d'une exceptionnelle richesse grâce aux

---

[1] Marcel Fourrier, « La lutte des classes dans la révolution chinoise », *Clarté*, n° 9, 15 mai 1927.
[2] Victor Serge, depuis 1921, est un collaborateur assidu de la revue *Clarté*. Observateur privilégié de la vie politique et sociale de la Russie, il fait paraître une série d'analyses sur le bolchevisme et ses principaux dirigeants mais également sur les grands courants de la littérature prolétarienne issus d'Octobre 1917, jusqu'en octobre 1925. Peu au fait du rapprochement entre *Clarté* et les surréalistes puis de l'échec de *La Guerre civile*, il demeure, au printemps 1926, membre de l'équipe rédactionnelle de *Clarté* et répond tout naturellement à l'invitation de Pierre Naville d'aborder la question de l'insurrection chinoise.
Voir Alain Cuenot, « La contribution de Victor Serge à *Clarté*, 1921-1928 », in : Colloque, *Victor Serge, vie et œuvre d'un révolutionnaire*, Université libre de Bruxelles, mars 1991, p. 422-432.

témoignages de camarades qui se sont rendus en Chine, grâce aux documents de Radek, recteur de l'université chinoise de Moscou, de Zinoviev et de Trotsky. Il est parfaitement au courant des analyses politiques de l'opposition unifiée et des mises en garde prononcées au printemps 1927 à l'adresse de Staline, en particulier celles de Radek qui, le 18 mars 1927, au cours d'une conférence à l'académie de Moscou, annonce la dislocation fatale de la coalition nationaliste-communiste du KMT et signale le danger imminent des mitrailleuses de l'armée de Tchang Kaï Chek pour les ouvriers de Shanghai, et celles de Trotsky qui le 3 avril réclame l'indépendance du PCC vis-à-vis du KMT et dénonce le coup d'Etat du chef révolutionnaire, « nouveau Pilsudski ». Victor Serge, en tant que membre de l'opposition, multiplie en qualité de journaliste les publications aux centres de Moscou et de Leningrad malgré la répression qui sévit alors. C'est à partir de mai 1927 qu'il inaugure pour *Clarté* une série d'articles de première importance sur la Chine et l'IC.

Désormais, Victor Serge va se charger d'expliquer comment la situation chinoise évolue, dans quel sens, vers quels objectifs. Ses articles, d'un intérêt remarquable, ont toujours pour souci de soutenir une argumentation juste, équilibrée et vivante. Pierre Naville rappelle à ce sujet :

« Victor Serge nous adressait ses textes directement rédigés en français, comme tout ce qu'il écrivait. Son activité professionnelle à Leningrad (où il habitait) était la traduction d'ouvrages russes en français. Son ambition était d'être un écrivain et journaliste français. Aussi était-il exigeant sur la propriété des mots, la syntaxe et ce qu'on appelle le « style ». C'est ce qui donne à ses rédactions un caractère vivant qu'on ne trouve pas souvent dans les textes politiques et révolutionnaires, et qui tranche avec le dogmatisme et les formules toutes faites. Lorsque je le rencontrai pour la première fois à Moscou, en novembre 1927, il me demanda aussitôt si « son français était encore correct ». Je l'assurai que les correspondances publiées dans *Clarté* en offraient la preuve même[1]... »

Dans l'ensemble, les différentes études de Victor Serge visent à démontrer clairement les erreurs de l'IC et son entêtement - et par-là même l'insuffisance manifeste de l'argumentation développée par les communistes français - en s'inspirant directement de la plate-forme de l'opposition de gauche unifiée en Russie.

Dans son premier article[2], Victor Serge s'en prend tout d'abord « à la désolante faiblesse de l'information sur la révolution chinoise ». Il déplore

---

[1] Victor Serge, « La révolution chinoise, 1927-1929 », Paris, Savelli, 1977, 145 p., introduction de Pierre Naville p. 12.
[2] Le tout premier article que publie Victor Serge dans *Clarté* (n° 7, 15 mars 1927) demeure une étude d'intérêt général sur la manière dont est perçue la civilisation chinoise en Europe, sur l'influence qu'exerce le bolchevisme en Asie, sur le poids

notamment que les agences soviétiques présentes en Chine n'aient pas assuré une information suffisamment attentive et fouillée.

Au-delà de ces premières remarques, Victor Serge étudie les différentes forces économiques et sociales mobilisées dans l'effort de libération nationale et anti-impérialiste. Mettant en lumière la puissance de révolte de la classe paysanne décidée à combattre l'esclavage dont elle est l'objet, il tient à montrer que le PCC, dans sa stratégie politique, n'a même pas tenu compte des intérêts paysans. Considérant les tragiques événements de la lutte insurrectionnelle chinoise qui ont vu Tchang Kaï Chek écraser le prolétariat de Shanghai, il fait remarquer que le PCC et l'IC, plus soucieux de maintenir un front uni anti-impérialiste, ont totalement négligé les principes de base du marxisme-léninisme et par-là même les intérêts de classe du prolétariat.

Considérant la société chinoise en lutte contre les puissances étrangères, Victor Serge insiste sur la place déterminante du prolétariat ouvrier qui a su, après de graves et sanglantes épreuves, mûrir et s'organiser. Il distingue, aux côtés de la classe ouvrière, un allié naturel : le paysannat qui représente un atout révolutionnaire de la plus grande importance. Ecrasée de misère, outrageusement exploitée, la masse paysanne est décidée, par tous les moyens, à mettre fin au règne de la féodalité. Victor Serge souligne, dans cette approche économique, le rôle non négligeable des artisans et des petits commerçants qui se prolétarisent de plus en plus du fait d'une industrialisation envahissante et qui vont de ce fait rejoindre tout naturellement le camp des mécontents. Face à ce monde varié et complexe des exploités, se dresse la bourgeoisie chinoise prête à abolir toute trace d'intervention européenne ou américaine mais résolue à défendre coûte que coûte ses privilèges économiques et politiques. Dans ce tableau général, Victor Serge tient à révéler le caractère parfaitement antinomique des différentes couches politiques engagées dans l'effort commun d'émancipation nationale et révolutionnaire :

« Les intérêts essentiels de ces diverses classes les dressent en ce moment contre l'impérialisme. Ils n'en demeurent pas moins antagoniques par ailleurs et doivent même entrer en conflit sur la façon de finir la révolution nationale et d'en organiser le lendemain. Quel bénéfice en retireront les ouvriers ? Jusqu'où ira la révolution agraire que le prolétariat seul peut soutenir et guider ? Ces questions sont vitales pour toutes les classes en présence[1]. »

---

idéologique du marxisme dans la lutte des classes. C'est à partir du n° 9 du 15 mai 1927 intitulé « La lutte des classes dans la révolution chinoise » que Victor Serge se penche directement sur la réalité politique du mouvement révolutionnaire chinois, point de départ d'un travail analytique d'une très grande rigueur.
[1] Victor Serge, « La lutte des classes dans la révolution chinoise », *Clarté,* n° 9, 15 mai 1927.

De la même manière, il s'attache à souligner l'évidente « capacité de trahison et de réaction » de la bourgeoisie dans l'élan de libération du peuple chinois :

« La bourgeoisie et les couches supérieures de la petite bourgeoisie (commerçants, intellectuels), représentent dans ces conditions une redoutable capacité de trahison et de réaction, en même temps qu'un facteur de modération dans l'élan révolutionnaire et de compromis avec l'étranger (la bourgeoisie chinoise s'accommoderait sans doute volontiers d'une pénétration économique des capitaux étrangers « invisible », délicate, respectueuse de ses « intérêts nationaux », analogue en un mot à celle des capitaux français, anglais, allemands et belges en Russie, de 1890 à 1914). Mais ni les prolétaires, ni les artisans et les paysans pauvres – et ils sont la masse – ne peuvent se contenter d'une révolution modérée qui s'arrêterait, saisie d'un pieux respect, devant la grande propriété industrielle, les coffres-forts et les cadastres... et ce profond conflit d'intérêt nous confirme que les seules classes révolutionnaires, capables d'assurer la victoire de la révolution nationale sur les survivances féodales de l'intérieur et de l'impérialisme étranger sont précisément les classes laborieuses qui ne peuvent pas, non plus, assurer la révolution bourgeoise, démocratique, sans la dépasser et s'orienter vers le socialisme avec d'autant plus de force que les trahisons, les tentatives de réaction, les complots de la bourgeoisie avec l'étranger, la guerre même, peuvent nécessiter des ripostes difficiles à prévoir[1]... »

S'intéressant plus particulièrement à caractériser la poussée révolutionnaire du monde paysan depuis 1922 et du monde ouvrier, leur rapport de force avec le KMT et son leader Sun Yat Sen, Victor Serge constate amèrement que le PCC ne s'est pas soucié d'élaborer un programme de politique agraire, qu'il n'a pas tenu compte en vérité du spontanéisme révolutionnaire du paysannat et qu'il n'a pas cherché à quadriller suffisamment la masse des travailleurs.

Ayant ainsi souligné les contradictions et les imperfections plus ou moins importantes qui marquent le mouvement révolutionnaire chinois, Victor Serge en vient à analyser en profondeur l'évolution de la lutte révolutionnaire au printemps 1927. Considérant alors les succès remportés par les forces ouvrières et paysannes, puis les premières formes de trahison de Tchang Kaï Chek à Canton, enfin sa terrible politique de répression mise en place à Shanghai en avril 1927, Victor Serge s'étonne que les responsables communistes internationaux n'aient pas pu discerner le sens de la démarche contre-révolutionnaire du KMT et de son leader :

« Quoiqu'il en soit, le désarmement et la saignée infligée au prolétariat de Shanghai constituent une lourde défaite qui n'apparaît nullement comme ayant été inévitable et il était possible de la prévoir et peut-être de

---
[1] *Ibid.*

l'empêcher. Les prolétaires révolutionnaires de Shanghai se sont laissés mener au guet-apens par la bourgeoisie libérale et militaire qui forme la droite du KMT. L'IC ne manquera pas de rechercher les erreurs commises et de tirer la leçon de ces faits. »

Victor Serge en vient tout naturellement à caractériser le comportement idéologique du PCC dans la lutte insurrectionnelle, ses rapports avec le KMT et la position doctrinale de l'IC. Il note tout d'abord que les responsables communistes chinois, face à la trahison de Tchang Kaï Chek se décident à changer d'orientation et à rompre avec le KMT. Mais l'IC rejette une telle résolution comme erronée et invite fermement le PCC à conserver une unité idéologique solide et sans faille avec le KMT. De son côté, l'opposition de gauche avec Trotsky puis avec Zinoviev repousse une telle orientation. Victor Serge ne peut admettre, lui aussi, un comportement aussi imprudent et affirme qu'il conduit à la négation même du marxisme. Il écrit :

« Et le certain, c'est qu'un parti communiste ne peut, ni ne doit jamais, sous peine de perdre la raison d'être – et ses effectifs – admettre dans son action quotidienne la substitution à son programme du parti représentant d'autres classes[1]. »

Il ajoute que les thèses de Lénine opposent un violent démenti à de telles conceptions. Il les cite pour mémoire :

« L'Internationale communiste ne doit soutenir les mouvements internationaux démocratiques-bourgeois des colonies et des pays arriérés qu'à la condition que les éléments des futurs partis prolétariens, communistes, non seulement d'une façon nominale soient, dans tous les pays arriérés, groupés et éduqués dans la conscience de leur propre mission qui est de combattre les mouvements démocratiques-bourgeois au sein même de la nation : l'Internationale communiste doit conclure des alliances provisoires avec la démocratie bourgeoise des colonies et des pays arriérés, mais non point se fondre avec elle, et maintenir inconditionnellement l'indépendance du mouvement prolétarien, fût-ce le plus embryonnaire[2]. »

Pour Victor Serge, il est temps d'appliquer avec sérieux une politique essentiellement marxiste et révolutionnaire. Il écrit :

« Désormais, l'intransigeance doctrinale du PC, l'armement des ouvriers – dont on a eu tort, me semble-t-il de ne pas faire jusqu'à présent l'un des mots d'ordre essentiel de l'action prolétarienne (c'eût été s'inspirer sagement des directives données par Lénine dès la chute de l'autocratie russe en mars 1917) – et des paysans, l'hégémonie du prolétariat dans la révolution, l'hégémonie du PC dans le KMT révolutionnaire, l'extension de la révolution agraire, l'appel aux masses, le contrôle des masses sur le gouvernement révolutionnaire, la création des organisations de masses

---

[1] *Ibid.*
[2] *Ibid.*

permettant ce contrôle, sont les seuls chemins de l'avenir, et ces chemins mènent de la révolution démocratique bourgeoise, à la révolution socialiste[1]. »

La situation révolutionnaire chinoise n'est pas totalement compromise. Confiant et optimiste, Victor Serge croit dans une victoire prochaine du prolétariat :

« Quoiqu'il en soit, la situation économique et sociale de la Chine ne permet pas d'escompter, même en cas de victoire de la bourgeoisie, une stabilisation réellement durable. La bourgeoisie chinoise ne peut résoudre ni le problème agraire ni la « question ouvrière ». Et la révolution chinoise n'est pas, dans sa phase actuelle, à la merci d'un pronunciamiento. Elle exige des solutions autrement amples et radicales que celle du sabre. Tchang Kaï Chek durera quelques semaines ou quelques mois[2]. »

Avec ce premier article, Victor Serge fait preuve d'une claire détermination. Il est résolu à entreprendre un travail d'éclaircissement vigoureux dans les rangs communistes. Sans jamais tomber dans un dogmatisme étroit, il se penche d'une manière vivante sur les événements et jette beaucoup de lumière sur ce qui se passe alors dans le camp des révolutionnaires chinois et des communistes russes.

Dans son second article[3], Victor Serge s'avère encore beaucoup plus ambitieux et critique. D'entrée, il lance un appel aux communistes afin qu'ils réfléchissent sérieusement sur les questions d'orientation révolutionnaire du marxisme et approche avec une attention critique la crise qui secoue le PCR et l'IC. Il n'est pas question, pour Victor Serge, de se réfugier dans un attentisme facile et stérile. Il est nécessaire, au nom de la révolution, de défendre une conception vraie et profonde du marxisme :

« Mais comment ne pas déplorer le manque d'initiative intellectuelle de la presse révolutionnaire en général ? La presse communiste et sympathisante s'est bornée à publier quelques études économiques et les traductions d'un certain nombre de travaux, importants, du reste, des militants russes. On est en droit d'en demander davantage à notre mouvement, à notre parti. La révolution chinoise impose à tous les marxistes révolutionnaires un effort studieux de compréhension et de recherche…

Sans intelligence des problèmes internationaux, pas d'éducation communiste. Sans travail assidu, critique, autocritique, sans initiative de la masse même des militants, pas d'intelligence des problèmes internationaux.

---

[1] Victor Serge, « La lutte des classes dans la révolution chinoise », *Clarté,* n° 9, 15 mai 1927.
[2] *Ibid.*
[3] Victor Serge, « La lutte des classes dans la révolution chinoise », *Clarté,* n° 11, 15 juillet 1927.

Connaître et comprendre la révolution chinoise afin de combattre à ses côtés[1]. »

Après avoir lancé cette profession de foi, Victor Serge, reprenant son analyse du problème chinois, approche alors avec attention les questions idéologiques essentielles qu'il avait soulevées dans son précédent article, à savoir la question de la révolution nationale et du maintien systématique d'une unité idéologique au sein des forces révolutionnaires chinoises, la question du front anti-impérialiste et de ses conséquences dans le combat prolétarien, enfin la question de la lutte des classes et du sens véritable qu'il faut lui donner.

Victor Serge insiste en effet sur l'argument erroné et dangereux du bloc des quatre classes, développé par Staline, selon lequel il est indispensable de créer un front uni entre « ouvriers, paysans, petite et moyenne bourgeoisie », afin d'assurer la victoire de la révolution chinoise. Cette thèse ne vaut, déclare Victor Serge, que dans le cas d'une révolution bourgeoise, en aucune façon dans le cas d'une révolution prolétarienne :

« La révolution nationale résulte ainsi des efforts convergents de la bourgeoisie, des classes moyennes, des paysans, des prolétaires. Il serait néanmoins d'un simplisme enfantin d'en déduire que ces quatre forces distinctes, antagonistes, peuvent atteindre, par une action commune, un résultat commun et marquer ainsi une étape du mouvement, avant de passer à la suivante : celle où s'affronteraient, ennemis désormais, les prolétaires et les paysans pauvres d'un côté, la bourgeoisie de l'autre (les classes moyennes, moins homogènes, étant comme de coutume sollicitées en des sens contraires). Chaque classe ne peut poursuivre que dans l'action actuelle, bien plus convergente en réalité que commune, ses propres fins[2]. »

Victor Serge avertit aussi les révolutionnaires du danger que représente l'idéologie nationale qui ne sert qu'à détourner le prolétariat de la lutte de classe. Il ne s'agit pas seulement de combattre le capitalisme étranger, fait-il remarquer, il faut aussi détruire le fondement même du capitalisme national. Victor Serge ne peut admettre qu'on réduise la lutte du prolétariat chinois à une lutte essentiellement impérialiste. La victoire de la révolution nationale ne règle en rien le sort des opprimés. Il n'est donc pas possible, dans ces conditions, d'envisager pour la Chine une révolution par étapes. La grande leçon de Lénine, en 1917, démontre parfaitement la caducité d'une telle position :

« La conception d'un développement par étapes selon laquelle la révolution bourgeoise une fois victorieuse, l'unité nationale réalisée, l'ère prolétarienne et de la révolution agraire – d'aucuns disent même de la

---

[1] *Ibid.*
[2] Victor Serge, « La lutte des classes dans la révolution chinoise », *Clarté,* n° 11, 15 juillet 1927.

« réforme agraire » - s'ouvrirait, cette conception ne relève que d'une casuistique fantaisiste[1]. »

Le mythe de l'Union sacrée contre l'impérialisme a conduit à commettre plusieurs fautes. C'est en son nom, déclare Victor Serge, que les révolutionnaires chinois ont hésité à soutenir le mouvement paysan par crainte d'effrayer la bourgeoisie nationale, c'est en son nom que la direction de Tchang Kaï Chek est tolérée à partir de mars 1926 jusqu'à la tragédie de Shanghai en 1927. En fait, la réalité de la lutte des classes a été sacrifiée. Les grandes leçons du marxisme-léninisme ont été négligées ou oubliées, les mots d'ordre fondamentaux prononcés par Lénine en 1917 comme : le pouvoir au peuple, l'armement des masses, la terre aux paysans, ont été ignorés. Le gouvernement hétéroclite de Wou Han où se retrouvent associés actuellement, le KMT, ses éléments réactionnaires, nationalistes et petit bourgeois et le PCC est la traduction vivante des errements des responsables communistes.[2]

Poursuivant son analyse critique de la lutte révolutionnaire en Chine, Victor Serge, dans le n° 12 de *Clarté,* met l'accent sur la puissance révolutionnaire du mouvement paysan, question jusque-là négligée par les responsables communistes, puis dresse un violent réquisitoire contre l'IC et ses représentants qui ont échoué dans la conduite de la révolution chinoise, enfin il s'en prend aux communistes de *l'Humanité* incapables d'analyser sérieusement la situation.

Victor Serge met en lumière l'atout considérable que constitue le monde payan dans la lutte révolutionnaire. Il dépeint d'ailleurs les grandes structures socio-économiques du monde rural pour mieux mettre en valeur la force et la détermination des paysans à faire triompher leurs revendications. Il souligne à cet effet l'intelligence avec laquelle un jeune étudiant communiste : Mao Tsé Toung conçoit l'action politique révolutionnaire des paysans :

« J'ai lu bien des choses sur la révolution chinoise. Je n'ai trouvé nulle part de pensée communiste du meilleur aloi que celle du jeune militant inconnu, Mao Tsé Toung. Il a des formules frappées qui font irrésistiblement penser à celles de Lénine en 1917-1918. Voici ses conclusions (et les miennes) : la direction du mouvement révolutionnaire doit appartenir aux

---

[1] *Ibid.*
[2] Il faut rappeler que les responsables communistes, après le terrible échec de Shanghai d'avril 1927, ne cherchent pas à modifier leur orientation politique et à définir une nouvelle stratégie révolutionnaire. Ils s'obstinent, en effet, à soutenir l'action du KMT et à exiger que les membres du PCC apportent leur appui au gouvernement de Wang Jing Wei installé à Wou Han (Hankéou), considéré par Staline comme « le centre du mouvement révolutionnaire et de la démocratie bourgeoise en Chine ».

pauvres. Sans pauvres, pas de révolution. Se défier des pauvres, c'est se défier de la révolution, s'attaquer à eux, c'est s'attaquer à la révolution. Leurs mesures révolutionnaires ont été d'une justesse infaillible.

Si l'achèvement de la révolution démocratique est représenté par le nombre dix, la part des villes et de l'armée devra être représentée par trois et celle des paysans qui ont fait la révolution dans les campagnes par sept. »

Et Victor Serge d'ajouter personnellement :

« Si les dirigeants de la révolution chinoise s'étaient inspirés d'une conception aussi claire de la lutte des classes, toutes les victoires eussent été possibles. Hélas! [1] »

La défaite du prolétariat chinois est manifeste après la tragédie de Shanghai. Le passage de la révolution nationale à la contre-révolution est largement consommé. Victor Serge démontre que la collaboration de classe dans la révolution, l'Union sacrée contre les impérialistes sont autant d'erreurs tactiques impardonnables de la part de l'IC.

Abordant la question du gouvernement de Wou Han, Victor Serge s'étonne que les responsables communistes n'aient pas dénoncé son caractère réactionnaire. Rappelant les principales mesures[2] prises par un tel gouvernement, notamment l'écrasement de la révolte paysanne de Shanghai, sa volonté d'étouffer toute revendication syndicale ouvrière, il ne comprend pas qu'on ait pu montrer tant de naïveté. Insistant particulièrement sur la position de refus adoptée par les dirigeants de Wou Han de combattre Tchang Kaï Chek, il ne peut tolérer que la presse soviétique et Staline aient cherché par des explications contestables à justifier un tel geste. Il écrit à ce sujet :

---

[1] Victor Serge, « La lutte des classes dans la révolution chinoise », *Clarté,* n° 12, 15 août 1927.

[2] Victor Serge présente en index, d'une manière très précise, un rappel des faits concernant la politique suivie par le gouvernement de Wou Han, au cours du printemps et de l'été 1927. Il est utile en effet de revenir sur les décisions prises par de tels dirigeants à l'époque. Au milieu d'avril, Wang Jing Wei, chef du gouvernement nomme deux seigneurs de la guerre : Feng Yun Sian et Tan Shen Shi comme chefs des armées. Au début de mai, Wang Jing Wei limite le droit syndical et fait cesser une grève dans une entreprise américaine. Le 21 mai, il refuse d'intervenir pour mettre un terme à la répression militaire qui s'abat sur les paysans insurgés de la province de Shanghai. Il repousse toute idée de réforme agraire. Le 11 juin, il rejette les propositions du PCC de créer un front unique contre Tchang Kaï Chek. Effrayé par les manifestations ouvrières et paysannes, il adopte une politique de force et de répression. Pendant ce temps, le 15 juin, le général Feng engage des pourparlers amicaux avec Tchang Kaï Chek et se réconcilie avec lui de façon spectaculaire. Le 15 juillet, les dirigeants de Wou Han proclament la loi martiale mettant hors la loi les syndicats, le PCC et les unions paysannes et entame avec l'appui du général Feng la chasse aux militants.

« Les « belles » déclarations de Sun Fo[1] reproduites avec satisfaction par la presse soviétique n'eussent dû tromper personne. Le double jeu des chefs du KMT réussit à donner si complètement le change à la majorité des communistes que le secrétaire général du PC de l'URSS, Staline, approuva leur décision de ne point prendre l'offensive contre Tchang Kaï Chek afin de concentrer leurs efforts contre les nordistes[2]. »

Il cite un extrait tout aussi significatif du discours tenu par le chef du PCR aux étudiants de l'université de Sun Yat Sen qui répondant à la question posée : « Pourquoi le gouvernement de Wou Han combat-il Tchang Tso Lin au lieu de prendre l'offensive contre Tchang Kaï Chek ? » affirme :

« Vous en demandez trop au gouvernement de Wou Han […] Que Tchang Kaï Chek se démène avec les impérialistes […] Il est plus raisonnable de se joindre d'abord à Feng Yun Sian, de s'affirmer militairement, de développer la révolution agraire »…

Et Victor Serge d'ajouter :

« Feng hélas ne valait pas mieux que Chek avec qui il négociait sans doute déjà. Et les gouvernements de Wou Han ne faisaient que gagner du temps et cherchaient de bonnes raisons « stratégiques » pour ne pas combattre l'assassin du prolétariat de Shanghai. »

De la même manière, Victor Serge se montre tout aussi sévère et critique à l'égard des communistes français, en particulier de *l'Humanité* et des articles de Doriot. Il note à ce sujet :

« Les illusions que les malins petits bourgeois contre-révolutionnaires de Wou Han nous inspiraient étaient si profondes qu'au moment même où leur duplicité commençait à être reconnue de tout le monde en Russie, Doriot écrivait dans *l'Humanité* du 25 juin :

« Le gouvernement de Hankéou, le KMT débarrassé de son aile bourgeoise (!) et représentant les masses ouvrières (!!), paysannes (!!!), petites bourgeoises… est capable de mener à bien cette grande tâche historique. En commençant (!) la révolution agraire, il a regagné en qualité, ce qu'il a perdu en quantité. »

Victor Serge cite encore un article de *l'Humanité* du 27 juin où Doriot se fourvoie une fois de plus :

« Mais à la conférence de Saint-Denis, le 26 juin (*l'Humanité* du 27 juin, p. 4), Doriot disait encore : « il faut soutenir le gouvernement de Hankéou pour qu'il arme les paysans… les formules de défiance contre lui ne sont pas justes. »

Devant un manque aussi flagrant de lucidité, Victor Serge rappelle, à propos, les avertissements répétés de l'opposition de gauche russe

---

[1] Sun Fo, fils de Sun Yat Sen est un des représentants de l'extrême droite du KMT.
[2] Victor Serge, « La lutte des classes dans la révolution chinoise », *Clarté,* n° 12, 15 août 1927.

condamnant la politique de soutien adoptée par le PCR à l'égard du gouvernement de Wou Han :

« Dès la mi-avril tout au moins, un certain nombre de militants dénonçaient avec force au sein des organes dirigeants du PC de l'URSS le caractère équivoque et contre-révolutionnaire du gouvernement de Wou Han ; on sait qu'ils préconisaient l'appel aux masses, le redressement de la politique de classe du PC chinois, la formule de soviets dans le pays. Staline leur répondit en se déclarant dans les thèses du 21 avril adversaire de toute dualité de pouvoir à Wou Han et partant des soviets. L'expérience semble avoir fait ressortir que la dualité des pouvoirs était, comme en Russie en 1917, le seul remède à une situation de plus en plus périlleuse pour le prolétariat[1]. »

Il tient d'ailleurs à souligner le rôle joué par les membres de l'opposition unifiée comme Radek, Trotsky, Zinoviev ou bien encore comme Ioffé et Alsky, Daline, Vilensky-Sibiriakov, signataires de cette déclaration. Il fait remarquer très justement que leurs thèses n'ont pas été publiées et que leur contenu approximatif ne nous est connu que par de nombreuses réfutations dont elles ont fait l'objet. Il est bien évident que l'appareil stalinien veille à ce que de tels travaux, véritables contestations de la politique de l'IC, ne soient pas ou si peu divulgués. On peut alors percevoir ici l'importance du travail de Victor Serge et le rôle de *Clarté* dans cette perspective.

Victor Serge évoque aussi l'intervention marquante de Trotsky au VIIIe plénum de l'exécutif de l'IC, tenu du 20 au 26 mai 1927 à Moscou. Trotsky y dénonçait la politique de soutien au gouvernement de Wou Han et déclarait qu'il fallait appeler à la formation de soviets en Chine. Staline lui répliquait qu'il n'était pas opportun de créer de tels organismes puisque le KMT existait et que le gouvernement de Wou Han était le « centre du mouvement révolutionnaire de la démocratie bourgeoise ».

Les événements de juin 1927 vont alors confirmer tragiquement la justesse des conclusions de Léon Trotsky et de l'opposition. Le gouvernement de Wou Han réprime les mouvements ouvriers et paysans, entame la chasse aux communistes et se réconcilie avec Tchang Kaï Chek. Malgré cela, l'IC demande aux communistes de compter sur leurs propres forces et de ne pas quitter le KMT.

Pour Victor Serge, l'imprévoyance et l'impéritie des représentants communistes sont manifestes ; le gouvernement de Wou Han, tombé aux mains de la bourgeoisie, en donne une preuve suffisante. La révolution populaire subit un nouveau revers. Il est important de noter que Victor Serge, plongé au cœur d'une activité tragique et brûlante, réussit à saisir

---

[1]Victor Serge, « La lutte des classes dans la révolution chinoise », *Clarté,* n° 12, 15 août 1927.

avec intelligence la réalité et le sens historique du mouvement chinois. Collant à l'événement, il dégage avec clairvoyance, à la lumière des thèses oppositionnelles, les grandes lignes de la situation politique révolutionnaire. Ses conclusions, quoique sévères, frappent par leur justesse et vont même jusqu'à anticiper sur l'événement. Victor Serge déclare d'ailleurs dans le n° 13 de *Clarté* :

« Je ne m'attendais pas à voir les événements donner en si peu de temps, à des formules marxistes aussi générales, une confirmation aussi littérale. Le prolétariat chinois est à cette heure vaincu et l'échec de la révolution (même bourgeoise) est un fait. »

Pour Victor Serge, après l'échec de Wou Han, la révolution chinoise a perdu toute chance de l'emporter. La contre-révolution s'impose. La répression se déchaîne. Le prolétariat ouvrier et paysan est étranglé et décimé. La Chine est aux mains des réactionnaires. Ce n'est pas le soulèvement de Nan Chang[1] qui peut réellement changer la situation.

Il faut désormais tirer le bilan de cette lutte révolutionnaire chinoise avortée. Victor Serge voit dans les rapports entre le PCC et le KMT la cause principale de la défaite prolétarienne[2]. Il ne fait aucun doute pour Victor Serge que, en s'affiliant au KMT, le PCC a perdu toute son autorité en tant qu'organisation politique de masse. Muselé à l'intérieur du KMT, sa marge de manœuvre est des plus réduites ; il doit même renoncer à utiliser son organe de presse quotidien. Le KMT, habilement, a su s'inspirer des méthodes du centralisme démocratique bolchevique. Plus encore, il a réussi à se faire recevoir par l'IC en qualité de parti sympathisant. Victor Serge fait d'ailleurs observer qu'à l'heure actuelle cette formation n'en est pas encore exclue.

Paralysé par ses propres contradictions, le PCC n'est pas parvenu à soutenir à fond le mouvement prolétarien. En 1925, au cours des mouvements de grève, craignant de rompre avec la petite et moyenne bourgeoisie, il a refusé de se placer à la tête de la lutte de classe et a perdu alors une influence considérable dans les rangs des travailleurs. A partir de

---

[1] Le 1er août 1927, après le triomphe de la contre-révolution de Wou Han, des troupes nationalistes, sous les ordres d'officiers communistes ou sympathisants tels que Tang Pin San, Hé Lang, Yé Sing prennent l'offensive et tentent de marcher sur Canton. On leur prête aussitôt des qualités révolutionnaires, les considérant comme le noyau de l'armée « rouge chinoise ». Victor Serge, pour sa part, affirme que si cette armée ne cherche pas, à tout prix, à servir les intérêts du prolétariat paysan et ouvrier par l'application de principes fondamentalement marxistes, elle ne sera qu'un « épisode sans lendemain ».Victor Serge « La lutte des classes dans la révolution chinoise », *Clarté*, n° 13, 15 septembre 1927.

[2] Victor Serge, « La lutte des classes dans la révolution chinoise », *Clarté*, n° 13, 15 septembre 1927.

1926 seulement, il se décide à se passer de l'affiliation au cartel avec le KMT et à défendre désormais une politique de classe indépendante. Mais il est alors désapprouvé par l'IC qui voit dans ce geste une menace de rupture avec la petite bourgeoisie révolutionnaire. Victor Serge fait alors remarquer que l'opposition du PCR avait au contraire formulé quelque temps auparavant les conditions minimums de liberté d'action à partir desquelles l'affiliation au KMT lui paraissait admissible pour le PCC. Elle réclame peu après la sortie du PCC du KMT. Relevant les affirmations de Boukharine dans *La Pravda* du 1er juillet 1927 qui lance :

« Même si le comité central du KMT prononce l'exclusion des communistes (ce qui est presque certain), les communistes devront défendre leurs positions au sein du KMT comme ils le font dans le labour-party et les trade-unions anglaises. »

Et Victor Serge d'ajouter :

« Comment ne pas observer ici que le labour-party est un parti ouvrier tandis que le KMT est un parti bourgeois et que l'on ne coupe pas les têtes dans le parti de Ramsey Mac Donald, ce qui est tout de même une chose…capitale[1]. »

Une telle affiliation ne pouvait que faire le jeu du KMT, parti bourgeois par excellence. La théorie du bloc des quatre classes : bourgeoisie industrielle, prolétariat, paysan et petite bourgeoisie urbaine justifiant une telle orientation politique est en parfaite contradiction avec les thèses de Lénine. Victor Serge écrit :

« L'histoire connaît-elle un seul exemple de gouvernement réalisant « le bloc des classes ennemies[2] » ?

Victor Serge rapporte que cette conception est acceptée sans réticence par les communistes et notamment par les rédacteurs de *l'Humanité* dont Semard qui, dans son article du 12 avril 1927 commentant les premières informations de la presse bourgeoise sur la répression du communisme par Tchang Kaï Chek, lance :

« Même s'il y a une part de vérité dans ces informations, cela ne saurait mettre en péril le mouvement révolutionnaire[3]. »

Pour Victor Serge, il est clair que le KMT était la parfaite traduction d'une politique de domination des classes possédantes sur les autres classes, l'expression vivante d'un appareil bureaucratique gouvernemental dirigé par la bourgeoisie dont il fallait au plus vite briser l'armature si l'on voulait véritablement assurer la victoire du prolétariat.

Poursuivant sa démonstration, Victor Serge indique, dans le n° 14 de *Clarté,* que les thèses soutenues par l'IC et les directives adressées au PCC

---

[1] *Ibid.*
[2] *Ibid.*
[3] *Ibid.*

étaient en vérité parfaitement contraires à l'enseignement de Lénine et constituaient alors une série d'erreurs tactiques impardonnables. Vouloir privilégier la lutte nationale au détriment de la lutte de classe ne pouvait conduire qu'à une déformation du combat révolutionnaire :

« L'alliance de la petite bourgeoisie nationaliste-révolutionnaire a dégénéré en une théorie simpliste de l'Union sacrée contre les impérialistes étrangers, impliquant en fait une sorte d'abdication politique de la part du prolétariat. Les communistes ont craint de rompre, en temps de guerre, devant « l'ennemi commun », l'unité de front. La bourgeoisie dont l'expérience politique est autrement grande que la nôtre, n'a jamais hésité en temps de guerre ni à réprimer le mouvement prolétarien, ni à accomplir les coups de force qu'elle croyait conformes à ses intérêts. « La bourgeoisie, écrivit Lénine en août 1917, n'a jamais craint de prendre le pouvoir par la guerre civile sous la menace même de l'ennemi extérieur. Le prolétariat révolutionnaire ne tiendra pas plus de compte de cet argument (la menace extérieure) des menteurs et des larbins de la bourgeoisie[1]. »

Défendre la ligne politique des quatre classes, c'était ignorer le principe de la domination des classes dans l'Etat, c'était, écrit Victor Serge, « retourner du marxisme au libéralisme, c'était oublier cette vérité marxiste élémentaire que le pouvoir politique repose, en définitive sur le pouvoir économique et que, dans une société divisée en classes, le gouvernement ne peut jamais que représenter les classes possédantes[2] ».

Considérer que le développement révolutionnaire pourrait se faire suivant plusieurs phases : phase bourgeoise, phase démocratique, phase soviétique, c'était défendre une conception schématique et abstraite de la lutte insurrectionnelle :

« L'erreur était d'admettre qu'une phase « bourgeoise nationale » préparerait (au lieu de l'en empêcher) la phase paysanne et prolétarienne du mouvement[3]. »

Face à de tels principes, Victor Serge oppose les grandes leçons de la politique de Lénine qui, en 1905 et en 1917, a combattu inlassablement pour l'affirmation d'une véritable idéologie prolétarienne. Victor Serge, d'autre part, fait remarquer que le PCC comme l'IC ont commis l'erreur de ne pas chercher à mettre sur pied une armée révolutionnaire comparable à celle de Trotsky en 1917. L'armée chinoise qualifiée bien hâtivement d'armée rouge n'était en fait qu'une armée nationale appartenant aux classes réactionnaires. Armée des classes dirigeantes, elle ne pouvait que mettre en péril le mouvement prolétarien, selon Victor Serge :

---

[1] *Ibid.*
[2] *Ibid.*
[3] *Ibid.*

« On ne peut pas battre les forces réactionnaires avec leurs propres armées. L'analyse marxiste du caractère social des armées nationales n'était point malaisée. Etendre grâce à ces armées foncièrement contre-révolutionnaires le territoire du KMT, c'était sacrifier la vraie révolution, celle des masses, incompatible avec celle des généraux. Il fallait pour ne pas s'en rendre compte, toutes les illusions funestes de l'Union sacrée « contre les impérialistes étrangers[1]. »

Victor Serge rappelle que « les plus grandes erreurs ont été commises à ce point de vue par la presse communiste française dans l'appréciation du rôle de l'armée nationaliste ». Il cite l'exemple de Gabriel Péri qui, dans *l'Humanité* du 16 avril 1927, après la fameuse trahison « Tchang Kaï Chek » écrivait :

« Les soldats de Chek ne sont pas des mercenaires ; ils sont les frères de huit cent mille ouvriers qui leur ont ouvert les portes de Shanghai. Leur chef passe à l'ennemi à l'heure où les Duncan, les Williams, les Bazire arment les canons de leurs cuirassés. Les soldats rouges ne suivront pas leur chef indigne [...] Tout leur commande de réserver à leur général le châtiment que méritent les traîtres contre-révolutionnaires[2], etc. »

Si Victor Serge comprend que le manque de documentation était à la base d'une telle erreur, il ne peut admettre que Doriot, de retour de Chine, parlant le 17 juin 1927 au cirque de Paris devant quinze mille ouvriers parisiens, put affirmer sa « conviction dans la victoire définitive, dans les armées de Hankéou », et de déclarer encore : « Je dis notre armée (!) parce que c'est une armée révolutionnaire (!) »

Les compromis idéologiques ainsi accumulés et dénoncés, Victor Serge s'attache à énoncer les réformes indispensables qui doivent à tout prix être prises au sein du PCC afin de préparer l'avenir. Il invite fermement les communistes chinois à rompre avec leur passé intellectuel et politique. L'important est d'acquérir une claire conscience communiste. Le PCC ne doit plus être dirigé par des intellectuels des classes aisées mais par des militants possédant un haut degré de conscience de classe. Afin de parvenir à une véritable assimilation du marxisme, les responsables communistes doivent se débarrasser de ces doctrines pseudo-révolutionnaires comme le nationalisme, le réformisme, l'anarchisme, le Sun Yat Sénisme qui ont fleuri dans les rangs révolutionnaires et dont Tchen Dou Siou, secrétaire général du parti, s'inspirait largement.[3] Victor Serge appelle les dirigeants chinois à entreprendre désormais une épuration idéologique profonde et leur demande de définir une plate-forme d'action politique foncièrement prolétarienne.

---

[1] *Ibid.*
[2] *Ibid.*
[3] Victor Serge cite, à ce sujet, la teneur d'une lettre ouverte de Tchen Dou Siou, adressée à Tchang Kaï Chek, le 4 juillet 1926. Voir *Clarté,* n° 14, 15 octobre 1927.

Ayant tracé les grandes lignes du bilan de l'expérience révolutionnaire chinoise, Victor Serge cherche en dernier lieu à savoir quelles sont les conséquences de la défaite du prolétariat chinois sur le plan international.

Victor Serge considère tout d'abord que cet échec a pour résultat d'accélérer le processus d'encerclement de la Russie en Asie et de poser le problème de l'indépendance des provinces de la Mongolie et du Turkestan chinois, préoccupation majeure des puissances capitalistes comme le Japon, la Grande-Bretagne et la Chine dans la zone asiatique. Il pense aussi que la défaite du bolchevisme en Asie « ne manquerait pas de provoquer, au sein du prolétariat international, une vague de découragement comparable à celle qui suivit, en 1923, l'échec de la révolution allemande, (C'est alors que s'accentuèrent les dissensions intestines du PCR) ». Mais il se montre plus inquiet encore lorsqu'il constate que la révolution chinoise n'a modifié en rien la position idéologique de l'IC et de ses responsables qui restent fidèles à la création, pour les peuples coloniaux, de partis nationalistes-révolutionnaires. Pour Victor Serge, une telle orientation révolutionnaire est en contradiction avec la proposition de Lénine, adoptée au IIe congrès de l'IC, insistant sur la « nécessité de sauvegarder l'indépendance du parti communiste, fût-il à l'état embryonnaire[1]. » Devant de telles incertitudes, Victor Serge demande qu'une concertation générale s'établisse entre tous les dirigeants communistes. Soulignant les interventions lucides et justifiées des oppositionnels du PCR, il lance un appel à la raison et à l'intelligence de chacun afin que le marxisme international puisse réellement progresser :

« Enfin, la révolution chinoise a suscité dans les milieux dirigeants de l'IC et du PC de l'URSS de très vives discussions dont on sait seulement que des intelligences révolutionnaires de premier ordre ont prodigué des avertissements sans cesse repoussés, et soutenu avec obstination des thèses invariablement condamnées. Ne devrait-on pas confronter maintenant de sang-froid les opinions adverses d'hier, pour le plus grand profit de l'Internationale et du jeune parti chinois, le bilan d'une bataille d'idées qui mit aux prises les meilleurs d'entre les communistes du monde ? L'histoire a prononcé. Il serait désormais possible de vérifier les idées par les actes et les faits. Et l'on verrait mieux combien le marxisme révolutionnaire sort grandi de cette formidable épreuve[2]. »

Cet appel qui peut surprendre par sa simplicité et sa candeur reflète bien l'esprit, les sentiments qui animent le mouvement oppositionnel à l'époque. L'opposition unifiée, dans les rapports qu'elle entretient avec le PCR, tient à se placer uniquement sur le terrain de la réforme ; elle veut fonctionner comme une tendance respectant la stricte légalité du parti,

---

[1] Victor Serge, « La lutte des classes dans la révolution chinoise », *Clarté,* n° 14, 15 octobre 1927.
[2] *Ibid.*

attitude pour le moins ambiguë et dangereuse et qui ne semble pas inquiéter Victor Serge, d'autant plus que le PCR sous l'autorité de Staline, se refuse à admettre toute discussion politique et prépare l'exclusion des principaux chefs de l'opposition à partir de juillet et août 1927. En effet, il faut rappeler qu'à partir de juillet 1927, l'exclusion de Trotsky et Zinoviev est envisagée puis reportée, au comité central du PCR. Au cours du mois de septembre, le conflit entre l'opposition trotskiste et le PCR s'envenime. La direction soviétique de l'IC va chercher à sortir plus ou moins lavée de l'échec de la révolution chinoise. Elle tente en dernier ressort une action révolutionnaire. L'épisode de la commune de Canton avec les deux envoyés soviétiques H. Neumann et Lominadzé, proclamée le 11 décembre, est écrasée le 14 décembre, ce qui permet à Staline de revendiquer une initiative prolétarienne. A partir de novembre, les responsables russes décident l'exclusion de Trotsky et de Zinoviev. En janvier 1928, les principaux dirigeants tels Trotsky, Préobrajensky, Rakovsky, Smilga sont déportés en Sibérie. Zinoviev et Kamenev se soumettent dans l'espoir d'une réintégration. Victor Serge, pour sa part, sera déporté au début de l'année 1928. Les responsables du PC chinois paient eux aussi l'échec de la politique de Staline tels Chen Du Xiu, Tan Ping Shan.

Avec *Clarté,* Victor Serge présente un travail analytique de la révolution chinoise de première qualité. Ses articles qui recouvrent la période de mai à octobre 1927 éclairent d'une manière vivante ce qui s'est passé en Chine et constituent un outil de réflexion précieux sur le marxisme international et l'idéal révolutionnaire.[1] Face au tragique des événements, Victor Serge réussit à établir avec précision les véritables caractéristiques de la lutte de classe dans la révolution chinoise et à saisir avec clairvoyance le sens historique du mouvement prolétarien chinois. Reprenant les éléments d'information et d'argumentation du groupe d'opposition, il présente un travail critique d'un intérêt indéniable. Il dénonce avec pertinence les erreurs de l'IC et du PCC dans la conduite du mouvement révolutionnaire chinois. Déployant une activité intellectuelle et politique de premier ordre, il invite *Clarté* et les communistes à rompre avec un dogmatisme figé et à repousser une subordination mécanique à des mots d'ordre irréalistes et à un appareil politique faussé. Il presse chaque militant et chaque révolutionnaire à se battre pour une théorie vraie du marxisme. Il précipite alors *Clarté* dans une recherche dialectique d'une dimension supérieure, faisant de la revue un organe critique des thèses officielles du bolchevisme, permettant à la pensée

---

[1] Victor Serge achèvera son analyse de la question chinoise dans le n° 1 de *La Lutte de classe,* de février-mars 1928. Il observera avec sagacité le déroulement de la « Commune de Canton », exprimant les plus vives réserves devant une opération aussi déroutante et inconséquente sur le plan révolutionnaire.

oppositionnelle de pénétrer les milieux politiques français et de gagner l'opinion occidentale. Cependant il est important de souligner que la rédaction de *Clarté* ne parvient pas à suivre et à partager aussi spontanément et aussi rapidement les thèses de Victor Serge et de l'opposition russe. Le fossé est trop grand entre la Russie, plongée au cœur de la lutte entre oppositionnels et dirigeants du parti et la France si peu au fait d'une telle discussion. *Clarté* ne parvient pas à se dégager d'une position de discipline communiste traditionnelle. Il faudra attendre les mois d'octobre puis de novembre pour voir *Clarté* opérer un changement radical d'orientation politique. Les interventions de Victor Serge, de mai à septembre, ne paraissent pas suffire à provoquer cette mutation doctrinale attendue.

Chapitre VI

La publication de l'ouvrage de Léon Trotsky : « Vers le capitalisme ou vers le socialisme »

Alors que les travaux de Victor Serge sur la révolution chinoise sont d'une extrême richesse sur le plan de la compréhension de la stratégie politique révolutionnaire de l'IC et du PCR, *Clarté* a beaucoup de mal dans le dédale des informations officielles à se frayer un chemin et à trouver les moyens et les matériaux nécessaires pour soutenir une argumentation d'inspiration trotskiste. Il est bon de rappeler que les sources d'information à l'époque concernant l'activité de l'opposition russe sont rares et difficiles d'accès et qu'une connaissance rapide et fondée de ces thèses s'avère délicate. *Clarté* cependant, désireuse d'apprécier d'une manière critique et plus pertinente la vie politique du PCR et plus particulièrement de connaître la nature du développement économique de la Russie, prend l'initiative avec Pierre Naville de faire paraître plusieurs extraits du livre de Léon Trotsky « Vers le capitalisme ou vers le socialisme ».

Dans le n° 14 de la revue, Pierre Naville présente par une rapide introduction le livre en question. Faisant brièvement allusion au conflit qui oppose Staline à Léon Trotsky, Pierre Naville rappelle que cet ouvrage a été l'objet, au cours de l'année 1925, date de sa publication, de critiques sévères de la part du secrétaire du PCR mais les explications fournies demeurent bien maigres :

« Staline disait… Cet ouvrage n'est-il pas un indice que Trotsky a le désir de se détacher de ses fautes de principe ? Un certain nombre de camarades croient même que Trotsky s'est réellement détaché dans ce livre de ses fautes de principe ou tout au moins, qu'il s'est efforcé de le faire. Et moi, pauvre pêcheur que je suis, je souffre d'un certain pessimisme à ce sujet et je suis obligé de dire que je ne crois malheureusement pas que c'est conforme à la vérité. Prenons par exemple le passage le plus saillant du livre de Trotsky etc. »

Et Pierre Naville de répliquer :

« Or malgré sa lourde ironie, Staline montrait son manque de force car « le passage le plus saillant » qu'il cite n'est autre que les cinq premières lignes du livre ! Pas une ligne de plus n'est citée et tout le contenu de l'ouvrage est passé sous silence ! On comprend qu'une argumentation aussi peu sérieusement fondée ne nous suffise pas. Les communistes liront ce texte et après seulement jugeront. »

Pour Pierre Naville, la lecture d'un tel document apparaît comme indispensable et enrichissante. Il pousse même ses amis à consulter un tel ouvrage. André Thirion écrit à ce sujet :

« J'avais emporté en vacances, sur les conseils de Naville qui attachait un très grand prix à cette brochure, l'opuscule de Trotsky, écrit en 1925, traduit alors récemment, « Vers le capitalisme ou vers le socialisme ». Naville y voyait une comparaison scientifique entre les économies russe et américaine[1]. »

En fait, pour Pierre Naville, cet ouvrage présente une vue d'ensemble fort instructive de la mécanique économique et de l'évolution de l'appareil de production russe sous la NEP. A ses yeux, Léon Trotsky distingue avec perspicacité les problèmes que le parti bolchevique doit aborder dans le cadre de la politique adoptée par Lénine. S'il reconnaît que les structures de l'économie socialisée se consolident, il observe pourtant avec inquiétude le renforcement des intérêts privés des paysans propriétaires, des artisans et des commerçants plus prompts à accumuler des richesses qu'à participer à la consolidation du système nouvellement mis en place. Le capital privé des koulaks et des nepmen marque de son empreinte toute l'économie du pays et entraîne une différenciation des classes de plus en plus préoccupante. Le sort du salarié de l'industrie s'aggrave démesurément, les rémunérations ne suivent pas l'augmentation des rendements imposée dans les usines, les paysans pauvres sont de plus en plus pénalisés par les riches propriétaires qui confisquent à leur profit les aides de l'Etat tandis que la bureaucratie excessivement développée ne fait qu'entraver la bonne marche de la croissance industrielle. Devant un tel constat, Léon Trotsky considère que la planification ainsi conçue doit être corrigée pour gommer de tels excès et se soucier davantage d'améliorer en priorité les conditions de vie des prolétaires et des franges les plus pauvres des travailleurs des villes et des campagnes. Dès lors, à partir de cette brochure, Léon Trotsky pose la question de savoir si l'appareil économique fonctionne comme un socialisme d'Etat reposant sur une participation effective de la classe ouvrière à la gestion et à la répartition des bénéfices réalisés ou bien comme un simple capitalisme d'Etat exploiteur.

En dressant le bilan de la NEP, Léon Trotsky démonte les rouages de l'économie nationale, sa progression mais aussi ses erreurs, souligne très justement le déséquilibre qui s'installe entre l'industrie et l'agriculture, l'enrichissement démesuré des koulaks et des nepmen, l'emprise de la bureaucratie faisant vivre une caste de fonctionnaires privilégiés qui détournent à leur profit une partie de l'accumulation socialiste et qui fait du marché soviétique un capitalisme d'Etat inégalitaire.

Pour Pierre Naville, une telle analyse engagée en 1925, malgré un certain optimisme de façade et le recours à des chiffres officiels du plan pour le moins truqués, a l'immense mérite d'aborder les grandes orientations économiques de l'Union soviétique, ses performances et ses insuffisances et constitue un matériau de réflexion critique précieux pour l'avenir.

---

[1] André Thirion, *Révolutionnaires sans Révolution,* Paris, Laffont, 1972, p.133.

Dans l'introduction[1] qu'il rédigera en 1928 pour la publication de cette brochure en France[2], Pierre Naville rappellera qu'un tel document a servi opportunément aux oppositionnels russes pour démontrer, à l'occasion du XVe congrès du parti russe, les imperfections criantes du système soviétique dont est victime l'ensemble du prolétariat.

On aurait pu cependant attendre de la part de Pierre Naville qu'il s'intéresse davantage à des documents plus marquants de Léon Trotsky, à l'époque. Il est vrai qu'il lui est difficile, alors qu'il vient à peine avec Victor Serge de découvrir les thèses de l'opposition russe touchant la révolution chinoise, de discerner au milieu de la confusion des querelles qui agitent le PCR et les oppositionnels, les idées forces de la pensée de Léon Trotsky.

---

[1] Léon Trotsky, « Vers le capitalisme ou vers le socialisme », Introduction de Pierre Naville (p. 1-17), Paris, *La Lutte de classes*, en vente à la Librairie du travail, 1928. (La traduction a été faite par Denise Naville d'après le texte allemand qui avait été révisé par Léon Trotsky).

[2] André Thirion, membre du groupe surréaliste au départ, se dit séduit par l'argumentation de Pierre Naville mais, très rapidement, il en vient à considérer sa démarche politique aux côtés de Léon Trotsky comme tout à fait excessive, « sectaire » et « hérétique », comportement bien propre, écrit-il, à un « fidéiste, à un gardien forcené de la vraie foi », (p. 130). Ayant pour sa part choisi le camp de Staline et de l'orthodoxie communiste, il se déclare soulagé d'observer qu'André Breton et ses amis se tournent, en 1927, vers le PCF et non pas vers le trotskisme, (p. 131). Selon lui, le débat entre Staline et les oppositionnels ne représente qu'une querelle sans importance, « une simple péripétie » qui « passe au-dessus du bon sens populaire », aussi bien en France qu'en Russie, (p. 132). A ses yeux, Léon Trotsky n'est d'aucun secours et sa pensée politique est empreinte de confusions et de chimères, (p. 416). Après avoir personnellement milité dans les rangs du PCF jusqu'en 1938, il se tournera vers *La Bataille socialiste* de Zyromski puis, après 1945, rejoindra le RPF et, en 1958, la majorité gaullienne. André Thirion, *Révolutionnaires sans révolution,* Paris, Laffont, 1972, 580 p.

Chapitre VII

La stabilisation du capitalisme

Soucieuse de corriger les affirmations officielles de la presse communiste sur la question de l'évolution du capitalisme international, *Clarté* avec Pierre Naville, dans le n° 14 de la revue, présente une étude détaillée de la stabilisation du système économique bourgeois. S'inspirant des travaux de *La Révolution prolétarienne*, tribune de l'opposition en France, elle réussit alors à soutenir une argumentation rigoureuse affirmant notamment que l'appareil de production européen n'entre pas, comme tiennent à le faire croire les dirigeants communistes, dans une phase de dégénérescence irréversible mais parvient à se consolider et à surmonter ses propres difficultés. Par ces publications, elle met un terme à une réflexion classique de soutien au parti, développée tout au long de l'année 1927 sur ce thème dans les colonnes de la revue.

C'est en commentant les travaux du congrès de Bordeaux de la CGTU que Pierre Naville explique aux lecteurs de *Clarté* que la situation économique occidentale se caractérise par une phase de stabilisation marquée.[1] Considérant la position politique de Monmousseau, secrétaire général de la CGTU qui déclare que le capitalisme est incapable de sortir de la crise et qu'en conséquence les travailleurs doivent s'organiser et livrer une bataille acharnée contre les forces patronales, prélude à l'avènement prochain du pouvoir prolétarien, Pierre Naville rejette une analyse qu'il estime erronée du terrain économique. Pour lui, le capitalisme européen a réussi bien au contraire à surmonter ses propres difficultés, à se stabiliser. Il déclare :

« Or, depuis 1925, un fait est incontestable : le capitalisme a retrouvé une certaine assiette, un certain équilibre, il a partiellement réussi dans ses efforts pour pallier une crise chronique, il accentue son offensive contre la classe ouvrière : il se stabilise. Or, si le capitalisme se renforce, s'il parvient à imposer à la classe ouvrière une nouvelle période d'oppression accrue, s'il a surmonté ses difficultés les plus pressantes (crise financière), autrement dit, si les perspectives de conflits et de désagrégation reculent, si la classe ouvrière n'est pas en mesure de mener une offensive directe, ni pour son émancipation, ni même pour l'amélioration générale de sa condition, son devoir le plus immédiat est d'augmenter le nombre de ses membres syndiqués, de renforcer ses rangs pour résister à la pression patronale, de faire entrer les masses dans les syndicats révolutionnaires. »

---

[1] Pierre Naville, « A propos du congrès de Bordeaux (CGTU) », *Clarté,* n° 14, 15 octobre 1927.

Pour donner encore plus de poids à son argumentation, Pierre Naville rappelle l'intervention de Boukharine qui, dans son discours prononcé en session plénière du PCR, avançait :

« La période de restauration du capitalisme a comporté constamment des éléments d'un ordre absolument nouveau dans le domaine de la technique et dans celui des formes d'organisation ; actuellement, ces éléments de nouveauté sont extrêmement accentués. Dans son ensemble, le capitalisme n'a pas seulement dépassé son niveau d'avant-guerre, mais il s'est donné, particulièrement dans des pays tels que l'Allemagne et l'Amérique, une nouvelle base technique ... »

Citant le cas de la France, Boukharine poursuivait :

« Dans l'ensemble, j'estime qu'en France également, Poincaré a consolidé ses positions. Bien entendu, nous ne pouvons prévoir ce qu'il en sera plus tard, lorsque les menaces de guerre se seront précisées. Mais, en somme, les problèmes financiers qui se posaient ont été, me semble-t-il, résolus d'une façon relativement heureuse par le gouvernement français[1]. »

Pierre Naville ajoute alors pour mettre un point final à sa démonstration :

« Pour conclure, il y a une consolidation générale du régime bourgeois (qui ne peut du reste qu'entraîner de plus graves contradictions), mais qui ne permet pas de dire que le capitalisme « fait des efforts désespérés » ou qu'il est au commencement de sa « dégénérescence » sans jouer sur les mots[2]. »

Cette mise au point de la part de Pierre Naville puise largement dans les conclusions soutenues par les collaborateurs de *La Révolution prolétarienne* et notamment par la « Ligue syndicale » qui mettait directement en cause la politique de Monmousseau en participant au débat du congrès de Bordeaux.[3]

---

[1] *Ibid.*
[2] *Ibid.*
[3] A la suite de cette publication de Pierre Naville, le bureau politique se réunira le 25 novembre 1927 afin de connaître les intentions de *Clarté* et de sa rédaction. Au cours de cette séance, Monmousseau pose la question de *Clarté*, de sa composition, de son comité de rédaction, de ses structures et de ses liaisons éventuelles avec l'opposition trotskiste. Il s'inquiète des attaques dont il a été l'objet dans la revue et des critiques lancées contre les thèses adoptées au congrès de Bordeaux sur la stabilisation du capitalisme. La discussion s'oriente alors sur la nécessité qu'il y a à subventionner *Clarté* et à imposer un contrôle politique plus serré de son équipe rédactionnelle. Mais, de ce débat général, rien de clair et de déterminant ne se dégage. (Voir Archives Institut Maurice Thorez. Procès-verbaux du bureau politique).

Chapitre VIII

Voyage de Pierre Naville en Russie

Pierre Naville se rend en Russie sur les conseils de Victor Serge à l'occasion du dixième anniversaire de la révolution d'Octobre. La préparation d'un tel voyage n'est pas chose aisée. Pierre Naville est considéré par le PCF comme un élément séditieux. Ses articles contre Henri Barbusse lui ont valu un blâme de la part du bureau politique ; l'accueil qu'il réserve à Victor Serge et à ses études sur la révolution chinoise directement inspirées des thèses oppositionnelles est très mal vu par le parti, engagé depuis 1924, dans une lutte vigoureuse contre l'opportunisme de droite et le trotskisme. Comme tout militant communiste allant à l'étranger, il doit obtenir l'autorisation du secrétaire du parti, Paul Bouthonnier, qui en l'occurrence ne se fait pas faute de s'opposer à une telle entreprise. Cependant, grâce à la bienveillance de l'ambassadeur de Russie à Paris, Rakovsky[1], militant de l'opposition, il parvient à ses fins ; il reçoit une invitation officielle en qualité de membre de la « Société des amis de la Russie ». Il part début novembre accompagné par son ami Gérard Rosenthal, journaliste à *Clarté*.[2]

Les raisons qui poussent Pierre Naville à entreprendre un tel voyage sont bien sûr le souci profond et légitime d'approcher et de connaître la réalité sociale et politique de la première démocratie socialiste. Pierre Naville s'explique :

« J'avais vingt-trois ans, une volonté exacerbée de dévouement, un besoin illimité de participer à l'entreprise qui seule me paraissait de nature à faire converger ce que j'avais de disponible, de dispersé et aussi de capable, d'enthousiaste. Je m'étais ouvert auparavant - je m'ouvrais encore - les grandes portes du surréel... Elles n'engageaient pourtant qu'à ce préliminaire des choses où la littérature découvre trop aisément son bien,

---

[1] Rakovsky qui est à l'époque l'objet de violentes critiques de la presse bourgeoise pour avoir prononcé des propos jugés diffamants pour l'État français sera rappelé par son gouvernement au début de septembre 1927. Pierre Naville le retrouvera alors tout naturellement à Moscou.

[2] Collaborateur de *Clarté* à partir de juin 1926, Gérard Rosenthal (pseudonyme Francis Gérard) est l'ami intime de Pierre Naville. Après son service militaire effectué en Syrie à l'automne 1925, il entre, au printemps 1927, comme magistrat dans le cabinet de Henri Torres à Paris. Lorsque ce dernier se présente aux élections législatives contre André Marty, il décide de le quitter. A l'été 1927, il s'est, en effet, inscrit au PCF. Il encourage et apprécie les efforts de Pierre Naville qui tente, à l'époque, d'orienter le groupe surréaliste vers une activité politique prolétarienne. Il est membre de la cellule du XVIIIe arrondissement de Paris puis de la cellule des usines Thomson à Saint-Ouen.

sans contrepartie, et je ne voyais guère, malgré ce que j'en avais déjà écrit, comment pouvait se faire la jointure entre l'art, la morale et la révolution. Un certain style de vie pouvait y suppléer, mais c'était encore un pont fragile, une velléité, une tentation, à peine une tentative. La vie sociale et politique se révélait alors à moi dans beaucoup de sécheresse et de nudité, beaucoup de renoncement aussi, sans parler de la confusion du temps. A peine engagé dans cette action où je m'efforçais cependant de poursuivre et de regagner ce que je m'étais senti prêt à perdre au fil de *La Révolution surréaliste*, j'éprouvais l'impérieux besoin de toucher au cœur de cette nouvelle espérance, déjà déclinante : Moscou. Cette ville était encore la capitale des capitales ; presque un lieu sacré. Le corps de Lénine y gisait depuis peu. Mais celui de Trotsky était toujours debout, et en pleine lutte, une fois de plus. D'autres figures posaient des énigmes : Boukharine dont nous connaissions mal le rôle, Zinoviev peut-être, et le fatal Staline… J'avais soif de voir cela, d'aller prendre mes ordres dans le seul endroit du monde où ce fut encore légitime[1]. »

Arrivé en Russie, il est accueilli par Victor Serge qui l'invite à se rendre en compagnie de Francis Gérard auprès de Léon Trotsky. Evoquant cette entrevue, Pierre Naville écrit :

« Nous voici - mon compagnon Francis Gérard et moi - dans ce Comité des Concessions, dont Trotsky était encore le Commissaire pour quelques jours, rendez-vous pris par l'intermédiaire de Victor Serge et d'Andreyitchine. Dans une antichambre, puis dans un bureau du secrétariat, on attend en bavardant - quelques minutes. Les cérémonies du 7 novembre venaient d'avoir lieu, jetant sur le pavé les dés du sort que le Secrétaire Général va faire à l'opposition de gauche…

Trotsky est debout. Oui, c'est Trotsky… Le voici ; parlez. Bonjour camarades… Il s'exprime en français. Voici le héros d'Octobre, le chef de l'Armée Rouge : cette poignée de main simple et fraternelle, ce regard clair et droit, ce sourire sur un visage inattendu et célèbre. Un homme que l'on pouvait admirer dans sa grandeur passée, aimer dans sa lutte d'aujourd'hui, suivre dans l'avenir qu'il ouvrait[2]. »

Au cours de cet entretien, Léon Trotsky prie Pierre Naville et ses camarades de faire connaître en Europe ses travaux et ceux de ses collaborateurs, de réfléchir aux possibilités d'action existant pour les groupes oppositionnels en dehors de Russie et leur demande de ne pas désespérer du parti et de ne jamais mettre en balance l'affiliation et la fidélité aux principes marxistes.

Durant son séjour, Pierre Naville en compagnie de Francis Gérard réussit à rencontrer plusieurs autres personnalités comme Rakovsky,

---

[1] Pierre Naville, *Trotsky vivant,* Paris, Aujourd'hui, 1975, p. 13-14.
[2] Pierre Naville, *Trotsky…, op. cit.,* p. 14-15.

Préobrajensky, Zinoviev et Radek. Commentant la vie politique en Russie, Rakovsky s'efforce d'expliquer à Pierre Naville qu'au-delà de la répression policière qui s'acharne sur l'opposition, c'est l'affirmation d'une caste bureaucratique indestructible qui est le plus à craindre actuellement, véritable « agent de dénaturation du prolétariat ». Envisageant une dégénérescence « thermidorienne du socialisme » d'un genre nouveau dont les bénéficiaires ne seraient pas les koulaks et les nepmen mais les agents de l'administration étatique, Rakovsky considère que la révolution va subir un coup d'arrêt brutal pour une très longue période. Préobrajensky se montre beaucoup plus indécis dans ses propos sur la situation politique actuelle de la Russie, note Pierre Naville. Il doute de l'avenir de la révolution russe et croit que la classe ouvrière ne pourra s'en sortir qu'au prix d'un étouffement général de la paysannerie. Cependant, raconte Pierre Naville, c'est avec beaucoup d'intelligence qu'il démontre qu'une utilisation abusive et fanatique de l'œuvre de Lénine s'impose et gagne aussi bien les représentants du parti que les membres de l'opposition pour aboutir à un véritable « marxisme canonique ». L'exemple de la dépouille de Lénine, embaumée et offerte à l'adoration du public au mausolée est à ce titre révélateur.

La rencontre avec Zinoviev s'avère décevante. Zinoviev ne tient pas à se prononcer sur le terrain du combat de l'opposition unifiée. Inquiet de la tournure que prennent les événements à la veille du XVe congrès, il pense déjà rallier la ligne officielle du parti. Pierre Naville écrit à ce sujet :

« Zinoviev ne payait pas de mine : un gros homme en veston fripé, apathique ce jour-là, ou sans inspiration. Il s'assit pesamment sur un fauteuil de bureau et attendit les questions, l'air mélancolique et assurément peu intéressé. D'un coup d'œil on mesurait ce qui faisait la différence entre de tels militants et Trotsky. Ce n'étaient pas des chefs révolutionnaires « à leur propre compte », comme disait Léon Davidovitch. Il répondit à nos demandes avec un peu de la nonchalance ennuyée d'un fonctionnaire. On ne put rien tirer de lui sur la position qu'il adoptait à la veille du XVe congrès. Par contre il nous questionna sur ce qu'on pensait en France de la politique de Poincaré, en Angleterre de celle de Chamberlain[1] »…

L'entretien avec Radek ne paraît pas plus enrichissant aux yeux de Pierre Naville :

« Nous montâmes l'escalier en ciment d'un immeuble à peine terminé où Radek avait un logement exigu, dans lequel on ne voyait que des rayons de livres et un lit. Radek, malade, était dans ce lit. Il ressemblait à sa propre caricature : chauve, un petit collier de barbe, le front large et bombé, la bouche sensuelle et mobile, les yeux alertes et clairs derrière des lunettes aux verres épais et fumant une énorme pipe courbe dont il déversait sans souci la

---

[1] Pierre Naville, *Trotsky…*, *op. cit.*, p. 57.

cendre sur son drap... Il commença par un débat en russe...en invectivant contre les vacillations annonciatrices de la capitulation des zinoviévistes, s'aperçut que nous étions là, s'étonna de notre présence : que veulent-ils ces jeunes camarades ? - Ils veulent connaître votre opinion sur l'avenir de l'opposition, camarade Radek - Quel avenir ? Bel avenir avec des gens comme Zinoviev ! Et Léon Davidovitch qui ne comprend pas ...

... Nous n'en tirâmes rien, sauf une improvisation sur le rôle de l'Amérique vis-à-vis de la Grande-Bretagne.

... En redescendant l'échelle de ciment, j'avais le sentiment d'un pittoresque démodé, d'un en-marge... Radek capitula dès l'année suivante, sans discours[1]. »

Tenus, en tant que militant communiste, à assister à plusieurs réunions officielles, Pierre Naville et son ami Francis Gérard sont invités, comme les autres membres des délégations, à voter un texte condamnant l'opposition. C'est pour Pierre Naville un événement douloureux dont la portée politique est lourde de conséquences :

« Ce rapport fut long et embarrassé : deux heures au moins d'explications reproduisant tout ce que la presse officielle débitait chaque jour. Le thème central, cette fois-là comme trente ans plus tard, c'était l'unité du parti, son monolithisme. Boukharine n'attaqua pas Trotsky dans sa personne. Il s'en prit à l'opposition génériquement et nous démontra comme si c'était une évidence que deux tendances conduisent à deux directions, deux directions à deux partis, deux partis à deux Etats... Et alors, camarades, s'il y a deux Etats, c'est la guerre civile. Voilà pourquoi vous devez condamner l'opposition. Je regardais, à peine surpris, cet homme dont la logique malmenait si fort les réalités sociales, et les autres, et qui faisait reposer l'autorité sur un postulat ruineux : le refus de la confrontation et de la contradiction[2]. »

Déterminés à ne pas signer ce texte, mais s'exposant alors à être l'objet d'une mesure d'expulsion, Pierre Naville et Francis Gérard décident finalement de se retirer de la salle de réunion avant d'être directement sollicités, sorte d'abstention déguisée empreinte d'une prudence toute diplomatique.

Présent en qualité de co-directeur de *Clarté* aux diverses manifestations culturelles organisées par le parti, Pierre Naville n'hésite pas à exprimer sans détour ses sentiments. Invité à présenter un rapport sur les tendances de la littérature française au cours d'une conférence d'écrivains présentée par Lounatcharsky, il en vient à affirmer au sujet de la liberté de création que si «... le Parti avait le droit d'exiger de ses membres la défense de ses positions politiques et des conceptions de Marx dans tous les écrits qui

---

[1] Pierre Naville, *Trotsky..., op. cit.,* p. 58-59.
[2] Pierre Naville, *Trotsky..., op. cit.,* p. 22-23.

relevaient de la théorie, de la propagande et de l'éducation ; mais ce qui touchait au domaine de l'art devait être laissé à l'entière discrétion du créateur, membre du Parti ou non[1] ».

Evoquant le cas d'Henri Barbusse dont il a sévèrement critiqué les idées politiques dans les colonnes de *Clarté*, il lance :

« Quant à Barbusse, l'auteur estimable du « Feu », il n'appartenait ni à l'une, ni à l'autre catégorie : il déformait Marx et les idées socialistes sans profit pour le Parti, et la valeur littéraire de ses ouvrages était à peu près nulle[2] ... »

Une telle intervention provoque la surprise et l'étonnement de Lounatcharsky et de la salle réunie. Seul Maïakovsky, chef de file du futurisme russe, viendra féliciter Pierre Naville pour de tels propos.

Francis Gérard pour sa part, à l'occasion d'un gala organisé en l'honneur des délégations étrangères au grand théâtre de Moscou, sollicité par les autorités pour adresser une allocution publique à l'entracte, manifeste la même audace :

« Je remerciai de l'accueil qui nous était réservé dans la capitale de la révolution, saluai l'Octobre socialiste et terminai de la voix la plus vibrante en clamant : « Gloire à la révolution de Lénine et de Léon Trotsky[3]. »

Désireux de fuir le caractère officiel de ces cérémonies organisées en l'honneur des invités du gouvernement russe, Pierre Naville, Francis Gérard en compagnie de Victor Serge souhaitent toucher du doigt la réalité de la vie quotidienne du citoyen soviétique. Visitant l'usine mécanique de Poutilov, ils s'entretiennent avec plusieurs ouvriers :

« De jeunes métallos s'attroupaient pour nous questionner, alertes et ouverts : et la France, quand son tour viendra-t-il ? Voyez, nous travaillons encore souvent sur de la terre battue, les machines manquent, mais nous progressons ; et chez vous ? Vous, c'était à leurs yeux le prolétariat avancé de l'Europe occidentale, une avant-garde technique dont ils escomptaient le soutien, et même l'exemple. Mais la masse n'en demandait pas tant. Elle voyait renaître, dans une pénurie durable, cette discipline du travail, cette hantise du rendement, cette soumission aux ordres qui scellent le sort des ouvriers du rang. Revendiquer, se plaindre ? L'appareil répondait qu'il avait tout prévu, que tout viendrait à force de privations, d'efforts et de temps ; et répondait sans réplique. A l'heure du repas on voyait des hommes, courbés sur des bancs sans table, manger une portion de chou dans un morceau de papier journal. Tenez, nous dit l'un, voilà comment nous vivons... N'écoutez pas celui-là, commente un technicien qui nous accompagne ; il n'est pas content. Allons en voir un autre. On percevait à tout propos une

---

[1] Pierre Naville, *Trotsky...*, op. cit., p. 62.
[2] *Ibid.*
[3] Gérard Rosenthal, *Avocat de Trotsky,* Paris, Laffont, 1975, p. 24.

démarcation entre la masse travailleuse et les membres du Parti, pourvus petit à petit de postes avantageux et nantis de privilèges. L'abnégation, qui avait été le lot de beaucoup d'entre eux pendant la guerre civile, retombait maintenant sur les épaules du travailleur anonyme : ses nerfs et ses muscles devaient faire les frais de l'avenir héroïque de la nation, sous la conduite d'une hiérarchie enflée de ses prérogatives parce que le peuple avait perdu la force de lui imposer ses droits[1]. »

Ils se rendent dans un bureau de chômage. Ils parviennent à obtenir un rendez-vous avec un responsable de la prison de l'arsenal de Leningrad, avec lequel ils débattent de la politique de rééducation en cours. Ils s'aperçoivent, à l'occasion de divers contacts, de la corruption sociale et morale de la vie soviétique : le vol, l'ivrognerie, la prostitution, le jeu, fléaux sociaux que la révolution socialiste se promettait de faire disparaître définitivement. Ils participent même à des réunions clandestines d'oppositionnels aux cours desquelles ils mesurent la déception et l'angoisse du militant russe :

« L'agitation sociale s'apaisait dans l'ankylose et l'occultation. Restait à savoir si elle allait renaître de la crise attendue de la NEP, ou beaucoup plus tard, de la situation que créerait le développement d'une industrie neuve ; ou encore, des ébranlements qui secoueraient à l'extérieur le système capitaliste, annonciateurs de succès internationaux du socialisme[2]. »

De plus en plus conscients du drame qui se joue devant eux, de plus en plus inquiets de l'emprise du stalinisme sur la vie démocratique en Russie, et de la soumission des partis communistes nationaux et de leurs militants à la ligne politique officielle du PCR, Pierre Naville et ses camarades ne peuvent cacher leur profond dédain lorsqu'ils croisent plusieurs communistes français orthodoxes. Pierre Naville retrouvant Jacques Sadoul au mausolée de Lénine rapporte :

« Il paraissait songeur, désorienté et dit en soupirant : « Je viens de refaire une visite au Vieux. Cela fait quelque chose. » Cela ne l'empêchait pas, en tout cas, de se laisser aller au fil des calomnies staliniennes : il renia sans perdre de temps ses fameuses *Notes sur la Révolution Bolchevique* où s'affirmait à chaque ligne la solidarité essentielle de Lénine et de Trotsky dans la révolution. Je préférais encore le cynisme de Vaillant-Couturier et de Cachin, de beaucoup d'autres présents à ces fêtes et que nous rencontrions dans diverses assemblées ; ils avaient choisi Staline comme on adopte un nouveau patron[3]. »

De la même manière, Victor Serge déplore le comportement de militants comme Henri Barbusse avec lequel il correspondait ; il constate

---

[1] Pierre Naville, *Trotsky vivant,* Paris, Aujourd'hui, 1975, p. 44-45.
[2] Pierre Naville, *Trotsky…, op. cit.,* p. 47.
[3] Pierre Naville, *Trotsky…, op. cit.,* p. 40.

avec amertume que ce dernier refuse de prendre position en faveur de l'opposition russe. Il écrit :

« Dès les premiers instants, je le vis tout autre, préoccupé de ne pas s'engager malgré lui, préoccupé de voiler une pensée qu'il ne pouvait plus avouer, se dérobant à l'interrogation directe, filant par toutes les tangentes, le regard vague, les mains effilées décrivant des courbes autour des mots confus comme « envergure », « profondeur », « exaltation » et tout cela pour se faire le complice des plus forts ! Comme on ne savait pas encore si la lutte était bien décidée, il venait de dédicacer longuement un livre à Trotsky qu'il n'osait pas aller voir, crainte de se compromettre. Quand je lui parlai de la répression, il feignit d'avoir la migraine, de ne pas entendre, de s'élever à des hauteurs prodigieuses :

« Destin tragique des révolutions, envergures, profondeurs, oui, oui...Ah ! Mon ami ! » Je constatai avec une sorte de crispation des mâchoires que j'étais devant l'hypocrisie même. J'appris quelques jours plus tard que le Secours Rouge International, dirigé alors par Hélène Stassova, consacrait une forte somme à la création en France d'un hebdomadaire « culturel » sous la direction de Barbusse. Ce fut *Monde*. Et Barbusse m'inscrivit parmi les collaborateurs fondateurs[1]... »

Encore présent dans la capitale de la Russie, Pierre Naville et ses camarades apprennent avec angoisse la mort de Ioffé. Ami personnel de Léon Trotsky, Ioffé[2], atteint d'une polynévrite incurable, se suicide en guise de protestation contre la politique stalinienne. Son enterrement est l'occasion de la dernière manifestation publique de l'opposition à Moscou à laquelle participent Pierre Naville, Francis Gérard et Victor Serge. Pierre Naville dépeint en quelques lignes cet événement tragique :

« On autorisa un enterrement public d'Abraham Ioffé mais à une heure où les ouvriers travaillaient. Ce fut pourtant un cortège nourri qui traversa Moscou, conduit par Trotsky et surveillé par les miliciens. Léon Davidovitch, emmitouflé d'un long cache-nez, portait une grande casquette plate. Il donnait le bras à Rakovsky d'un côté, à la veuve de Ioffé de l'autre. Derrière, marchaient les rangs des compagnons, accrochés eux aussi par le bras. Nous étions aux côtés de Victor Serge, de Gouralsky, d'autres,

---

[1] Victor Serge, *Mémoires d'un révolutionnaire*, Paris, Le Seuil, 1951, p. 250.
[2] Forte personnalité de l'opposition, Ioffé a combattu très jeune le tsarisme. Arrêté et déporté, il est libéré par les révolutionnaires bolcheviques en 1917. Membre du parti bolchevique, il est responsable de la délégation soviétique à Brest-Litovsk. Commissaire aux Affaires Etrangères pendant quelques semaines, il est nommé ambassadeur à Berlin puis en Chine où il signe le traité d'alliance avec le gouvernement de Sun Yat Sen. Il occupe successivement les postes d'ambassadeur à Vienne en 1924, à Tokyo en 1925. Il devient recteur de l'Université chinoise de Moscou en 1926. Il est partisan résolu des thèses oppositionnelles.

inconnus et fraternels. A la porte du cimetière, la police à cheval tenta d'empêcher l'entrée de la foule. On se bouscula sur les côtés du chemin, sur les remblais. Les fonctionnaires finirent par céder, et l'on entoura la fosse où devaient retentir les derniers appels lancés à ciel ouvert par l'opposition de gauche.

Deux jeunes recrues de l'Armée Rouge portaient les armes aux côtés de la tombe. Un envoyé du Narkomildiel prononça quelques paroles d'adieu officiel. Place ensuite aux amis ! Rakovsky lança le premier salut, de cette voix polie qui était la sienne. Après lui, Trotsky parla, la tête découverte. Comme toujours, il s'adressait, par-delà la circonstance, à ceux qu'il voulait éveiller et convaincre. Le sacrifice de Ioffé, il le situa dans la chaîne, qui allait s'allonger, des victimes de l'omnipotence bureaucratique. Le mot « biourocrat » sonnait entre ses mâchoires comme celui de l'adversaire désigné pour longtemps. Ses appels étaient martelés, scandés, portés par l'auditoire, et sous le ciel gris couvrant la neige on hésitait encore à y voir l'assurance de temps nouveaux plutôt que l'écho durable des anciennes vérités[1]. »

Ioffé avait rédigé une lettre à l'adresse de Léon Trotsky, sorte de testament politique, dans laquelle il exhortait à l'intransigeance vis-à-vis du léninisme orthodoxe et invitait Léon Trotsky à poursuivre dans la voie tracée par l'opposition. Il accordait à Léon Trotsky la possibilité d'apporter quelques modifications à son texte et lui confiait la charge de sa femme et de ses enfants. Pierre Naville reçoit un exemplaire de ce document posthume qu'il publiera dans *Clarté* dès son retour.

Ce voyage, par sa richesse et sa diversité, représente pour Pierre Naville une expérience politique et culturelle exceptionnelle. Ayant réussi à entrer en contact avec des personnalités comme Léon Trotsky, Rakovsky notamment, il a pu apprécier et comprendre le sens de la démarche politique des membres de l'opposition. Plongeant dans le climat politique de Moscou, il a pu prendre conscience de l'emprise du stalinisme dans les mœurs du PCR et dans la vie quotidienne du citoyen soviétique. Témoin du conflit qui éclate entre le bureau politique et l'opposition à la veille du XVe congrès du parti, il mesure toute la gravité de la situation. Désormais, la tâche politique qu'il se fixe est très simple : servir avec détermination la cause de Léon Trotsky et des oppositionnels russes. Si au printemps 1927, les sentiments politiques de Pierre Naville tournent plus ou moins confusément autour du trotskisme, grâce notamment aux travaux de Victor Serge sur la révolution chinoise, il est maintenant convaincu avec Francis Gérard de la justesse des thèses oppositionnelles et décidé à propager et à défendre une telle philosophie en France dans les rangs communistes et révolutionnaires.

---

[1] Pierre Naville, *Trotsky vivant,* Paris, Aujourd'hui, 1975, p. 27-28.

Chapitre IX

De retour de Russie

Ayant pu mesurer le sens et la portée de la lutte des oppositionnels russes, Pierre Naville est décidé, avec *Clarté*, à alerter les militants communistes et les révolutionnaires sur les menaces qui pèsent sur le communisme international après les graves événements du XVe congrès du PCR. Pierre Naville publie alors, avec l'équipe de *Clarté*, plusieurs articles et documents de première importance destinés à éclairer le prolétariat sur l'avenir de la révolution et de la lutte communiste face aux agissements du PCR et de Staline.

C'est ainsi qu'il fait paraître, dans le n° 15 de la revue consacrée au dixième anniversaire de la révolution d'Octobre, en première page, le testament politique de Lénine. Il insiste sur le sens politique d'un tel document qui prend une dimension particulière dans le cadre du bannissement de Léon Trotsky :

« On relira aujourd'hui avec d'autant plus d'attention les derniers conseils politiques de Lénine avant sa mort que cette scission dont Lénine s'inquiétait tellement en 1922-1923 est maintenant aux trois-quarts consommée. L'épilogue que le comité central du PCR vient de donner au conflit Staline-Trotsky : l'exclusion de Trotsky du parti est bien ce que Lénine redoutait par-dessus tout. Il est bien inutile par surcroît d'essayer de travestir la pensée de Lénine[1]. »

Dans son testament, Lénine commente les qualités et les défauts des principaux dirigeants bolcheviques appelés à lui succéder. Mettant à l'écart les plus jeunes responsables comme Boukharine dont il redoute les incertitudes théoriques et les anciens opposants comme Kamenev et Zinoviev, il s'attarde sur les noms de Trotsky et Staline. Prévoyant la possibilité d'un conflit entre les deux hommes, il conseille de l'éviter sans suggérer de solution. Ces lignes sont dictées par Lénine le 30 décembre 1922. Le 4 janvier 1923, Lénine ajoute à son testament un post-scriptum sur Staline dans lequel il dénonce sa brutalité et qu'il recommande d'écarter du secrétariat :

« Staline est trop brutal et ce défaut, pleinement supportable dans les relations entre nous, communistes, devient intolérable dans la fonction de secrétaire général. C'est pourquoi je propose aux camarades de réfléchir au moyen de déplacer Staline de ce poste et de nommer à sa place un homme qui, sous tous les rapports se distingue du camarade Staline par une supériorité, c'est-à-dire qui soit plus patient, plus loyal, plus poli et plus attentionné envers les camarades, moins capricieux, etc… Cette circonstance

---

[1] Pierre Naville, « Le testament de Lénine », *Clarté,* n° 15, 15 novembre 1927.

peut paraître une bagatelle insignifiante mais je pense que pour se préserver de la scission et du point de vue de ce que j'ai écrit plus haut des rapports mutuels entre Staline et Trotsky, ce n'est pas une bagatelle à moins que ce soit une bagatelle pouvant acquérir une importance capitale[1]. »

Il est utile de rappeler que l'existence de ce document, après la mort de Lénine, soulèvera de graves problèmes pour les responsables soviétiques. En effet, la direction du PCR cherchera par tous les moyens à empêcher sa divulgation au sein de l'opinion. Kroupskaïa la veuve de Lénine, exigera que ce document soit porté à la connaissance du parti afin de respecter la volonté du défunt. Il sera alors lu, le 22 mars 1924, à une séance du comité central uniquement, élargi aux plus anciens militants. Il y produit l'effet d'une bombe. Zinoviev et Kamenev volent aussitôt au secours de Staline et proposent qu'il soit maintenu au parti dont Lénine voulait le chasser. Malgré l'intervention de Kroupskaïa qui demande que le manuscrit soit lu au congrès du parti, le comité central décide par 30 voix contre 10 de garder secret le texte de Lénine et de ne le communiquer qu'aux chefs des délégations du congrès. Aucune opposition ne se manifeste. Léon Trotsky lui-même se tait dans l'intérêt du parti ; par son abstention, il sauve Staline.

Au cours de l'année 1925, lors du XIVe congrès, Zinoviev, à la tête de la nouvelle opposition, confirme l'existence du testament et les conditions dans lesquelles il a été escamoté. Max Eastman publie la même année son « Since Lénine died » dans lequel il fait allusion au testament de Lénine et en cite plusieurs extraits. Enfin, Kroupskaïa en décembre 1926, se décide à communiquer les copies du fameux testament. Sa diffusion clandestine ne touche qu'une faible partie de l'opinion et reste trop tardive pour avoir quelques effets dans le combat que livrent les oppositionnels contre Staline. Il est cependant transmis à l'étranger où les amis fidèles de Léon Trotsky l'impriment aussitôt. En France, *La Révolution prolétarienne* en publie les principaux extraits dont Rosmer a été l'un des introducteurs dès novembre 1926 ainsi que Boris Souvarine dans *Le Bulletin communiste*.

L'éditorial, rédigé par Pierre Naville et l'ensemble des responsables clartéistes, est tout aussi virulent et accusateur. Il paraît, accompagné d'un portrait grand format de Léon Trotsky. Dans cet article, les responsables clartéistes constatent amèrement que les avertissements de Lénine n'ont pas été entendus et déplorent douloureusement l'exclusion de Léon Trotsky et Zinoviev :

« Nous pensons fermement même qu'une scission dans le PCR et dans l'IC, que certains communistes de la onzième heure envisagent « administrativement » d'un cœur si léger, serait une terrible épreuve pour la classe ouvrière mondiale, épreuve qui peut et qui doit lui être épargnée. Nous voulons espérer que le XVe congrès du PCR, fidèle aux derniers

---
[1] *Ibid.*

conseils politiques de Lénine, serait assez sage pour ne pas laisser s'accomplir l'irréparable et maintiendrait l'unité et le travail commun à tout prix.

L'exclusion de Léon Trotsky et de Zinoviev du PCR, le 11 novembre, semble indiquer qu'on s'engage maintenant délibérément sur la voie de la scission. Les dés sont jetés[1] ! »

Ils ne cachent pas non plus leur inquiétude devant les graves problèmes économiques et sociaux que traverse actuellement la Russie, résultat d'une politique gouvernementale maladroite et inconséquente :

« La différenciation des classes, la restauration d'une nouvelle bourgeoisie urbaine et surtout rurale adaptée au régime soviétique, mais cherchant à corrompre les institutions de la dictature du prolétariat (Oustrialov) apparaissent de plus en plus clairement, cependant que la situation matérielle de la classe ouvrière (les salaires principalement) ne suit pas la marche ascendante de la production et de la technique. La dictature prolétarienne s'affaiblit sur sa propre base de classe, tandis que la bourgeoisie nouvelle se renforce, grandit et s'exprime[2]. »

Devant une situation aussi préoccupante, ils exigent qu'une réflexion honnête et sérieuse soit engagée dans les rangs du parti :

« De telles difficultés, il serait puéril et ridicule de vouloir les dissimuler à la faveur du bien-être relatif des masses - provenant d'une juste application de la NEP - non plus que de les noyer dans l'enthousiasme populaire des fêtes du dixième anniversaire. La situation réelle de la dictature du prolétariat en Union soviétique doit être l'objet d'une rigoureuse analyse marxiste[3]. »

Pierre Naville avec *Clarté* n'arrête pas là son travail de dénonciation de la politique du PCR et de son secrétaire général. Il approuve tout naturellement la teneur du second éditorial rédigé par l'équipe de *Clarté* qui renouvelle ses accusations et ses avertissements. Dans son éditorial, *Clarté* tient à s'expliquer. La tâche qu'elle s'est fixée est de « renforcer l'esprit critique et la conscience des éléments révolutionnaires de ce pays[4] ». Sa démarche a pour seul et unique objectif de servir la cause révolutionnaire. Elle croit fermement que par un examen libre et critique des positions des différents responsables bolcheviques, la crise qui secoue le PCR et le marxisme international pourra rapidement se dissiper. Elle lance un appel à la raison et récuse la manière avec laquelle la presse communiste notamment travestit la réalité :

---

[1] Editorial, « Le dixième anniversaire d'octobre », *Clarté,* n° 15, 15 novembre 1927.
[2] *Ibid.*
[3] *Ibid.*
[4] Editorial, « Politique communiste et bourrage de crâne », *Clarté*, n° 16, décembre 1927, janvier 1928.

« Le prolétariat réclame de saines études sur les problèmes internationaux et nationaux, et il s'inquiète des mensonges répandus par la presse bourgeoise, et des embellissements trop libéralement prodigués par notre presse communiste. Nous voulons lui donner ces études, nous voulons l'aider à reprendre en main sa destinée. La cause du communisme est la seule pour laquelle nous sachions lutter ; et pour sa victoire nous ne réclamerons jamais trop de fermeté et de patience. Dans l'avenir comme dans le passé, nous avons cette patience. Vive le communisme international[1]. »

Avec Lucien Revo, *Clarté* s'en prend violemment à l'attitude des dirigeants officiels du parti qui refusent le plus élémentaire droit de critique. Elle dénonce la déformation systématique de la réalité politique à laquelle se prête la presse communiste pour conserver intacte l'image de marque de la Russie soviétique et du socialisme. A ses yeux, servir la cause prolétarienne c'est oser regarder en face les problèmes rencontrés par les autorités bolcheviques. Il ne s'agit pas de tronquer la vérité, de riposter aux attaques malhonnêtes de la bourgeoisie par le mensonge, de laisser dans l'ignorance l'ensemble des militants. La révolution prolétarienne n'a pas besoin de telles méthodes :

« Le communisme n'a rien à cacher aux travailleurs. La révolution prolétarienne a besoin pour triompher, non pas d'une masse croyante et réduite à l'obéissance passive et aveugle, mais d'une armée de militants éclairés et conscients tant des tâches qu'ils ont à accomplir que des difficultés qu'ils rencontrent sur leur chemin[2]. »

La lutte révolutionnaire doit procéder d'un examen des faits, d'un droit de critique sérieux :

« Mais pour le prolétariat au contraire, l'autocritique inlassable est la meilleure garantie de son avance victorieuse et la vérité si douloureuse et si désagréable qu'elle puisse être renferme en elle-même le moyen de triompher des obstacles[3]. »

Pour le parti, la recherche de la vérité est un impératif. Il ne doit en aucune façon manipuler les faits au nom d'une stratégie politique qui n'a rien à voir avec l'idéal prolétarien :

« Il faut que les communistes se déshabituent de traiter la masse ouvrière en mineure, à laquelle on n'aurait pas le droit de tout dire. Notre parti ne peut atteindre son but qu'en détrompant la masse, en la dépouillant de toutes les illusions[4]. »

---

[1] *Ibid.*
[2] Lucien Revo, « Politique communiste et bourrage de crâne » (suite), *Clarté*, n° 16, décembre 1927, janvier 1928.
[3] *Ibid.*
[4] *Ibid.*

Pierre Naville et Francis Gérard ne se font pas faute de publier dans ce même numéro le testament politique de Ioffé, document qui leur a été confié au cours de leur séjour à Moscou et qui constitue un véritable procès de la politique stalinienne :

« ... il y a déjà plusieurs années que la direction actuelle de notre parti, conformément à sa méthode générale de ne pas donner de travail aux communistes de l'opposition, ne m'accorde ni travail politique, ni travail soviétique, dont l'envergure et le caractère me permettraient d'être utile au maximum selon mes forces. La dernière année, comme vous le savez, le bureau politique m'a, comme opposant, complètement mis à l'écart de tout travail politique...

Maintenant que l'on considère comme impossible de me soigner sérieusement (car le traitement en Russie est possible, mais d'après les médecins, désespéré, et le traitement à l'étranger pour deux mois est également vain) « ma vie perd tout son sens », même sans être considérée selon ma philosophie esquissée plus haut. Il est douteux qu'on puisse admettre comme nécessaire une vie passée dans des tourments incroyables, à rester couché sans mouvement et sans possibilité d'accomplir un travail quelconque.

Voilà pourquoi je dis que le moment est venu où il est indispensable de mettre un terme à cette vie. Je connais l'opinion générale du parti, opposée au suicide, mais je suppose que tous ceux qui se rendent compte de ma situation ne pourront pas me condamner pour cela. En outre, le professeur Davidenko estime que la cause de récidive de ma polynévrite aiguë est l'émotion de ces derniers temps. Si j'étais en bonne santé, j'aurais trouvé au moins assez de force, d'énergie, pour lutter contre la situation créée dans le parti, mais dans mon état actuel, j'estime insupportable une situation où le parti tolère silencieusement « votre exclusion de ses rangs », bien que je sois absolument persuadé que, tôt ou tard, il y aura dans le parti une crise qui l'obligera à rejeter ceux qui l'ont conduit à une telle honte... En ce sens, ma mort est une « protestation » contre ceux qui ont conduit le Parti à une situation telle qu'il ne puisse d'aucune manière réagir contre cette opprobre...

S'il est permis de comparer ce qui est grand avec ce qui est petit, je dirais, que l'immense importance de l'événement historique qui est votre exclusion et celle de Zinoviev, exclusion qui doit inévitablement ouvrir une période thermidorienne dans notre révolution, et le fait qu'on m'accule après 27 années de travail révolutionnaire aux postes responsables du Parti, à une situation où il ne me reste plus qu'à me tirer une balle dans le front, ces deux faits, dirais-je, illustrent un seul et même régime du Parti. Et peut-être que les deux événements, le petit et le grand ensemble, produiront la secousse qui éveillera le Parti et l'arrêtera sur la voie conduisant à Thermidor. J'aurais été heureux de croire qu'il en sera ainsi, car j'aurais su alors ne pas mourir en vain, mais tout en ayant la ferme certitude que l'heure du réveil du Parti viendra, je ne puis être convaincu qu'elle ait sonné maintenant... Cependant, je ne doute pas, malgré tout, que ma mort, aujourd'hui soit plus utile que la prolongation de ma vie[1]. »

En fonction d'une démarche beaucoup plus modeste, Pierre Naville avec *Clarté*, se charge de présenter dans sa rubrique « Les revues et les livres » une documentation élargie des ouvrages et périodiques de l'opposition française. C'est ainsi qu'il parle des principaux articles parus dans *La Révolution prolétarienne* de Pierre Monatte, du *Bulletin communiste* de Boris Souvarine, de *Contre le courant* de Loriot et Maurice Paz, de *L'Unité léniniste* et cite deux livres importants, l'un concernant la déclaration des 83 suivie des thèses de Zinoviev, Kamenev et Léon Trotsky, l'autre touchant la plate-forme de l'opposition trotskiste accompagnée des réfutations du bureau politique[2] du PCR.

Si Pierre Naville, avec la rédaction de *Clarté,* tient à assurer un travail d'éclaircissement précieux sur le rôle politique de l'opposition russe, il cherche avec Francis Gérard à mener le même combat au niveau de sa cellule. Pierre Naville avec Francis Gérard diffusent tout d'abord dans les rangs du PCF un tract intitulé « Notre témoignage » dans lequel ils s'insurgent contre les agissements du PCR vis-à-vis de l'opposition :

« Camarades ! Ceux qui continuent à diriger cette bataille victorieuse du prolétariat dont nous avons parlé, ceux dont la perte serait le coup le plus rude porté à l'avenir du socialisme en URSS, ce sont les chefs de l'opposition que l'on exclut, que l'on brime, que l'on déporte, les centaines de militants que l'on congédie, que l'on affame[3]. »

Ils alertent les travailleurs sur l'état actuel de la Russie menacée par une bourgeoisie triomphante, par des paysans enrichis, par des ingénieurs et des intellectuels corrupteurs du parti et par « une caste de fonctionnaires », « véritables potentats » ignorant tout de la pauvreté du prolétariat ouvrier et paysan.

Ils s'en prennent au caractère factice et trompeur des voyages officiels, véritable manipulation orchestrée par les dirigeants du parti qui promènent de banquets en visites et discours officiels, les délégués des différents pays invités. Ils stigmatisent les fausses informations circulant avec la bénédiction de la direction communiste, travestissant la vérité sur le degré exact de misère du peuple russe. Ils déplorent également les faux témoignages des délégués ouvriers mentant sciemment au prolétariat, calomniant l'opposition afin de complaire aux autorités du PCR pour bénéficier en retour d'une place enviable dans l'appareil du parti. Ils ne peuvent accepter une telle évolution

---

[1] Note, « Ioffé est mort », *Clarté,* n° 16, décembre 1927, janvier 1928.
[2] Pierre Naville, « Les revues et les livres », *Clarté,* n° 15, 15 novembre 1927, n° 16, décembre 1927, janvier 1928.
[3] « Notre témoignage », Archives Pierre Naville.

des mentalités qui n'a plus rien à voir avec une réflexion marxiste révolutionnaire sincère et ambitieuse. Ils appellent chaque militant à mener un examen lucide de l'état réel de la Russie. A leurs yeux, la libre discussion au sein du parti, l'exercice du droit de critique reconnu par chacun, sont les garanties indispensables pour faire progresser le débat démocratique et travailler à la consolidation du socialisme et de la dictature du prolétariat :

« Nous remplissons notre mandat tous les jours en prenant notre part de la lutte commune contre l'oppresseur capitaliste, en faisant connaître le sens et la portée de la révolution d'Octobre, en travaillant à élucider ses développements. Mais nous ne mentirons pas sur l'état actuel de la révolution en URSS ; nous continuerons à remplir notre mandat en expliquant aux ouvriers révolutionnaires la situation des classes dans le pays de la première dictature prolétarienne, en réclamant la liberté de discussion dans les partis communistes pour l'opposition comme pour tout le monde. Nous réclamerons pour la défense du prolétariat autre chose que des injures et des insanités, nous réclamerons pour les ouvriers d'Occident d'autres comptes-rendus que des extraits de manuels. Rien ne peut empêcher la lutte de classe de se poursuivre et ceux qui la mènent véritablement de persévérer, quelles que soient les attaques auxquelles ils soient en butte[1]. »

Après la distribution de ce tract, Pierre Naville et Francis Gérard entreprennent de convaincre leurs camarades de cellule. Francis Gérard, dans sa cellule de l'usine Thomson de Saint-Denis, est écouté avec sympathie. Délégué par sa cellule au huitième rayon de la région parisienne qui comprend le XIe et le XVIIIe arrondissement de Paris, il prononce un discours devant une assemblée de 80 militants, présidée par le député communiste Pillot sur les difficultés économiques de la Russie et sur les « exactions de la bureaucratie contre l'élite des compagnons de Lénine », mais sans résultat.

Pierre Naville, de son côté, intervient dans sa cellule de l'usine Farman et dans son rayon de Boulogne-Billancourt. Il est rapidement rappelé à l'ordre et invité à se mettre en position de discipline vis-à-vis du parti. Dans « Le temps du surréel », il évoque les conditions mêmes de cette mise à l'index :

« En ce qui me concerne, une discussion s'ouvrit dans le rayon de Boulogne-Billancourt, dont j'étais membre, au sujet de l'opposition de gauche. J'étais coupable : 1) de soutenir les positions de l'opposition « trotskiste » que Moscou venait de sanctionner ; 2) de poursuivre la publication de *Clarté*, dans le même sens, hors du contrôle de la direction du parti ; 3) d'avoir diffusé hors du parti, en particulier par affiches publiques, une protestation contre les premières déportations d'oppositionnels, en URSS. C'est Alfred Costes, secrétaire de la Fédération de la métallurgie-

---

[1] *Ibid.*

CGTU, responsable du rayon, qui mena la critique contre moi, et contre les deux autres opposants notables, intellectuels eux aussi versés dans les cellules ouvrières du rayon : G. Calzan, directeur du bureau d'édition du parti communiste et Delhaye, étudiant en droit. Nous eûmes droit à l'alternative désormais classique : ou abjurer clairement nos convictions (et, pour ma part, abandonner la publication de *Clarté*), ou nous voir exclus. Là aussi, il fallait choisir. La discussion, encore assez ouverte en ce temps, dura deux dimanches pleins. Nous ne cédâmes pas ; c'était l'exclusion[1]. »

Pierre Naville se charge également de communiquer un compte-rendu de son voyage à la revue *Contre le courant* de Maurice Paz. Il participe aussi à une réunion publique organisée par ce même groupe.

---

[1] Pierre Naville, *Le temps du surréel*, Paris, Galilée, 1977, p. 468-469.

Chapitre X

Les problèmes économiques de la Russie

Attaquer le comportement du parti communiste russe vis-à-vis de l'opposition unifiée, c'est également, pour *Clarté* s'en prendre à la politique économique des responsables soviétiques. *Clarté* tient à tracer le bilan général de la gestion gouvernementale et à signaler les faiblesses chroniques de l'appareil productif de Russie. Elle confie le soin à Victor Serge d'assurer un tel travail d'analyse. Celui-ci reprend les idées-force de l'opposition russe.

Depuis 1923, en effet, la question du développement agricole et industriel de Russie est l'objet d'une grave polémique au sein du PCR[1]. Cette bataille d'idées que se livrent Staline et les oppositionnels culmine au cours de l'année 1927. Le XVe congrès du parti apparaît comme la phase ultime de cette lutte doctrinale. Afin de mieux apprécier l'étude de Victor Serge dans *Clarté,* il est important de rappeler les points forts de ce conflit d'idées. La NEP, définie par Lénine depuis 1921, sorte de retour progressif à l'économie de marché, n'est pas sans risque pour l'édification du socialisme. Réintroduisant la libre initiative économique, elle offre un vaste champ d'action aux catégories sociales qu'elle favorise tels que les commerçants, les paysans riches, les techniciens. Si elle est à la base d'une relance générale de l'appareil de production, elle ne parvient pourtant pas à dégager le pays d'un certain marasme économique. L'industrie progresse moins vite que l'agriculture. Les entreprises doivent se rééquiper et se préserver une marge de profit. Les prix industriels, dans ces conditions, montent très rapidement alors que les prix agricoles s'effondrent. C'est « la crise des ciseaux », qui déséquilibre le marché, bloque les échanges entre les villes et les campagnes, pénalise gravement le prolétariat ouvrier et les paysans pauvres. Devant les difficultés qui s'accumulent, la majorité du PCR choisit le statu quo, tandis que Léon Trotsky se prononce pour le début de la planification destinée avant tout à permettre le développement de l'industrie lourde. Cette divergence porte en germe l'affrontement prochain. La politique empiriste du triumvir (Staline, Zinoviev, Kamenev) qui laisse aller les choses à leur train suscite une flambée de mécontentement des travailleurs au cours de l'été 1923. Devant une orientation économique aussi contestable, l'opposition avec Léon Trotsky engage le combat en 1923. Léon Trotsky adresse au comité central une lettre dans laquelle il demande aux responsables soviétiques de redresser au plus vite la situation. Une semaine plus tard, 46 militants adressent au comité central une déclaration critiquant sévèrement l'immobilisme économique de la direction. Au cours de la XIIIe

---

[1] Voir Pierre Broué, *Le parti bolchevique,* Paris, Minuit, 1963-1971, 652 p.

conférence du parti, la discussion sur les problèmes économiques est relancée. L'opposition se manifeste une fois de plus. Préobrajensky intervient pour souligner la croissance alarmante du capital commercial et industriel privé. Piatakov rappelle que le plan d'Etat (Gosplan) permettra de cesser d'improviser sur le plan économique en se basant sur une conception d'ensemble. Molotov, Kamenev, Mikoyan, membres du comité central, qualifient d'utopiques ces projets de planification dans l'industrie sur plusieurs années. Ils accusent l'opposition de faire prévaloir des conceptions centralisatrices et bureaucratiques et de vouloir sacrifier la paysannerie au développement de l'industrie. Un moment menacé, le secrétariat accuse l'opposition de fractionnisme et se charge de déplacer, de révoquer ou menacer de représailles policières les principaux membres de l'opposition. A la fin de l'année 1924, la direction du parti précise ses vues en matière de gestion économique. Elle affirme officiellement sa volonté de voir la NEP se poursuivre. Boukharine, technicien du parti, se charge d'expliquer cette orientation économique. Il considère que la continuation et l'intensification de la NEP peuvent seules donner une impulsion nouvelle et durable à l'économie soviétique. Il déclare :

« En utilisant l'initiative économique des paysans, petits-bourgeois et même bourgeois, en tolérant en conséquence l'accumulation privée, nous les mettons objectivement au service de l'industrie socialiste d'Etat et de l'économie dans son ensemble ; c'est la signification de la NEP. »

A ses yeux, l'enrichissement du paysan est la condition de la reprise de l'industrie et du développement économique en général. Afin d'améliorer le secteur industriel, Boukharine pense qu'il faut d'abord abaisser les prix industriels, ce qui présentera le double avantage d'interdire les « gains monopolistes » et d'obliger les industriels rouges à accroître la productivité dans leurs entreprises, tout en réamorçant l'activité du marché. La demande accrue des paysans serait alors le moteur de cette réanimation, mais ne sera possible que si eux-mêmes parviennent à augmenter leurs revenus et à investir, ce qui leur est interdit par les limitations que leur impose l'Etat. Il faut donc lever toutes les contraintes qui pèsent sur le paysan parce que le socialisme ne le convaincra que s'il exerce sur lui un attrait qui lui paraîtra économiquement avantageux. Le 17 avril 1925, Boukharine lance, dans son célèbre discours de Moscou :

« Aux paysans, à tous les paysans, nous devons dire : enrichissez-vous, développez vos fermes et ne craignez pas que la contrainte s'exerce sur vous. Aussi paradoxal que cela puisse paraître, nous devons développer la ferme aisée pour aider les paysans pauvres et moyens. »

La XIVe conférence adopte la voie ainsi tracée, en mettant à son programme des crédits pour le développement agricole, la baisse des prix industriels, la libération des prix agricoles, l'allègement de l'impôt foncier. Mais une telle politique dont les résultats sont décevants est rapidement désavouée par Zinoviev et Kamenev. La situation au sein du triumvir se dégrade rapidement. Zinoviev et Kamenev multiplient, dès le printemps 1925, les occasions de conflit contre Staline. Ils critiquent ouvertement la ligne défendue par Boukharine et sa politique droitière. Zinoviev, dans son recueil intitulé « Le léninisme », publié en septembre, examine les problèmes posés par la NEP. Il affirme : « La lutte des classes se poursuit sous la dictature du prolétariat et notamment sous la NEP » et dénonce les koulaks comme « ennemis du pouvoir soviétique ». Au cours du XIVe congrès du parti, Zinoviev et Kamenev livrent bataille, mettant en cause directement l'autorité de Staline et sa politique économique de laisser-faire qui profite largement aux forces capitalistes du pays. Leurs efforts n'aboutissent pas. Ils sont désavoués par la majeure partie du comité central. Léon Trotsky, de son côté, ne se mêle pas au débat, se cantonnant dans une prudente réserve. Mais en fait, la bataille du XIVe congrès prépare l'unification prochaine des deux oppositions. Le rapprochement est inévitable dans la mesure où les deux groupes se réclament d'une plate-forme ouvrière, dénonçant le même danger, l'alliance du koulak, des nepmen, des bureaucrates, la dégénérescence du parti sous Staline. La jonction s'opère en avril 1926 et donne naissance à l'opposition unifiée. Cette alliance est d'importance puisqu'il y a non seulement Zinoviev, Kamenev, Trotsky dont personne ne conteste qu'ils étaient les lieutenants de Lénine, mais aussi Préobrajensky, Sérébriakov, Krivinsky, les successeurs de Sverdlov, dix membres du comité central de mars 1919, Kroupskaïa, la veuve de Lénine, Badaïev, ancien député de la Douma tsariste, les généraux bolcheviques Antonov-Ovesenko, Lachévitch, Mouralov, le commissaire Smirnov vainqueur de Koltchak, Smilga, le complice de Lénine. Elle compte dans ses rangs des hommes de talent : Sosnovsky, très populaire par ses satires de la bureaucratie, Karl Radek, spécialiste des questions internationales, Piatakov, Smilga, économistes réputés, Rakovsky, Ioffé, diplomates de renom.

L'opposition unifiée se manifeste pour la première fois au comité central de juin 1926 où Léon Trotsky lit en son nom « La déclaration des treize » dans laquelle elle décrit l'aggravation incessante de la situation économique, la montée des périls intérieurs que constituent les éléments procapitalistes, koulaks, nepmen. Elle affirme qu'elle est prête à travailler dans l'immédiat avec les autres pour « restaurer en commun un régime du parti… en pleine conformité avec ses traditions » de démocratie ouvrière. Elle déclare qu'elle luttera dans le cadre des statuts pour gagner la majorité et devenir la direction qui redressera le parti. Son programme est un programme de défense du prolétariat. Elle se prononce en premier lieu pour le redressement des salaires ouvriers, une réforme fiscale, exonérant les petits paysans, allégeant les paysans moyens et taxant lourdement les koulaks. Elle préconise à moyen terme une politique de soutien, la collectivisation dans les campagnes et surtout une accélération du rythme de croissance industrielle en fonction d'une planification rigoureuse. Ainsi se propose-t-elle de renforcer le rôle de la classe ouvrière, en lui redonnant la parole dans le cadre du parti et en refoulant les éléments du capitalisme renaissant des campagnes. Cependant, à Moscou comme à Leningrad, centres moteurs de l'opposition unifiée, l'appareil du parti a décidé de faire taire les oppositionnels. Les orateurs, dans les cellules, sont désormais accueillis par des groupes de choc qui sifflent, hurlent, couvrent leurs voix, recherchent les incidents et les bagarres. Des mesures de police administrative épurent les cadres du parti et les syndicats de l'Etat. Les opposants sont destitués et congédiés par milliers. Les ouvriers qui veulent se prononcer en faveur des opposants sont aussitôt menacés et privés de travail. La presse consacre des pages entières à vitupérer les renégats, les fractionnaires, les contre-révolutionnaires. Devant de telles mesures, l'opposition prise au piège se soumet pour éviter la scission. Le 4 octobre, elle offre la paix au bureau politique qui pose ses conditions. Le 16, elle s'incline. Elle reconnaît dans une déclaration officielle ses infractions à la discipline, condamne sa propre activité de fraction, désavoue les prises de positions de certains de ses membres, répudie ses partisans à l'étranger. En fait, l'opposition adopte une position dangereuse qui est considérée par beaucoup de ses partisans comme un renoncement ou un aveu d'impuissance. En fait, elle cherche à obtenir une trêve de la part du comité central tout en maintenant ses points de vue. Jouant la carte de la légalité, elle tient à exprimer ses positions uniquement dans le cadre des organismes dirigeants officiels.

L'année 1927 et les événements chinois permettent à l'opposition de se ressouder et de reprendre la lutte. En mai 1927, elle lance l'appel des 83 dans lequel elle critique entre autres la politique de soutien du gouvernement aux koulaks. En vue du XVe congrès du parti et de la réunion de l'exécutif de l'IC, elle prépare la rédaction d'une plate-forme afin de la diffuser dans le parti. Dans ce programme, toute une série de mesures sont proposées comme – l'exemption de l'impôt pour les paysans pauvres – l'adoption d'un impôt progressif – le développement des exploitations collectives tels que les kolkhozes – l'intensification de la mécanisation dans les campagnes – l'augmentation du pouvoir d'achat des travailleurs – la défense du droit de grève – la non-subordination du syndicat à l'appareil d'Etat – la création d'industries nouvelles dont le financement serait assuré par un prélèvement sur le capital privé des koulaks et des nepmen et le chiffre des exportations. Pour imprimer cette plate-forme, l'opposition est obligée de passer dans la clandestinité. C'est l'occasion pour Staline de déclarer ce document illégal grâce à la mise sur pied par la Guépéou d'une sordide intrigue policière. Toute personne surprise en possession d'un de ces textes est frappée d'emprisonnement.

Au cours de la XVe conférence du parti qui se tient du 16 octobre au 3 novembre 1927, Staline affirme sa volonté de voir la NEP appliquée. Il déclare que la politique d'industrialisation prônée par l'opposition condamnerait des milliers d'ouvriers, de paysans à la misère et propose une amélioration du bien-être sans convulsions sociales et graduellement. Il conclut par un appel à la lutte pour la capitulation de l'opposition. Kamenev, Zinoviev et Léon Trotsky tentent de protester et de faire entendre leurs propositions mais en pure perte. Le comité central, à l'issue de la conférence, condamne à l'unanimité les oppositionnels. Léon Trotsky et Kamenev sont exclus du bureau politique. Le bureau central demande à l'exécutif de l'IC de relever Zinoviev de ses fonctions. Lorsque le XVe congrès du parti s'ouvre le 2 décembre, Staline exige une capitulation sans condition et un reniement total :

« L'opposition, dit Staline, doit capituler entièrement et sans condition, tant sur le plan politique que sur celui de l'organisation. [...] Ils doivent renoncer à leurs vues antibolcheviques ouvertement et honnêtement devant le monde entier. Ils doivent dénoncer les fautes qu'ils ont commises et qui sont devenues des crimes contre le parti, ouvertement et honnêtement devant le monde entier. »

Beaucoup de membres de l'opposition s'interrogent, hésitent et puis finalement se décident à capituler. Le groupe autour de Zinoviev et Kamenev accepte de se soumettre. Seul, Léon Trotsky et ses plus fidèles amis se déclarent prêts à continuer le combat. La déroute est cette fois complète. Elle sera achevée à l'exécutif de l'IC en décembre 1927 où, après un rapport de Staline, les partisans de l'opposition dans les partis communistes étrangers sont exclus.

Les écrits de Victor Serge publiés dans *Clarté* reprennent donc les grandes lignes de l'argumentation économique soutenue par l'opposition contre le parti et sa direction. Victor Serge aborde successivement, dans le n° 15 de la revue, la question de l'agriculture, de l'industrialisation et de la bureaucratie.

Dans le milieu agricole, écrit Victor Serge, la situation apparaît comme extrêmement préoccupante. La présence grandissante d'une petite bourgeoisie rurale réintroduit une société de classe en Union soviétique, phénomène sociopolitique qui ne paraît pas inquiéter la direction du PCR. Victor Serge veut alerter les dirigeants communistes devant un tel danger et rappelle les avertissements lancés par Lénine vis-à-vis du monde paysan et les objectifs économiques qu'il soutenait alors pour une réelle édification du socialisme en Russie :

« Tant que nous serons un pays de petits paysans, le capitalisme aura en Russie une base économique plus solide que le communisme. Retenons-le. Quiconque a observé attentivement la vie des campagnes et l'a comparée avec celle des villes, sait que nous n'avons pas extirpé les racines du capitalisme ; nous n'avons pas arraché son terrain à l'ennemi intérieur. Cet ennemi s'appuie sur la petite propriété et l'on ne peut l'atteindre qu'en donnant à la vie économique du pays, l'agriculture comprise, une nouvelle assise technique, celle de la grande industrie moderne. Cette base ne peut être fournie que par l'électricité. Le communisme, c'est le pouvoir des soviets et l'électrification[1]. »

Ce schéma, empreint de bon sens et de logique, parfaitement négligé actuellement laisse place, observe Victor Serge, à un immobilisme coupable qui favorise grandement l'implantation d'une classe réactionnaire. En se référant aux conclusions et aux statistiques de plusieurs revues officielles, Victor Serge s'ingénie alors à dépeindre l'importance et l'emprise d'une telle classe dans le monde paysan. La puissance du koulak ne cesse, selon lui, de grandir dans les campagnes. La différenciation sociale est de plus en plus marquée entre une minorité de paysans propriétaires et un prolétariat de journaliers. Au printemps 1926, près de 58 % des réserves de blé sont aux mains de 6% de paysans. Les réserves d'argent s'élèvent à 250 - 300 millions de roubles. Les koulaks s'efforcent de reconstituer leurs domaines et concentrent entre leurs mains l'essentiel de l'équipement et du cheptel. En 1925-1926, 15 millions d'hectares sont loués contre 7,7 millions en 1924-1925, presque tous par des koulaks, 15% des paysans riches possèdent 50% de l'outillage agricole. Dans certaines régions, la situation est particulièrement marquée : en Ukraine, 45% des agriculteurs n'ont pas de chevaux et 35% pas de vaches. L'emploi de la main-d'œuvre salariée a fortement augmenté d'après les statistiques officielles. Le paysan pauvre se fait embaucher comme journalier ou comme fermier et continue de payer à l'usurier des sommes quatre fois supérieures à celles qu'il doit au fisc.

Cette petite bourgeoisie rurale en plein développement étend même son influence dans le domaine syndical et politique. De plus en plus, elle assure la direction des coopératives aux dépens des paysans pauvres. Elle fait pression sur les soviets et le parti pour être défendue contre les unions de paysans pauvres ou les syndicats qui ne comptent en fait pas plus de 20% d'ouvriers agricoles. Elle intervient ouvertement contre la législation soviétique, réclamant que le mariage enregistré soit avantagé par rapport à l'union libre, protestant contre les droits des femmes accordés par le code de la famille, exigeant pour la défense de sa propriété, de ses biens, l'adoption de mesures draconiennes comme la peine de mort pour les voleurs de chevaux.

Devant une menace politique aussi grave, Victor Serge rappelle la ligne politique adoptée par l'opposition unifiée qui considère qu'il est urgent de « rechercher l'appui des ouvriers agricoles et des paysans pauvres », de « s'assurer la sympathie des paysans moyens encore susceptibles de subir l'influence de l'action socialiste par la coopération » afin de parvenir à l'implantation définitive du socialisme dans le monde paysan et que seule une politique d'industrialisation poussée pourra tirer le pays de ce désordre économique et social. Victor Serge note que la direction du parti et

---

[1] Victor Serge, « Vers l'industrialisation », *Clarté,* n° 15, 15 novembre 1927.

Boukharine lui-même se décident quand même mais bien tardivement, à l'automne 1927, à prendre conscience du danger que représente le koulak :

« Ce danger énoncé depuis fort longtemps par les opposants du PC de l'URSS est devenu si réel que Boukharine, qui tenait encore récemment un langage tout à fait différent, disait le 12 octobre au congrès provincial des syndicats de Moscou : « Le moment est venu d'accentuer notre offensive contre les éléments capitalistes des villes et des campagnes, contre les koulaks en premier lieu (Journaux soviétiques[1] du 13 octobre 1927). »

Abordant alors la question de la vie industrielle, Victor Serge se montre tout aussi inquiet et sceptique. Si l'industrie russe a réussi son processus de reconstruction, écrit-il, en atteignant, au cours de l'année 1926, le niveau de productivité de 1913, de graves problèmes sociaux et économiques subsistent. L'outillage industriel est vieilli et usé. Il date de l'avant-guerre. La population a augmenté de plus de dix millions d'habitants entre 1914 et 1926 et l'appareil productif ne peut faire face à ses besoins. Selon la commission du plan, poursuit Victor Serge, le niveau de consommation par tête d'habitant actuellement très modeste retrouvera le niveau de 1914 « que vers les années 1930-1931 au prix d'un effort tenace ». Le retard industriel de la Russie par rapport aux pays capitalistes est important. Alors que les prix russes en 1914 étaient proches du marché mondial, ceux de 1926 sont deux fois et demie plus élevés. L'insuffisance industrielle se traduit par une pénurie de produits qui détermine une hausse de prix. Elle explique alors l'influence et le progrès du capital privé qui domine le marché intérieur sur lequel il prélève sa lourde dîme. Le commerce de gros et de détail achète et revend en dehors des coopératives du commerce d'Etat. D'après l'Institut de recherches économiques et du Commissariat des finances, il réalise un bénéfice net de 400 millions de roubles par an ; il atteint un chiffre d'affaires global de 7 milliards 500 millions de roubles par an par rapport au chiffre d'affaires du commerce de la Russie qui s'élève à 31 milliards de roubles. Ainsi, pour Victor Serge, les nepmen accumulent les bénéfices dans les petites industries et le commerce et constituent une classe bourgeoise menaçante. Pour Victor Serge, il est essentiel de combattre une telle force économique. Reprenant les thèses de l'opposition unifiée, il affirme que seul le développement intensif « de l'industrie nationalisée » et la relance de la croissance pourront assurer la victoire du socialisme. Il rappelle que par une forte imposition des koulaks et des nepmen, il sera possible de créer les usines nouvelles nécessaires au pays.

Enfin, en ce qui concerne l'appareil administratif russe, Victor Serge constate qu'il occupe une place envahissante et parasitaire qui vient grever le budget de l'Etat. Les statistiques officielles révèlent, écrit Victor Serge, qu'en face de 2,7 millions d'ouvriers et employés de l'industrie,

---

[1] Victor Serge, « Vers l'industrialisation », *Clarté,* n° 15, 15 novembre 1927.

l'administration, à elle seule emploie, en 1927, 2 millions 76 mille fonctionnaires. Staline et Rykov qui avaient entamé une campagne d'économie, le 16 août 1926, évaluaient à 2 milliards de roubles les dépenses administratives de fonctionnement et fixaient à environ 3 à 400 millions de roubles les économies immédiatement réalisables. Victor Serge fait remarquer qu'une telle campagne a été rapidement négligée et « qu'elle ne donne même pas le vingtième de ce qu'on attendait ». Faisant référence au rapport très officiel présenté au VIe congrès et publié dans *La Pravda* du 15 décembre 1926 par Ordjonikidzé, président de la commission centrale du contrôle du PCR, il souligne que cette étude fourmille de situations caractéristiques du désordre administratif qui règne en Russie. Victor Serge ne se fait pas faute de rappeler et de citer les conclusions de Lénine qui, très tôt, s'est inquiété du danger croissant de la bureaucratisation de l'Etat soviétique :

« A l'exclusion de notre commissariat au ravitaillement, notre appareil d'Etat est si affligeant pour ne pas dire exécrable, que nous devons penser avant tout à combattre ses défauts en nous rappelant qu'ils proviennent d'un passé renversé mais pas aboli[1]. »

Devant ce tableau éloquent de la bureaucratie soviétique, Victor Serge appelle chaque militant à réagir. Il est convaincu qu'une situation aussi dégradée fait le jeu de la moyenne et petite bourgeoisie. Alors que le prolétariat est bien incapable de fournir les nouveaux cadres de l'administration, la bourgeoisie en profite pour conquérir les organes de l'Etat. Il est donc nécessaire de prendre la mesure d'un tel danger :

« La bureaucratie est un obstacle à la marche vers le socialisme, un obstacle que nous ne surmonterons qu'au prix d'une lutte tenace, appelée à durer sans doute avec plus ou moins d'ampleur et d'âpreté, autant que la période de transition au socialisme, c'est-à-dire à une société sans classe et sans Etat[2]. »

S'étant penché attentivement sur les principaux facteurs économiques et politiques qui menacent directement l'équilibre de la Russie, Victor Serge, se voulant légaliste jusqu'au bout comme le préconise l'opposition unifiée, lance un appel à la raison :

« Ces problèmes ne peuvent manquer de provoquer des divergences de vue parmi les révolutionnaires prolétariens. Un mouvement aussi profond et aussi vaste que le mouvement communiste de l'URSS ne saurait éviter – l'histoire récente l'atteste – les luttes de tendances. Ils ne doivent pas non plus les craindre à condition de savoir régler les dissentiments par des grands débats honnêtes et fraternels, portant sur le fond même des choses. L'unité de doctrine et la discipline du parti ne pourraient qu'y gagner. La révolution

---

[1] *Ibid.*
[2] *Ibid.*

qui continue a besoin – c'est l'évidence – de tous ceux qui l'ont faite, maintenue, sauvée, dans les années inoubliables. Elle a besoin de tous les talents, de toutes les flammes, de toutes les énergies. La seule erreur irréparable serait de l'oublier un seul instant[1]. »

Victor Serge poursuit son information sur la vie économique et sociale de la Russie dans le n° 16 de *Clarté*. Il montre, avec davantage de rigueur et d'ambition encore, dans une vaste étude comparative, la justesse des thèses de l'opposition unifiée qu'il oppose aux thèses du PCR. A la veille du XVe congrès, il tient à faire observer que les thèses de l'opposition unifiée qu'il présente sont tirées de la feuille de discussion de *La Pravda* du 17 novembre 1927. Il faut en effet rappeler que la direction du PCR, en vue de la préparation du XVe congrès du parti, sûre de ses moyens de persuasion et de coercition, accorde aux oppositionnels russes un mois de discussion préalable et une feuille spéciale de *La Pravda*. Dans le dernier article qu'il fait paraître dans *Clarté*, Victor Serge traite successivement de la paysannerie et de l'industrialisation.

Dans un premier temps, il cite les incroyables déclarations des représentants du PCR, soutenues au cours de l'année 1925 : Molotov qui considère que « le développement de l'agriculture s'orientera par la force même des choses vers le socialisme », Boukharine qui, dans son célèbre discours d'avril, encourage le koulak à s'enrichir, Kalinine qui voit dans le paysan pauvre « un invalide de la production » dont les sentiments politiques ne sont pas sûrs, enfin Staline qui affirme avec conviction que « l'agriculture ne peut pas s'acheminer vers le capitalisme car l'existence du pouvoir des soviets et la nationalisation des principaux moyens de production ne le permettent pas ». Victor Serge objecte alors à ces déclarations, le travail de l'opposition unifiée qui, avec Bakaev, Kamenev, Rakovsky, Evdokimov, Mouralov, Smilga, Zinoviev, Peterson, Trotsky, a depuis 1925 mis en lumière le danger koulak et défini le rôle exact que devait jouer le parti dans les campagnes.

Considérant alors la position du PCR depuis le XIVe congrès, il admet qu'il a évolué, notamment Boukharine qui exige qu'une offensive plus rigoureuse soit engagée contre le paysan riche, Molotov qui réclame une exemption de l'impôt pour le paysan pauvre et une forte imposition pour le koulak. Cependant, Victor Serge tient à soutenir que l'approche faite par le parti du problème paysan reste tout à fait approximative. Le PCR n'hésite pas à penser en effet que sa politique économique favorisant le paysan moyen a permis l'isolement du koulak :

« Le paysan moyen s'est écarté du koulak, l'union de la classe ouvrière et des paysans s'est affirmée, un revirement s'est accompli tendant à l'isolement du koulak. »

---

[1] *Ibid.*

Son appréciation du problème du koulak est tout aussi contestable, selon Victor Serge, puisqu'il soutient que :

« La différenciation sociale des ruraux ne constitue pas un danger, qu'elle est mal interprétée, qu'il faut continuer (en y ajoutant naturellement l'offensive contre les koulaks) la politique suivie jusqu'à présent, qu'accepter les propositions des opposants, ce serait alors aller à un conflit avec les masses paysannes. »

Victor Serge rappelle alors la position rigoureuse de l'opposition unifiée qui s'est fixée comme objectif d'intensifier la lutte contre le koulak et de défendre énergiquement le paysan pauvre. Pour elle, il s'agit notamment d'augmenter le salaire des journaliers agricoles, de créer « une union des paysans pauvres » qui sera politiquement l'appui le plus sûr pour la dictature du prolétariat, d'appliquer rigoureusement le code du travail, de prévoir une assurance sociale pour les paysans pauvres et d'affirmer le mutualisme.

Analysant à nouveau le développement industriel russe, Victor Serge montre que l'opposition unifiée rejette l'optimisme affiché par les représentants du PCR tels que Rykov, Krijanovsky, Mikoyan, Kouybichev. Avec une certaine légèreté, la direction du parti déclare qu'aucune crise véritable n'a marqué les années 1926-1927. Son souci légitime d'abaisser le prix de revient et de vente des produits, sur l'initiative de Boukharine, en augmentant les rendements afin de satisfaire les besoins de la population, ne représente pour Victor Serge en fait qu'un objectif social limité, sans base économique sérieuse. Pour l'opposition unifiée, note-t-il, les conditions économiques actuelles n'autorisent en aucune façon une telle politique. L'emprise du capital privé sur le commerce et l'industrie conduit à un déréglement de la machine économique. La hausse des prix, le décalage entre les prix industriels et les prix agricoles, entre les prix de gros et les prix de détail, la spéculation semi-clandestine, le stockage du blé, la disette des produits constituent des problèmes d'une exceptionnelle gravité. La classe ouvrière, dans ces conditions, est particulièrement touchée. La perte des salaires réels est seulement enrayée en 1927, la différence de salaire entre ouvriers spécialisés et manœuvres, entre hommes et femmes, à travail égal, est flagrante. Le chômage, d'après les organismes officiels, s'élève à 1 million 487 mille individus, en 1927. Certains responsables du parti vont jusqu'à affirmer qu'il se stabilisera au cours des années à venir. Pour Victor Serge, le chômage dans une économie étatisée est insupportable et traduit le manque de moyens de production et de nouveaux capitaux chez l'Etat. La crise du logement atteint un seuil critique ; la surface moyenne occupée par un ouvrier à Moscou ne dépasse pas 3 m^2. Devant une telle situation, le comité central du parti avec Rykov, Krijanovsky adopte comme solution économique la diminution du coût de production industrielle par une rationalisation appropriée et un élargissement de l'activité industrielle, notamment par le développement de cultures susceptibles d'absorber le surplus de main-d'œuvre, l'industrialisation de l'agriculture et l'utilisation de la petite épargne, solution notoirement insuffisante pour Victor Serge. Pour les oppositionnels, l'objectif prioritaire est de relancer l'industrialisation, d'augmenter la production afin de redonner un rythme de croissance positif à l'économie soviétique. Pour assurer un tel redressement, les ressources proviendraient d'une imposition sur les super-profits du capital privé, d'un emprunt forcé sur le blé, prélevé chez les koulaks, d'économies réalisées dans l'administration d'Etat. D'autres propositions comme de soutenir une politique de baisse des prix, d'augmenter le salaire des ouvriers, d'exiger le respect de la journée de 8 heures, d'utiliser les ressources du commerce extérieur (crédits étrangers, concessions) complètent ce programme de reconstruction économique.

Victor Serge termine son analyse en reprenant les conclusions des oppositionnels qui demandent au gouvernement de mettre un terme à sa politique de brimade et d'étouffement dont ils sont les victimes :

« Il faut cesser « le feu à gauche » décidé par le XIVe congrès, cesser de dénoncer comme les ennemis du parti et de l'édification soviétique les communistes qui, soucieux des intérêts du parti et du socialisme, exigent l'offensive contre le koulak, le nepmen et le bureaucrate ; ne rien cacher au parti des difficultés du moment et par une politique résolument inspirée des intérêts des prolétaires et des masses paysannes pauvres et moyennes, mettre en œuvre par l'industrialisation les ressources existant dans le pays[1]. » Ayant ainsi présenté les grandes lignes de la politique économique de l'opposition unifiée, Victor Serge déplore que l'étude de l'économie soviétique se soit déroulée au sein du PCR dans un climat d'hostilité aussi marqué. Il appelle chacun des communistes de l'Occident, dans l'intérêt du marxisme international, à faire preuve de rigueur et d'objectivité dans l'approche de la question russe :

« Les grands problèmes de la destinée de l'URSS – et du mouvement ouvrier international – eussent gagné à être étudiés avec plus de sang-froid, moins de véhémence dans la polémique, moins de précipitations dans les déductions immédiates, plus de soucis de peser les arguments en présence. Quant aux communistes d'Occident, le certain c'est qu'ils ne pourront servir efficacement la cause du prolétariat russe et international qu'à la condition d'étudier, de comprendre, de méditer réellement les données principales du problème de l'industrialisation du premier Etat ouvrier et paysan[2]. »

Parallèlement à cette impressionnante analyse économique de Victor Serge sur l'appareil de production russe, *Clarté* avec Lucien Revo, Pierre

---

[1] Victor Serge, « Vers l'industrialisation », *Clarté,* n° 16, décembre 1927, janvier 1928.
[2] *Ibid.*

Naville et Michel Collinet[1] se soucie de présenter, dans son n° 15, une étude complémentaire essentiellement statistique afin d'illustrer les propos de leur camarade de Russie. Il est certain que les articles et commentaires qu'ils font paraître sur ce thème n'ont pas l'allure et le ton des travaux de leur ami. Lucien Revo[2] entreprend, de son côté, de faire une étude comparative entre système capitaliste occidental et système collectiviste russe sans tirer de conclusions véritables sur le développement économique de l'Union soviétique. Pierre Naville et Michel Collinet,[3] pour leur part, se chargent de fournir chiffres et tableaux statistiques touchant les grands chapitres de l'économie russe. Ils abordent successivement la production industrielle, la production agricole, le commerce intérieur et extérieur, les crédits étrangers et les concessions. Les commentaires qui accompagnent ces différentes rubriques soulignent avec mesure la nature des erreurs commises par la direction en matière de gestion.

---

[1] Michel Collinet, dit Paul Sizoff (1904-1977), professeur agrégé de mathématique, adhère en 1924 aux « Jeunesses communistes » et rejoint *Clarté* en 1927. Sous l'influence de Pierre Naville, il se tournera, en 1928, vers l'opposition de gauche, participant au cercle Marx-Lénine de Boris Souvarine, pour un temps, puis collaborera à *La Lutte de classes* et à *La Vérité* placées sous l'autorité de Pierre Naville. Membre de la fédération unitaire de l'enseignement, il quittera la Ligue communiste en octobre 1931. Affilié au PSOP, il rejettera le principe d'une défense inconditionnelle de l'URSS. Après la seconde guerre mondiale, il deviendra membre de la CGT-FO.
[2] Lucien Revo, « Les mécanismes de l'économie soviétique », *Clarté,* n° 15, 15 novembre 1927.
[3] Pierre Naville, Michel Collinet, « Quelques aspects de l'économie soviétique sous le régime de la NEP », *Clarté,* n° 15, 15 novembre 1927.

La fin de *Clarté*

Les différents écrits de *Clarté* dans les n° 15 et 16, sa protestation vigoureuse contre l'exclusion de Léon Trotsky, les agissements de Pierre Naville et Francis Gérard dans leur cellule respective provoquent l'hostilité du bureau politique du PCF. Marcel Fourrier et Pierre Naville, en tant que directeurs de *Clarté,* sont invités fermement à arrêter la publication de la revue. Le parti leur donne un délai d'un mois pour prendre une décision. En cas de refus, ils seront frappés d'exclusion. Cette mesure est accueillie diversement par les deux responsables. Marcel Fourrier veut temporiser, il reste prêt à accepter la discipline du parti. Pierre Naville n'hésite pas un instant, il refuse catégoriquement d'envisager une telle hypothèse, son ambition, son militantisme courageux, son attachement à la cause oppositionnelle et à Léon Trotsky ne laissent planer aucun doute. Il réussit à convaincre Marcel Fourrier de le suivre dans cette voie. Pierre Naville décide la suppression de *Clarté*. Il la remplace par *La Lutte de classes* en février 1928 qui devient l'organe de l'opposition de gauche puis la revue théorique de l'opposition communiste en 1929. Il s'entoure de collaborateurs comme Francis Gérard, Michel Collinet (pseudonyme Paul Sizoff), Aimé Patri (pseudonyme : Ariat), anciens de *Clarté*. Marcel Fourrier[1] de son côté, y collabore jusqu'à la fin de l'année 1928.

Au printemps 1928, Pierre Naville, Marcel Fourrier et Francis Gérard seront officiellement exclus du parti. Les conditions de leur exclusion sont particulières.[2] Marcel Fourrier aura seul la possibilité de venir s'expliquer devant la commission de contrôle du parti[3]. Francis Gérard pour sa part sera déféré devant cette même commission qui ne le convoquera pas. Pierre Naville sera radié par sa cellule hors de sa présence.

---

[1] Marcel Fourrier (1895-1966) quitte Pierre Naville à la fin de l'année 1928 et rejoint l'équipe de *Contre le courant* puis du *Libérateur* jusqu'en mars 1930. Il participera ensuite à divers mouvements, collaborera à la revue *Que faire* d'André Ferrat de 1935 à 1937, deviendra membre de la gauche révolutionnaire de Marceau Pivert et de la CE parisienne de la SFIO, de mai 1936 à 1937, proche de Zyromsky.
[2] Voir la lettre de protestation qu'ils adressent, en qualité de rédacteurs de *La Lutte de classes*, à l'IC, dans laquelle ils évoquent notamment cette situation. Lettre publiée dans le numéro de juillet 1928 de *La Lutte de classes*.
[3] Si Marcel Fourrier a bénéficié, dans ces circonstances, d'un régime particulier, c'est en reconnaissance de son activité journalistique à *l'Humanité*. De plus, considéré comme un militant sérieux et discipliné - n'a-t-il pas adopté un comportement pour le moins discret lorsque *Clarté* avec Pierre Naville s'est alignée sur les thèses de l'opposition, au cours de l'automne 1927 - les responsables communistes, par cette dernière initiative, ont vraisemblablement cherché à le convaincre de rejoindre le parti.

Conclusion générale

L'itinéraire politique et culturel suivi par *Clarté,* de 1919 à 1928 apparaît sinueux, complexe, riche en rencontres surprenantes et en perspectives inattendues. Au milieu des nombreuses publications rédactionnelles et des diverses déclarations officielles des principaux animateurs clartéistes se dégagent quelques grandes directions, quelques significations majeures qu'il est nécessaire de préciser.

De 1919 à 1921, *Clarté* emprunte une démarche singulière qui la fait passer d'un pacifisme sentimental à un internationalisme de type prolétarien. Sous l'influence d'Henri Barbusse et de Raymond Lefebvre le mouvement *Clarté* prend naissance, au cours de l'automne 1919. Inspiré par l'horreur de la guerre, le mouvement *Clarté* tente d'organiser le rassemblement de tous les intellectuels combattants décidés à servir la paix et à assurer le salut de l'humanité. Il vise à mobiliser tous ceux qui ont conservé leur confiance dans la dignité de l'homme et dans la puissance de la raison, sans distinction de tendance ou d'école.

La volonté pacifiste et internationaliste, exprimée par les responsables clartéistes regroupés autour d'Henri Barbusse, repose sur une reconnaissance particulière de l'intellectuel. Henri Barbusse, dans ses premiers manifestes, est convaincu que l'intellectuel a une fonction déterminante à remplir dans la construction d'un monde meilleur. L'intellectuel, à ses yeux, est à la base de tout progrès social. Lui seul est capable de guider les peuples vers les vérités essentielles, d'organiser l'ordre social selon les lois de la raison et de la sagesse. Henri Barbusse considère que c'est fondamentalement par une œuvre d'éducation foncière que le peuple et la société pourront évoluer dans un sens humain et fraternel. Il montre par-là qu'il reste attaché à la tradition intellectuelle française du XIXe siècle, celle de Hugo, Zola. L'intellectuel est perçu par Henri Barbusse comme un tribun de l'Histoire, dépositaire solennel de l'esprit et de la conscience humaine, ardent défenseur de la liberté et de la démocratie. Plongé dans l'arène politique, il apparaît comme le représentant le plus fidèle d'une philosophie rationaliste, humaniste qui ouvre à l'homme des perspectives infinies d'émancipation.

Pourtant ces ambitions premières à caractère essentiellement pacifiste et internationaliste, affirmées avec détermination par Henri Barbusse entraînent *Clarté* et ses fondateurs dans une dénonciation virulente de la société bourgeoise et nationaliste. Pour Henri Barbusse, vouloir bannir à tout jamais l'ordre de la guerre, c'est dresser le procès du système politique en place, c'est s'en prendre directement à la bourgeoisie et à sa pensée réactionnaire. Insurgé contre un monde inhumain, Henri Barbusse rêve d'une révolution politique et morale d'où l'humanité sortira régénérée. Pour lui et ses fidèles compagnons, il est alors indispensable de se dégager progressivement d'un pacifisme généreux pour se tourner vers un anticapitalisme agressif.

En effet, au cours du printemps 1920, le mouvement *Clarté*, avec Henri Barbusse, franchit une étape décisive. Celui-ci tient officiellement à se démarquer définitivement d'un langage pacifiste et individualiste de type anarchiste. Pour lui, pacifisme et anarchisme sont deux philosophies incapables de mettre fin aux injustices engendrées par la société bourgeoise et à la politique impérialiste sciemment préparée par les représentants des gouvernements conservateurs. Tournant alors ses regards vers une expérience politique sans précédent – la révolution russe d'Octobre 1917 – Henri Barbusse salue avec enthousiasme et ferveur le pouvoir soviétique. Ayant dénoncé le système capitaliste et l'impérialisme bourgeois comme sources premières de toute guerre, responsables de la misère et de l'étouffement de l'homme et de sa pensée, il rend un vibrant hommage au bolchevisme qui symbolise, à ses yeux, un idéal de paix, de justice et de liberté impressionnant de vérité.

Mais dans cette reconnaissance du bolchevisme, il soutient une argumentation idéaliste et affirme hautement son attachement à la raison, moteur unique à ses yeux de progrès social. La Russie et ses responsables politiques sont en effet perçus comme l'illustration vivante et séduisante de la toute puissance de la raison incarnée, et non pas comme les représentants d'une doctrine ou d'une philosophie posant scientifiquement les règles de la lutte de classes.

Parallèlement à cette démarche particulière d'Henri Barbusse s'oppose le caractère propre des déclarations de plusieurs jeunes responsables clartéistes comme Raymond Lefebvre, Ermenonville, Noël Garnier, Gabriel Reuillard, Paul Vaillant Couturier notamment, qui se montrent beaucoup plus ambitieux et plus rigoureux sur le plan politique et révolutionnaire. La conception barbussienne de l'action politique de type marxiste, par sa mouvance et son romantisme, vient buter sur l'intransigeance des jeunes intellectuels soldats. Si ces derniers sont prêts, comme Henri Barbusse, à bannir tout esprit de guerre et à combattre avec acharnement le capitalisme, ils ont soif de changement. Ils dépassent bien vite le principe même d'humanitarisme et de rationalisme intellectuel chers à Henri Barbusse pour se tourner vers le seul moyen rapide et définitif de rénovation sociale : la révolution. Le bolchevisme s'accorde parfaitement avec leur sentiment de révolte, leur désir de révolution. Ne se contentant pas d'user d'une argumentation rationaliste et humaniste, ils s'attaquent directement aux responsables politiques et économiques qui ont précipité la société dans le chaos. Ils font appel à la violence révolutionnaire et non à la raison pour changer le terrain social. Ils substituent à une vague propagande démocratique une intense activité politique en faveur de la IIIe Internationale et de la naissance du PCF. Ils s'en prennent violemment aux chefs de la social-démocratie, aux représentants de la IIe Internationale qui ont voté les crédits de guerre et entraîné le pays dans la tuerie de 1914-1918. Ils réclament avec force, dans les colonnes de *Clarté,* la formation d'un parti révolutionnaire qui rompt avec le réformisme et le parlementarisme du parti socialiste, traître à la cause ouvrière. Leur soutien à la IIIe Internationale est, à leurs yeux, l'élément déterminant pour se tourner vers une action véritablement révolutionnaire. Ils sont d'ailleurs intimement convaincus que le peuple des soldats constitue une force politique de contestation essentielle, prête à se mobiliser pour détruire le capitalisme. Ils ne peuvent en effet imaginer que les rescapés du front qui ont vécu pendant quatre ans un enfer d'une effroyable cruauté ne cherchent pas à renverser la société actuelle, responsable d'une telle monstruosité. Mais cependant, l'enthousiasme et la foi révolutionnaires, d'inspiration prolétarienne, des jeunes intellectuels clartéistes ne peuvent être assimilés à une orientation marxiste spécifique. Le communisme des jeunes collaborateurs clartéistes autour de Raymond Lefebvre est davantage l'expression d'une révolte contre la société qu'une adhésion réfléchie et conséquente aux principes scientifiques de la philosophie marxiste. Il est perçu comme l'illustration vivante d'un système politique dégagé de toutes compromissions, véritable antithèse du socialisme parlementaire. Il s'identifie, aux yeux des amis de Raymond Lefebvre, à un pouvoir de subversion révolutionnaire qui prépare l'avènement prochain d'un ordre nouveau. Exemple fascinant d'une révolution en marche, expression lyrique d'une foi révolutionnaire farouche, il est un modèle qui autorise toutes les espérances.

La déclaration de février 1921 qui vise à faire de *Clarté* une revue à caractère révolutionnaire de type marxiste constitue une étape marquante de l'évolution de la pensée des principaux responsables clartéistes. Mais en s'appliquant à étudier plus en détail le sens même de ce texte-manifeste et ses conditions de rédaction, on a pu mieux encore mesurer la différence de conception qui sépare Henri Barbusse et les jeunes intellectuels au sujet du bolchevisme. Restant attaché à la grande mission humaine, culturelle et internationaliste de *Clarté* et de ses groupes français et étrangers, Henri Barbusse exprime sa désapprobation devant l'orientation nouvelle ainsi définie. Il n'est pas question pour lui de mettre fin à la politique d'éducation civique et morale développée dans l'opinion par l'intermédiaire des groupes et des structures internationales du mouvement *Clarté* pour tout sacrifier au communisme. Les limites de l'engagement politique d'Henri Barbusse vis-à-vis des thèses marxistes et la timidité de ses convictions révolutionnaires éclatent au grand jour. Les jeunes responsables clartéistes pour leur part, en mettant fin à l'organisation internationale du mouvement *Clarté*, tentent de développer une réflexion essentiellement politique et morale qui se réfère directement au modèle soviétique. Cependant, ces derniers ne se soucient pas d'entreprendre un travail de propagande communiste. Cantonnant la revue dans une fonction culturelle d'éducation d'inspiration prolétarienne, ils répugnent, en tant qu'intellectuels, à s'engager sur le terrain de la lutte politique militante et restent curieusement indifférents à la préparation effective du combat insurrectionnel. Pourtant, cette orientation nouvelle a le mérite de rompre avec la tradition internationaliste d'Henri Barbusse et de reconnaître les principes de base du marxisme russe mais elle ne réussit pas à soutenir une ligne politique véritablement conséquente. La rencontre réussie entre les aspirations démocratiques de *Clarté* et le système bolchevique semble constituer un point de départ précieux pour un révolutionnarisme conscient et combatif. Mais les jeunes responsables clartéistes ne paraissent pas vouloir adopter une position politique plus engagée. La haine de la guerre et de la société capitaliste ne semble pas se traduire par un comportement révolutionnaire plus ambitieux. Si la démarche idéologique d'Henri Barbusse se perd dans un rationalisme idéologique, les jeunes responsables clartéistes ne pouvaient-ils soutenir un travail de dénonciation plus systématique et plus véhément ? Le passage d'un révolutionnarisme idéaliste à un militantisme révolutionnaire ne paraît pas être une préoccupation majeure et déterminante à leurs yeux. Est-il possible de penser que la disparition de Raymond Lefebvre en décembre 1920, puis l'éloignement de Noël Garnier, Ermenonville, Gabriel Reuillard, Jean Hermitte suffisent à expliquer ce manque d'ambition politique ? Il est vrai que la personnalité de Raymond Lefebvre a marqué très largement et durablement les jeunes collaborateurs de *Clarté*. On a d'ailleurs souligné la nature profonde et originale des interventions de ce dernier dans les colonnes du journal. Sa fin tragique laisse un vide difficile à combler au sein de l'équipe rédactionnelle. Si Noël Garnier, Ermenonville, Gabriel Reuillard Jean Hermitte pour leur part s'écartent de *Clarté*, c'est pour mieux se consacrer au jeune parti communiste naissant, considérant implicitement que la déclaration de février 1921 ne répond pas suffisamment à leur soif d'action politique et militante. Pourtant, Pierre Vaillant Couturier, jeune député communiste soucieux de réalisations pratiques, paraît tout désigné pour remplacer Raymond Lefebvre au sein de l'équipe de *Clarté*. Mais en réalité, la question de la rigueur doctrinale des sentiments marxistes des jeunes responsables clartéistes reste à poser. La limite et l'imprécision de leur démarche de type marxiste expliquent en grande partie cette absence d'engagement politique conséquent.

Sur le plan culturel, *Clarté*, de 1919 à 1921, s'efforce de diffuser une pensée foncièrement pacifiste et humaniste et s'interroge sur la possibilité de rénovation générale des arts et des lettres, à la lumière des principes bolcheviques. Henri Barbusse, pour sa part, dans le cadre de son mouvement international, se fixe comme objectif majeur de mettre sur pied une vaste entreprise de travail culturel. Fort de sa conception du rôle de l'intellectuel dans la société, Henri Barbusse demande à chaque artiste de se mobiliser pour participer à une contre-offensive culturelle générale afin de combattre l'emprise de l'ordre bourgeois et de l'ordre capitaliste dans l'opinion.

Attaché avant tout à l'œuvre internationale de *Clarté,* Henri Barbusse ne se soucie pas de considérer avec attention les manifestations culturelles de la Russie soviétique et de s'interroger sur la notion même de culture prolétarienne et de rénovation du langage en général.

De leur côté, les jeunes intellectuels clartéistes, dépassant la démarche spécifiquement barbussienne, s'attachent essentiellement à réfléchir sur la transformation nécessaire du langage artistique après l'effroyable chaos de 1914-1918. Ils exigent désormais que la littérature et les arts aient comme seule préoccupation de dépeindre la douleur et la souffrance humaine, d'exalter la paix et la fraternité entre les hommes. Ils ne peuvent supporter que la tradition culturelle bourgeoise continue à inspirer des écrivains et des artistes comme si l'immense tragédie de 1914-1918 n'avait pas eu lieu. La guerre a révélé l'effondrement de la culture occidentale, la décadence et la décomposition de la pensée classique. Il n'est donc plus possible, pour les jeunes responsables clartéistes, d'accepter les valeurs spirituelles de la civilisation bourgeoise. A partir de cette première forme de réflexion culturelle directement inspirée par Raymond Lefebvre, les jeunes intellectuels clartéistes s'appliquent à mieux structurer leur argumentation en considérant avec intérêt les propositions novatrices de militants communistes confirmés comme Clara Zetkin ou d'artistes révolutionnaires comme Albert Gleizes, Ivan Goll. Ils démontrent que l'ordre bourgeois et le capitalisme interdisent toute possibilité de création, privant l'artiste de liberté, étouffant l'art sous les lois économiques de la production. Ayant foi dans le bolchevisme, ils considèrent avec attention les expériences culturelles soviétiques, symboles d'une libération totale de l'art et de la pensée. Ils voient dans le communisme le seul moyen véritable de servir l'art, de le purifier, de lui donner vie. Ils s'appliquent avec originalité à jeter les bases d'un langage artistique d'inspiration prolétarienne. Considérant que le marxisme est seul capable de créer un art nouveau, ils placent en lui un espoir quasi religieux et proclament avec ferveur que l'art du futur sera socialiste. Ils s'efforcent, non sans de réelles difficultés, à appréhender le contenu de cette esthétique communiste à venir. Leur attachement passionné au socialisme et à ses premières formes de langage prolétarien les conduit à condamner toutes les tentatives de renouvellement du langage culturel de la société bourgeoise comme étant le pur produit de la civilisation capitaliste corruptrice et décadente. La déclaration de février 1921 traduit tout naturellement cette détermination affichée par les jeunes responsables clartéistes d'entreprendre pour l'avenir un travail de recherche culturelle d'inspiration prolétarienne encore plus fécond et ambitieux.

Dans la seconde phase d'activité de *Clarté* qui s'étend de novembre 1921 à octobre 1925, les principaux collaborateurs de la revue développent une argumentation politique et culturelle encore plus riche et plus dynamique. Décidés à se tourner vers le bolchevisme et à entreprendre une recherche culturelle de type prolétarien, Marcel Fourrier et ses amis rompent avec la tradition barbussienne. Cette rupture qui s'affirme dès les premiers mois de l'année 1922 traduit assez bien deux types de conception antagoniste de l'action politique et révolutionnaire. D'un côté, Henri Barbusse persistant à croire au rôle fondamental de la raison dans tout essai de rénovation sociale et à l'efficacité d'une organisation intellectuelle progressiste pour assurer le salut de l'humanité, de l'autre côté, de jeunes militants regroupés autour de Marcel Fourrier, attachés à la révolution et déterminés à servir avec ferveur la cause du prolétariat. Si les jeunes intellectuels de *Clarté* ont le mérite de se couper du courant pacifiste et rationaliste barbussien, ils ne cherchent pas pour autant sur le plan idéologique à approfondir le sens de la pensée marxiste. Ils croient fermement à la fatalité d'une révolution prolétarienne en Europe malgré l'échec du mouvement prolétarien de 1919-1920. Proclamant leur fidélité inébranlable dans la IIIe Internationale et le bolchevisme, ils ne parviennent pas à prendre conscience des exigences tactiques et théoriques du communisme et de la révolution. Cette conception du marxisme et de la révolution, dépourvue d'assise doctrinale, vient se briser contre la réalité de la lutte de classe. La défaite du prolétariat allemand en 1923 secoue durement le comité directeur de *Clarté* et met fin pour un temps à son espoir de révolution immédiate et de transformation radicale de la société.

Pourtant, *Clarté*, avec Paul Vaillant Couturier, tient à corriger cette forme d'idéalisme politique en s'appliquant à mener un travail de réflexion idéologique approfondi sur la lutte révolutionnaire. Ses interventions sur le PCF, l'occupation de la Ruhr, la révolution allemande et le rôle de l'Internationale communiste sont à ce titre d'un réel intérêt mais elles ne parviennent pas à influencer directement la pensée politique de la rédaction de *Clarté*.

Le premier symptôme de 1923, tout à fait révélateur de la conception du marxisme soutenue par les jeunes intellectuels de *Clarté,* va très vite être dissipé grâce à l'apport des idées soréliennes et proudhoniennes. Les responsables clartéistes retrouvent confiance et foi dans le prolétariat. La philosophie sorélienne leur démontre toute la puissance et la richesse des valeurs spirituelles et morales de la civilisation des travailleurs par rapport à la civilisation bourgeoise et ploutocratique frappée de décadence et de décomposition. Une réflexion doctrinale extrêmement féconde est menée par Edouard Berth et Georges Michael qui s'appliquent à interpréter le marxisme à la lumière des thèses soréliennes, démarche pour le moins originale et significative. Les responsables clartéistes cherchent en effet, dans la tradition socialiste française, un support idéologique pour mieux assimiler et comprendre le bolchevisme dont ils se sont déclarés les plus fervents admirateurs. Mais, si *Clarté* retrouve confiance et enthousiasme dans le prolétariat et la révolution, elle ne cherche pas pour autant à corriger sa conception de la lutte révolutionnaire et à s'interroger sur les mots d'ordre de l'IC et des responsables bolcheviques.

Les sentiments marxistes de *Clarté,* de 1921 à 1924, sont en effet très éloignés d'une réflexion doctrinale approfondie et critique du marxisme-léninisme. Le communisme de *Clarté* est avant tout un idéalisme prolétarien fervent et ambitieux. Il ne peut être assimilé à un engagement politique fondé sur une connaissance scientifique du marxisme. Il est le résultat de la combinaison de plusieurs ambitions et aspirations. La révolte contre la guerre, la haine du militarisme, de l'impérialisme de la société bourgeoise capitaliste, la dénonciation de tout social-démocratisme traître à la cause ouvrière, le désir violent de révolution constituent le fond même de la démarche politique de *Clarté*. Si les responsables clartéistes réussissent à soutenir une réflexion doctrinale sérieuse sur le bolchevisme, c'est en puisant dans le modèle sorélien uniquement. Certes, ils parviennent à développer une argumentation théorique et dogmatique du socialisme révolutionnaire mais ils ne se soucient pas de prendre la mesure des exigences tactiques de la lutte de classe définies par l'IC.

Parallèlement à cette démarche politique, les responsables clartéistes s'efforcent, sur le plan culturel, de jeter les bases d'une morale et d'un art prolétariens en s'inspirant directement de la révolution russe et de ses réalisations. Leur foi dans la révolution, leur attente d'une victoire prochaine du prolétariat commandent ce type de recherche dynamique. Seule la perspective d'une révolution socialiste triomphante justifie leur action culturelle. Malgré cette volonté et cette détermination affichées dès novembre 1921, *Clarté* ne parvient pas à engager une réflexion culturelle prolétarienne rigoureuse. Jusqu'en 1923, ses tentatives pour défendre un art prolétarien, dans un cadre français et occidental, apparaissent laborieuses. Le retour à un néoclassicisme, la défense du patrimoine culturel français constituent ses seules préoccupations dans ce domaine. Il faut donc attendre l'introduction de la philosophie sorélienne pour voir apparaître une investigation de type prolétarien véritablement élaborée qui se développera avec bonheur jusqu'en 1925. Grâce aux principes soréliens, les responsables clartéistes dénoncent en bloc la civilisation capitaliste et s'appliquent à préciser le statut de l'intellectuel révolutionnaire placé au service de la classe ouvrière. Avec ces différents supports doctrinaux soréliens, ils réussissent à emprunter des voies nouvelles et variées, aussi bien sur le plan littéraire, théâtral que pictural et architectural. Au-delà de cette orientation d'inspiration sorélienne et de cette recherche spécifiquement européenne, ils se tournent, avec Victor Serge, dès 1922, vers le modèle soviétique et analysent avec intelligence les différents courants prolétariens de la littérature russe, surgis de la révolution bolchevique d'octobre 1917 mais se refusent à exploiter ce type de langage trop éloigné des préoccupations littéraires françaises et occidentales.

Leur curiosité intellectuelle et leur volonté de fonder une morale révolutionnaire les poussent à étudier avec attention la question de l'émancipation féminine et les problèmes de l'éducation scolaire. On s'est attardé précisément sur les différents travaux et essais d'Alexandra Kollontaï, Jean Bernier, Jean Montrevel, Victor Serge, Célestin Freinet, qui constituent des documents d'un grand intérêt et d'une réelle nouveauté pour l'époque.

Il est utile de réfléchir quelques instants sur le sens même de la démarche clartéiste en matière d'art. Cette détermination de la part des responsables clartéistes à fonder un art prolétarien débouche, non seulement sur une condamnation sans appel des valeurs bourgeoises mais aussi sur un rejet global des mouvements avant-gardistes comme étant le reflet organique de la civilisation capitaliste décadente. Toutes les tentatives de renouvellement de l'art menées par les groupes modernistes sont, à leurs yeux, sans valeur puisque leurs auteurs portent en eux-mêmes les stigmates du pouvoir bourgeois. Ils sont alors intimement convaincus qu'il n'y a que dans la société communiste qu'un art véritablement libre et épanoui puisse se révéler. Ils considèrent que l'art communiste est seul capable de se tourner vers le peuple et de traduire ses profondes aspirations. Ils en arrivent alors à penser que, hors de l'art prolétarien, il n'y a point de salut et à déclarer péremptoirement que tout abandon de l'art communiste est nécessairement une fuite en avant, un retour de l'art pour l'art.

Cette définition d'un langage artistique de type communiste révèle en elle les possibilités d'un usage abusif et répressif qui aboutit à juger décadent toute production artistique n'appartenant pas au monde du prolétariat. Cette mise en relation aussi brutale entre idéologie et création conduit à une ambiguïté fondamentale. Si on comprend aisément l'engagement politique et militant de l'intellectuel, en rapport direct avec une idéologie, il est beaucoup plus difficile d'accepter l'intrusion autoritaire et forcée de l'idéologie dans le travail de création de l'écrivain. En vérité, la conception d'un roman, la recherche d'un langage nouveau, la révélation d'une esthétique particulière ne relèvent pas directement d'une idéologie. La forme, les mots résistent aux schémas doctrinaux. Il n'existe, en effet, que peu d'accord interne entre la pensée politique et l'écriture. Les responsables clartéistes ne parviennent pas à comprendre qu'il n'est pas possible de limiter une œuvre à un cadre doctrinal donné. L'œuvre a besoin d'un climat ; une directive autoritaire l'étouffe. On a pu mesurer à ce propos les conséquences néfastes d'une telle orientation à la lecture des articles de Victor Serge sur les groupes prolétariens naissants, décidés à gérer autoritairement la vie littéraire russe, et sur la critique violente et aveugle adressée à Maïakovsky par ce même Victor Serge. De la même manière, on a pu constater les mêmes effets négatifs de ce style de comportement dans l'approche réalisée par plusieurs collaborateurs clartéistes des courants artistiques contemporains et européens. Trop attachés à défendre un schéma doctrinal, les responsables clartéistes ne se soucient pas de réfléchir à la création artistique elle-même, sa vie propre et son renouveau et par-là même s'écartent artificiellement et arbitrairement d'un vaste mouvement de pensées et d'investigations esthétiques et culturelles.

Au cours des années 1924-1925, *Clarté,* avec les attaques cinglantes qu'elle lance à l'adresse de Maurice Barrès et d'Anatole France, franchit une étape nouvelle et marquante sur le plan politique et culturel. Rompant plus ou moins avec des recherches artistiques de type prolétarien, *Clarté* engage un travail de dénonciation qui la réconcilie avec un esprit de contestation violent et agressif à l'égard de la société bourgeoise. Les premiers contacts qui s'établissent entre l'équipe clartéiste et le groupe surréaliste d'André Breton laissent alors entrevoir des perspectives d'action d'une dimension supérieure où avant-garde littéraire et groupe révolutionnaire d'obédience marxiste travailleraient en plein accord. Cette démarche, riche de possibilités nouvelles, surgit dans une situation de crise et semble apparaître comme une solution au trouble qui frappe la revue à l'automne 1925.

La crise que connaît en effet la revue est intéressante à plus d'un titre. Les responsables clartéistes ne croient plus en la réussite prochaine du prolétariat, et dans ces conditions, à leur travail culturel de mise en place d'une pensée et d'un art prolétariens. Les conflits qui opposent les tenants d'un dogmatisme politique rigoureux comme Edouard Berth, Georges Michael et à un degré moindre Marcel Fourrier et les adeptes d'un révolutionnarisme spontané et sans cesse renouvelé comme Jean Bernier, Victor Crastre constituent un événement de taille. Comment en effet vouloir poursuivre une action révolutionnaire d'inspiration communiste alors que tout essai d'affranchissement politique et social de la classe ouvrière a échoué en Europe ? Comment croire encore aux destinées révolutionnaires du prolétariat occidental alors que la civilisation bourgeoise et le système capitaliste entrent dans une phase de stabilisation et de reconstruction ? Les ambitions politiques et culturelles de *Clarté* s'effondrent d'elles-mêmes, ses raisons de vivre aussi. Pourquoi, dans ces conditions, continuer à vouloir dresser contre la culture bourgeoise une pseudo-culture prolétarienne privée de substance, d'essence même puisque le prolétariat n'est pas parvenu à s'imposer comme classe génératrice de valeurs nouvelles et d'espoir nouveau ? Comment continuer à croire au socialisme marxiste et aux principes soréliens ? Comment accepter les mots d'ordre de l'IC qui enregistre officiellement le recul de toute perspective révolutionnaire en Occident et qui invite les militants à se tourner désormais vers l'Asie et les peuples des colonies alors que les intellectuels de *Clarté,* atteints dans leur chair et dans leur cœur par la société bourgeoise militariste et impérialiste européenne, se juraient de lui faire la peau ? Autant d'interrogations essentielles qui tendent à poser clairement la question des rapports existant entre révolution et idéologie.

Aux yeux de Jean Bernier et de Victor Crastre, il n'est pas possible d'accepter l'orientation définie par l'IC qui était de renoncer à toute idée de révolution en Occident. Si Jean Bernier et Victor Crastre restent fidèles à la

IIIe Internationale et au marxisme, ils considèrent que la seule voie possible, sur le plan révolutionnaire, est d'assurer un travail de critique et de démolition des valeurs bourgeoises de la société. Il n'est plus question, pour eux, de se cantonner dans une obscure tâche de propagande et de militantisme à bon marché en attendant que la révolution surgisse à nouveau. Dépassant l'intransigeance doctrinale d'Edouard Berth et de Georges Michael, ils s'engagent à travailler en commun avec le groupe surréaliste d'André Breton et s'appliquent à consolider l'entente entre clartéistes et surréalistes. Leurs efforts conduisent à des résultats tangibles qui se traduisent, entre les deux groupes, par des échanges de collaborateurs, des déclarations communes sur la guerre du Maroc et le projet de création d'une revue commune : *La Guerre civile*.

Au milieu de cette entente et des différentes péripéties qui aboutissent à l'échec final de *La Guerre civile,* Jean Bernier, véritable initiateur et animateur de l'accord passé entre *Clarté* et le groupe d'André Breton, défend une conception de l'action révolutionnaire particulière. Il soutient une sorte de révolutionnarisme spontané, ambitieux, qui n'a nul besoin pour s'exprimer et pour vivre d'un dogmatisme pesant et rigoureux. Le marxisme paraît représenter pour lui une théorie de l'action révolutionnaire immédiate, directement inspirée d'un individualisme nihiliste et contestataire. Jean Bernier semble plus séduit par une mystique de la révolution que par la révolution proprement dite et la doctrine marxiste, expression même d'une philosophie et d'une idéologie posant scientifiquement les règles de l'action subversive des masses

Pour leur part, André Breton et Pierre Naville soutiennent une argumentation tout aussi déterminante sur le sens même de l'action révolutionnaire. Le débat qui s'instaure entre eux, les diverses déclarations contenues dans « Légitime défense », « Au Grand jour », « La Révolution et les intellectuels » révèlent d'une manière aiguë le problème de l'engagement intellectuel en relation directe avec une organisation de masse et une idéologie.

Si Jean Bernier tient à s'éloigner de toutes considérations théoriques et tactiques de la lutte insurrectionnelle, s'il prend garde de s'écarter du terrain économique et politique, historique et doctrinal, pour plonger dans les forces exaltantes de la subversion et de la révolte individuelle, Pierre Naville veut tout au contraire s'affirmer comme un spécialiste de la lutte des classes. A ses yeux, l'intellectuel révolutionnaire doit se consacrer entièrement et exclusivement au monde des faits, de l'économique et du politique. La seule garantie de réussite révolutionnaire repose uniquement sur une connaissance parfaite et rigoureuse de la doctrine marxiste. L'intellectuel révolutionnaire qui ne compte que sur ses seules forces, sur sa seule fureur individuelle n'est rien dans le combat prolétarien. S'il veut redonner à l'homme son entière liberté de pensée et d'action, il doit impérativement mobiliser toute son énergie au service de la classe opprimée et, par une assimilation totale de la théorie marxiste, engager une bataille acharnée contre le régime d'oppression capitaliste. Pierre Naville n'hésite pas alors à exiger de l'intellectuel révolutionnaire qu'il renonce à son travail de création artistique pour assurer cette tâche urgente de démolition des structures capitalistes bourgeoises. Cette mise en congé de l'esprit s'avère nécessaire, selon lui, afin de pouvoir conduire le plus efficacement possible le prolétariat vers la victoire finale. La reconnaissance du matérialisme historique est indispensable, seule formule scientifique et politique, selon Pierre Naville, capable d'assurer l'affranchissement de l'homme.

André Breton pour sa part, voulant ignorer les avertissements de Jean Bernier sur les dangers d'une idéologie marxiste trop contraignante et trop figée dans ses principes d'action révolutionnaire, prête une oreille attentive aux propos de Pierre Naville mais n'admet pas aussi aisément de se plier aux exigences théoriques du marxisme et de la lutte de classe. Il ne peut accepter de réduire l'idéalisme subjectif et le matérialisme historique à un seul et même matériau à vocation révolutionnaire. Il rejette la séparation artificielle du monde des faits et du monde de l'esprit que trace Pierre Naville. Il tient à maintenir envers et contre tout l'indépendance irréductible de la pensée. Il n'accepte pas de voir les poètes surréalistes, cherchant à mettre en cause les bases de la civilisation capitaliste, cesser d'un coup d'être des créateurs pour se transformer en militants communistes, en champions de la doctrine marxiste. Enfin, il lui est difficile d'admettre que la volonté révolutionnaire puisse se réduire à un postulat idéologique dont le PCF détiendrait la clé. Il ne peut tolérer en effet que les dirigeants communistes soient reconnus comme les seuls défenseurs officiels de la révolution, les seuls dépositaires de l'esprit révolutionnaire.

Au milieu de cet itinéraire politique de *Clarté* et des nombreuses propositions de redéfinition de l'action révolutionnaire, il est intéressant de noter que le PCF qui est resté discret dans ses relations avec l'équipe rédactionnelle de la revue tout au long des années antérieures intervient d'une manière autoritaire et s'oppose au projet de fusion du groupe clartéiste avec celui des surréalistes et au remplacement de *Clarté* par celui de *La Guerre civile*. On a pu observer comment la réunion du bureau politique du parti, tenue en février 1926, aboutissait à un refus très net de la part des représentants communistes de voir *Clarté* collaborer avec un groupe d'avant-garde minoritaire comme le surréalisme et à un rappel à l'ordre vigoureux signifié à Marcel Fourrier, principal responsable de la rédaction clartéiste. Il est certain que si la politique de bolchevisation, inaugurée par le parti à partir de l'année 1924, expression même d'un durcissement idéologique dans les rangs communistes, ne touche pas directement *Clarté,* on a constaté, à partir de l'année 1926, un changement de ton évident. L'autorité du parti s'affirme avec fermeté à l'égard de *Clarté*. Les dirigeants communistes ont la volonté de reprendre en mains la direction des problèmes intellectuels et de ne plus tolérer de déviations au sein d'une revue sympathisante comme *Clarté*. Il est vrai qu'Henri Barbusse est nommé directeur littéraire de *l'Humanité* au début de l'année 1926 tandis que Paul Vaillant Couturier en devient rédacteur en chef. Il est donc exclu d'admettre que de jeunes militants communistes se permettent de ternir l'image de marque de l'auteur du « Feu » et viennent menacer l'héritage barbussien, à savoir l'existence même de la revue *Clarté*. Il est de plus inconcevable que ces mêmes militants s'aventurent aux côtés de poètes modernistes dans des activités pseudo-littéraires, sans rapport avec les préoccupations premières du prolétariat ouvrier.

Après l'échec de *La Guerre civile* et le retrait de Jean Bernier, on a vu comment *Clarté,* sous la direction commune de Pierre Naville et de Marcel Fourrier, repartait sur des bases nouvelles. La réorganisation de la revue, en juin 1926, constitue une orientation politique dont le rigorisme doctrinal peut étonner mais qui représente une expérience politique reposant sur un sens profond et foncier de l'action révolutionnaire en relation étroite avec la doctrine marxiste. Il n'est plus question pour les responsables clartéistes de rechercher les principes d'une culture prolétarienne, de combattre les valeurs spirituelles de la bourgeoisie et de lancer quelques slogans révolutionnaires ou quelques mots d'ordre politiques en ignorant tout de la dialectique marxiste. Il ne s'agit pas de rester en marge de l'action communiste dans le but de jouer un rôle de liaison ou de soutien plus ou moins efficace avec les organisations marxistes. Pierre Naville, déterminé à faire valoir sa conception du rôle de l'intellectuel communiste, impose une direction idéologique sans faille, respectueuse des impératifs théoriques et tactiques de la lutte de classe. La revue doit, selon lui, se transformer en outil essentiel d'éducation communiste. Plongeant au cœur même des événements, elle doit apparaître comme une arme réelle de la classe ouvrière. Elle doit aider le prolétariat français et occidental à mieux comprendre la doctrine marxiste et à le guider dans son action révolutionnaire à venir. Les intellectuels clartéistes sont donc invités à se comporter comme de véritables spécialistes de la lutte de classe, des théoriciens confirmés de la philosophie marxiste, analysant rigoureusement la lutte politique révolutionnaire, apportant les éclaircissements indispensables à la conduite de l'action prolétarienne, à la lumière des thèses de l'IC. Fort de cette conception stricte de l'action communiste, directement influencée par le durcissement idéologique qui s'impose dans les rangs du parti, dans le cadre de la politique de bolchevisation, Pierre Naville entraîne *Clarté* à adopter une position de discipline communiste. Reprenant fidèlement et scrupuleusement les mots d'ordre de l'appareil du parti et de l'IC, la rédaction clartéiste soutient une argumentation communiste classique de propagande. Le zèle et le militantisme qui l'animent la conduisent à commettre un certain nombre de maladresses dans l'appréciation de la vie politique internationale et dans l'analyse des mouvements insurrectionnels prolétariens.

Cependant, grâce à l'intervention efficace et lucide de Victor Serge, militant de l'opposition russe, *Clarté* parvient à mesurer les effets dramatiques de la politique stalinienne sur l'IC et les partis internationaux. A l'issue du voyage de Pierre Naville et de Francis Gérard en Russie, l'équipe rédactionnelle de la revue s'engage à défendre les thèses du mouvement trotskiste. Elle développe alors un travail de critique et de dénonciation du PCR et de son secrétaire général et remet en cause l'autorité du PCF.

Il est important d'apprécier le sens même du comportement politique des responsables clartéistes et plus particulièrement de Pierre Naville, principal animateur de la revue. Attaché passionnément à servir la cause prolétarienne, Pierre Naville tient à veiller scrupuleusement à l'application rigoureuse de la philosophie marxiste. Il veut conserver le sens exact et profond du combat marxiste et par-là même de l'action révolutionnaire. Il exige, en compagnie de Victor Serge, une application réelle des principes communistes, n'acceptant pas de se plier servilement aux ordres d'un appareil de parti et à sa discipline ou de se prêter à quelque idolâtrie politique. Il se définit comme un intellectuel dissident, refusant de se soumettre à un centralisme bureaucratique de type stalinien étouffant et criminel pour le peuple soviétique et pour les militants attachés à servir la cause de la libération humaine. Se déclarant trotskiste et invitant ses collaborateurs à le suivre dans cette voie, en créant une nouvelle revue qui prendra le nom de *La Lutte de classes* en remplacement de *Clarté,* Pierre Naville, dans cette entreprise nouvelle, ne renie en aucune manière l'idéologie marxiste. Par ce choix politique ambitieux, Pierre Naville, avec ses camarades, tient à retrouver les sources même de l'intelligence révolutionnaire, plaçant toute son énergie dans la lutte de classe afin de préparer la victoire future du prolétariat.

Ainsi, en ayant retracé l'itinéraire de *Clarté,* de 1919 à 1928, on a pu distinguer les diverses formes et courants d'une démarche révolutionnaire directement surgie de la guerre et mesurer les ambitions, les espoirs d'intellectuels combattants, déterminés à servir la cause de la démocratie et de la révolution.

LISTE DES SIGLES

AEC Association des écrivains combattants
AIA Association internationale antimilitariste
ARAC Association républicaine des anciens combattants
BEIPI Bulletin d'études et d'informations de politique internationale
CE Commission executive
CPUS Communist party of the United States
CGT Confédération générale du travail
CGTU Confédération générale du travail unitaire
CNT Confédération nationale du travail
EDI Etudes et documentation internationales
FOSP Fédération des organisations d'écrivains soviétiques
IAC Internationale des anciens combattants
IC Internationale communiste
ISR Internationale syndicale rouge
KPD Parti communiste allemand
KMT Kuo Min Tang
LEF Front gauche des arts
LDH Ligue des droits de l'homme
LICP Ligue internationale des combattants pour la paix
MAPP Association des écrivains prolétariens de Moscou
MTS Station de machines et de tracteurs
NEP Nouvelle politique économique
PCA Parti communiste allemand
PCF Parti communiste français
PCR Parti communiste russe
PSF Parti socialiste français
PSOP Parti socialiste ouvrier et paysan
PSR Parti socialiste révolutionnaire
RAPP Association russe des écrivains prolétariens
RPF Rassemblement du peuple français
SDN Société des nations
SFIO Section française de l'internationale ouvrière
UD Union départementale
VAPP Association panunioniste des écrivains prolétariens
VOKP Associaton panrusse des écrivains paysans
VOKS Société panrusse pour les relations culturelles avec l'étranger

BIBLIOGRAPHIE

Sources primaires

Sources imprimées

Clarté, (Journal et revue)
Le Bulletin communiste
Europe
L'Humanité
Les Humbles
Le Libertaire
La Lutte de classes
L'Oeuf dur
Le Populaire
La Révolution surréaliste

Archives nationales

Archives de Fontainebleau : dossier des Renseignements généraux composé de deux feuillets sur Pierre Naville très sommaire, aucune trace sur *Clarté*.
Archives de la préfecture de police de Paris : Aucun dossier sur *Clarté,* dossier sur Pierre Naville 419-069.

Archives privées

Institut de recherches marxistes : procès verbaux des réunions du Bureau politique du parti communiste : Clarté, (1926-1927), Microfilms 22-34, réunions du 4 novembre 1926, 11 février, 31 mars, 25 novembre 1927.
Centre d'études et de recherches sur les mouvements trotskistes et révolutionnaires internationaux (CERMTRI) : Dossier Léon Trotsky, Molinier Raymond, *Mémoires d'un militant trotskiste.*
Archives Boris Souvarine, Archives Pierre Naville, Archives Lucien Laurat, Archives Alfred Rosmer, Archives Jean Maitron.

Notes et lettres personnelles de Jean Bernier publiées par les soins de Dominique Rabourdin in « L'Amour de Laure ».

Etudes ou essais politiques, historiques, sociologiques

AUDION-ROUZEAU Stéphane, BECKER Annette, *1914-1918, Retrouver la guerre,* Paris, Gallimard,   396 p.
BACH André, *Fusillés pour l'exemple (1914-1915),* Paris, Gallimard, 396 p.
BIONDI Jean-Pierre, *La mêlée des pacifistes,* Paris, Maisonneuve et Larose, 2000, 237 p.
BROUE Pierre, *Le parti bolchevique,* Paris, Minuit, 1963-1971, 652 p.
BROUE Pierre, *Révolution en Allemagne,* Paris, Minuit, 1971, 991p.
BROUE Pierre, *La question chinoise dans l'Internationale communiste,* Paris, EDI, 1976, 539 p.
BROUE Pierre, *Histoire de l'Internationale communiste, 1919-1943,* Paris, Fayard, 1997, 1120 p.
CHARZAT Michel, *Georges Sorel et la révolution du XXe siècle,* Paris, Hachette, 1977, 296 p.
COEURE Sophie, *La grande lueur à l'Est. Les Français et l'Union soviétique, 1917-1939,* Paris, Seuil, 1999, 374 p.
COGNIOT Georges, *Parti pris,* Paris, Editions sociales, 1976, 540 p.
CRU Norton, *Témoins, Essai d'analyse et de critique des souvenirs des combattants édités en Français de 1915 à 1928,* Paris, Les Etincelles, 1929, (première édition). Réédition Nancy, Presse universitaires de Nancy, 1993, 728 p.
CUENOT Alain, *Pierre Naville (1904-1993), Biographie d'un révolutionnaire marxiste,* Nice, Bénévent, 2008, 686 p.
DAIX Pierre, *Les hérétiques du PCF,* Paris, Laffont, 1980, 350 p.
DROZ Jacques, *Histoire générale du socialisme, tome III (de 1918 à 1945)* Paris, PUF, 1977, 714 p.
FAUCIER Nicolas, *Pacifisme et antimilitarisme dans l'entre-deux guerres, (1919-1939),* Paris, Spartacus, Cahier mensuel supplément, 1983, 206 p.
FAUVET Jacques, *Histoire du PCF,* Paris, Fayard, 1977, 621 p.
FERRO Marc, *La Grande guerre 1914-1918,* Paris, Gallimard, 1969, 384 p.
FERRO Marc, *Des soviets au communisme bureaucratique,* Paris, Gallimard, Archives, 1980.
FERRO Marc, *L'Occident devant la révolution soviétique : l'histoire et ses mythes,* Bruxelles, Complexe, 1980, 160 p.
FERRO Marc, BROWN Malcolm, CAZALS Rémy, MUELLER Olaf, *Frères de tranchées,* Paris, Perrin, 2006, 325 p.
FREINET Célestin, *L'école Freinet, réserve d'enfants,* Paris, Cahiers libres, 1979, 307 p.

FREINET Célestin, *Naissance d'une pédagogie populaire*, Paris, Maspero, 1978, 359 p.
FREINET Célestin, *Pour l'école du peuple,* Paris, Maspero, 1974, 181 p.
FROLICH Paul, *Rosa Luxemburg,* Paris, l'Harmattan, 1991, 378 p.
GIRAULT Jacques (sous la direction de) *Sur l'implantation du PCF dans l'entre deux guerres,* Paris, ES, 1977, 349 p.
GOTOVITCH José, NARINSKI Mikhaïl, *Dictionnaire biographique de l'Internationale communiste, 1919-1943*, Paris, l'Atelier, 2001, 604 p.
GRAS Christian, *Alfred Rosmer et le mouvement révolutionnaire international,* Paris, Maspero, 1971, 531 p.
GUISBURG Shaul, *Raymond Lefebvre et les origines du communisme français,* Paris, Tête de feuilles, 1975, 241 p.
JANOVER Louis, *La révolution surréaliste,* Paris, Plon, 1989, 226 p.
KOLLONTAI Alexandra, *Marxisme et révolution sexuelle,* Paris, Maspero, 1979, 284 p.
KRIEGEL Annie, « Naissance du mouvement « Clarté », *Le Mouvement social*, n° 42, 1963, p. 117-135.
KRIEGEL Annie, *Communisme au miroir français,* Paris, Gallimard, 1974, 252 p.
KRIEGEL Annie, *Aux origines du communisme français,* Paris, Flammarion, 1969, 442 p.
KRIEGEL Annie, BECKER Jean Jacques, *La guerre et le mouvement ouvrier français,* Paris, Colin, 1964, Collection Kiosque, 244 p.
LAQUEUR Walter, *Weimar, une histoire culturelle de l'Allemagne des années 20,* Paris, Laffont, 1978, 323 p.
LEVESQUE Jacques, *L'URSS et sa politique internationale de 1917 à nos jours,* Paris, Colin, 1980, 335 p.
LINDENBERG Daniel, *L'Internationale communiste et l'école de classe,* Paris, Maspero, 1972, 398 p.
LINDENBERG Daniel, *Le marxisme introuvable,* Paris, Calmann-Levy, 1975, 250 p.
LOEZ André, *14-18, Les refus de la guerre, une histoire des mutins,* Paris, Gallimard, 2010, 690 p.
LOEZ André, MARIOT Nicolas (sous la direction de) *Obéir-désobéir. Les mutineries de 1917 en perspective*, Paris, La Découverte, 2008, 446 p.
MAITRON Jean, PENNETIER Claude, *Dictionnaire biographique du mouvement ouvrier*, Paris,
MARIE Jean Jacques, *Le trotskisme,* Paris, Flammarion, 1977, 192 p.
MONATTE Pierre, *La lutte syndicale,* Paris, Maspero, 1976, 318 p.
NAQUET Emmanuel, « La société d'études documentaires et critiques sur la guerre ou la naissance d'une minorité pacifiste au sein de la Ligue des droits de l'homme », *Matériaux pour l'histoire de notre temps,* n° 30, janvier-mars 1993, p.6-10.
NAVILLE Pierre, *Trotsky vivant,* Paris, Aujourd'hui, 1962, 197 p.

NAVILLE Pierre, *L'entre deux guerres, la lutte de classe en France, 1926-1939,* Paris, EDI, 1975, 624 p.
OFFENSTADT Nicolas, *Les fusillés de la Grande guerre et la mémoire collective (1914-1999)* Paris, Odile Jacob, 2002, 350 p.
PEDRONCINI Guy, *Les mutineries de 1917,* Paris, PUF, 1983, 328 p.
PROCHASSON Christophe, *1914-1918, Retour d'expériences,* Paris, Tallandier, 2008, 431 p.
PROST Antoine, *Les anciens combattants et la société française,* tome 1 : *Histoire,* tome : 2 *Sociologie,* tome 3 : *Mentalité et idéologie,* tome 4 : *Bibliographie,* thèse, Paris, 1975.
PROST Antoine, *Histoire de l'enseignement en France, 1800-1967,* Paris, Colin, 1968, 525 p.
RABAUT Jean, *Histoire des féminismes français,* Paris, Stock, 1978, 427 p.
RACINE Nicole, BODIN Louis, *Le parti communiste français pendant l'entre deux guerres,* Paris, FNSP, 1972, 310 p..
RACINE Nicole, *Les écrivains communistes en France, 1920-1936,* thèse, Paris, FNSP, 1963, 466 p.
RELINGER Jean, *Henri Barbusse, écrivain combattant,* Paris, PUF, 1994, 299 p.
RELINGER Jean, « La modernité de Barbusse », *Europe,* numéro spécial, septembre 1974.
RICHARD Lionel, *D'une apocalypse à l'autre,* Paris, Union générale d'éditions, 1976, 446 p.
ROBRIEUX Philippe, *Histoire intérieure du parti communiste français, tome 1, 1920-1945,* Paris, Fayard, 1980, 583 p.
ROLLAND Denis, *Les grèves des tranchées, les mutineries de 1917,* Paris, Imago, 2005, 447 p.
RONCAYALO Marcel, *Histoire du monde contemporain de 1914 à 1939,* tome 1, Paris, Bordas, 1973, 637 p.
ROSENTHAL Gérard, *Avocat de Trotsky,* Paris, Laffont, 1975, 330 p.
ROSMER Alfred, *Moscou sous Lénine, préface d'Albert Camus,* Paris, Les Bons Caractères, 2009, 311 p.
ROUSSEAU Frédéric, *Le procès des témoins de la grande guerre. L'affaire Norton Cru,* Paris, Seuil, 2003, 318 p.
ROUSSEAU Frédéric, *La guerre censurée, une histoire des combattants européens de 1914-1918,* Paris, Seuil, 1999. 362 p.
ROUX François, *La grande guerre inconnue, les poilus contre l'armée française,* Paris, Ed. de Paris, 2006, 320 p.
SERGE Victor, *Mémoires d'un révolutionnaire,* Paris, Seuil, 1951, 439 p.
SERGE Victor, *La révolution chinoise, 1927-1929,* (recueil des articles parus dans *Clarté,*) Paris, Savelli, 1977.
SERGE Victor, *La révolution allemande (la crise de 1923),* (recueil des articles parus dans *Le Bulletin communiste, La Correspondance internationale, La Vie ouvrière*), Paris, Savelli, 1978.

SERGE Victor, *Destin d'une révolution, URSS 1917-1937,* Paris, Grasset, 1937.
SERGE Victor, *L'an I de la révolution russe,* Paris, Maspero, 1971, 248 p.
SOUVARINE Boris, *Staline,* Paris, Champs libres, 1977, 539 p.
SOUVARINE Boris, *A contre-courant, Ecrits, 1925-1939,* Paris, Denoël, 1985, 366 p.
SOWERWINE Charles, *Les femmes et le socialisme,* Paris, SCIPO, 1978, 285 p.
TARTAKOWSKY Danielle, *Les premiers communistes français,* Paris, FNSP, 1980, 215 p.
TROTSKY Léon, *Le mouvement communiste en France, 1919-1939,* Paris, Minuit, 1967, 723 p.
WEISMANN Susan, *Dissident dans la révolution, Victor Serge, une biographie politique,* Paris, Syllepse, 2001, 481 p.
ZETKIN Clara, *Bataille pour les femmes,* Paris, ES, 1980, 444 p.

Ouvrages d'histoire littéraire et artistique

ALBERTINI Jean, ROLLAND Romain, *Textes politiques, sociaux et philosophiques choisis,* Paris, 1970.
ARCHIVES DU SURREALISME
Tome 1, *Bureau de recherches surréalistes, octobre 1924-avril 1925,* présenté et annoté par Paule Thévenin, Paris, Gallimard, 1988, 166 p.
Tome 2, *Vers l'action politique, juillet 1925-avril 1926,* présenté et annoté par Marguerite Bonnet, Paris, Gallimard, 1992, 167 p.
Tome 3, *Adhérer au parti communiste ? Septembre-décembre 1926,* présenté et annoté par Marguerite Bonnet, Paris, Gallimard, 1992, 119 p.
Tome 4 *Recherches sur la sexualité, janvier 1928-avril 1932,* présenté et annoté par José Pierre, Paris, Gallimard, 1992, 212 p.
AVELINE Claude, PSICHARI Henriette, *Anatole France, 30 ans de vie sociale, tome 4, 1915-1924*, Paris, Edito, 1971, 303 p.
BANDIER Norbert, *Sociologie du surréalisme, 1924-1929,* Paris, La Dispute, 1999, 415 p.
BARBUSSE Henri, *Le Feu, journal d'une escouade,* Paris, Flammarion, 1935.
BARBUSSE Henri, *Clarté,* Paris, Flammarion, 1919, 290 p.
BARBUSSE Henri, *Paroles d'un combattant, Articles et discours, (1917-1920),* Paris, 1920.
BEHAR Henri, CARASSOU Michel, *Dada, histoire d'une subversion,* Paris, Fayard, 2005, 263 p.
BENDA Julien, *La trahison des clercs,* Paris, Grasset, 1927, 308 p.
BERNARD Jean Pierre, *Le parti communiste français et la question littéraire, 1921-1939,* thèse, Grenoble, PUG, 1972, 341 p.

BERNIER Jean, *L'amour de Laure,* Paris, Flammarion, 1978, 199 p.
BERTH Edouard, *Les méfaits des intellectuels,* Paris, 1914.
BILLY André, *La littérature française contemporaine,* Paris, Colin, 1941, 367 p.
BOURDIEU Pierre, *Les règles de l'art, genèse et structure du champ littéraire,* Paris, Seuil, 1991, 571 p.
BOURDIEU Pierre, *Champ de pouvoir, champ intellectuel et habitus de classe,* Scolies, n° 1, 1971.
BOUYSSOU Roland, *Les poètes combattants anglais de la Grande guerre,* Toulouse, Université le Mirail, 1974, 465 p.
BRETON André, *Manifeste du surréalisme,* Paris, Pauvert, 1962.
BRETON André, *Manifestes du surréalisme. Premier manifeste. Deuxième manifeste. Prolégomènes à un troisième manifeste du surréalisme ou non. Position politique du surréalisme. Poisson double. Lettre aux voyantes. Du surréalisme en ses œuvres vives.* Paris, 1962, J. J. Pauvert, 363 p.
BRETON André, *Entretiens, 1913-1952,* Paris Gallimard, 1969, 312 p.
BRETT Vladimir, *Henri Barbusse, sa marche vers la clarté, son mouvement Clarté,* thèse, Prague, Editions de l'académie tchécoslovaque des sciences, 1963, 372 p.
BRETT Vladimir, *Le bureau politique du PCF et Clarté 1926,* Cahier d'histoire de l'institut Maurice Thorez, n° 15, 1er trimestre 1976, p. 66-73.
BROSSAT Alain et POETEL Jean Yves, *Antimilitarisme et révolution,* Paris, Union générale d'éditions, 1975, 447 p.
CAUTE David, *Le communisme et les intellectuels français, 1914-1966,* Paris, Gallimard, 1967, 474 p.
CAUTE David, *Les compagnons de route, 1917-1968,* Paris, Laffont, 1973, 487 p.
CHAMBAZ Bernard, *Eléments pour une étude de la conscience sociale des intellectuels français, Clarté 1921-1925,* thèse, Paris, 1983, 752 p.
CHARLES Christophe, *Naissance des intellectuels, 1880-1900,* Paris, Minuit, 1990, 260 p.
COGNIOT Georges, *Prométhée s'empare du pouvoir,* Paris, ES, 1967, 257 p.
CRASTRE Victor, *Le drame du surréalisme,* Paris, Temps, 1963.
DAIX Pierre, *Aragon, une vie à changer,* Paris, Seuil, 1975, 445 p.
DAIX Pierre, *La vie quotidienne des surréalistes, 1917-1932,* Paris, Hachette, 1993, 445 p.
DAVAL Jean Luc, *Journal des avant-gardes, les années vingt, les années trente,* Genève, Skira, 1980, 223 p.
DUHAMEL, Georges, *Le livre de l'amertume, Journal 1925-1956,* Paris, Mercure de France, 1973, 470 p.
FREVILLE Jean, DUCLOS Jacques, *Henri Barbusse,* Paris, ES, 1945, 72 p.
FUTURISME, *Œuvres futuristes,* Catalogue Georges Pompidou, 1980, 460 p.

GARAUDY Roger, *L'itinéraire d'Aragon,* Paris Gallimard, 1961, 448 p.
HERVIER Julien, *Deux individus contre l'histoire : Drieu la Rochelle et Junger,* thèse, Poitiers, Klincksieck, 1973, 485 p.
HISTOIRE de la politique culturelle du PCF, *Cahiers d'histoire de l'institut Maurice Thorez, n° 16,* 2e trimestre 1976, p. 175-180.
JEAN Marcel, *Autobiographie du surréalisme,* Paris, Seuil, 1978, 493 p.
LALOU René, *Histoire de la littérature française contemporaine,* Paris PUF, 1947.
LALOU René, *Le roman français depuis 1900,* Paris, PUF, 1957.
LENINE V., *Sur la littérature et sur l'art,* Paris, ES, 1957, 237 p.
MARTINET Marcel, *Culture prolétarienne,* Paris, Librairie du travail, 1936, 192 p.
MARTINET Marcel, *Les temps maudit,* Paris, UGE, 1975, 319 p.
MARX Karl, ENGELS Friedrich, *Sur la littérature et sur l'art, Textes choisis,* Paris, ES, 1964, 411 p.
MOREL Jean Pierre, *Le roman insupportable, L'internationale littéraire et la France, 1920-1932,* thèse, Paris, Gallimard, 1985, 488 p.
NADEAU Maurice, *Histoire du surréalisme, tome I,* Paris, Seuil, 1945, 358 p.
NADEAU Maurice, *Histoire du surréalisme, tome II, Documents surréalistes,* Paris, Seuil, 1948, 398 p.
NAVILLE Pierre, *Le temps du surréel,* Paris, Galilée, 1977, 511 p.
ORY Pascal, SINIRELLI Jean-François, *Les intellectuels en France de l'Affaire Dreyfus à nos jours,* Paris, Colin, 1986, 263 p.
OSTENC Michel, *Intellectuels italiens et fascisme, 1915-1929,* Paris, Payot, 1983, 338 p.
PALMIER Jean Michel, *L'expressionnisme comme révolte,* Paris, Payot, 1983, 479 p.
PALMIER Jean Michel, *Lénine, l'art et la révolution,* Paris, Payot, 1975, 550 p.
PARIS-MOSCOU, 1900, 1937, Catalogue Centre Georges Pompidou, 1978, 580 p.
PARIS-BERLIN, 1900-1930, Catalogue Centre Georges Pompidou, 1979, 580 p.
PIERRE José, *Tracts surréalistes et déclarations collectives, tome 1, 1922-1939,* Paris, Le Terrain vague, 1980, 541 p.
POMEAU René, Guerre et romans dans l'entre deux guerres, *Revue des sciences humaines,* janvier-mars 1963, p.77-95.
PREHAC André, *La littérature soviétique,* Paris, PUF, 1977, 126 p.
PROCHASSON Christophe, *Les intellectuels et le socialisme, XIXe, XXe siècles,* Paris, Plon, 1997, 300 p.
PROCHASSON Christophe RASMUSSEN Anne, *Les intellectuels et la première guerre mondiale (1910-1919)* Paris, La Découverte, 1996, 303 p.

PROLETKULT, Littérature prolétarienne, Russie, URSS, 1905-1924, *Action poétique, n° 59,* Paris, 1974, p.50-158.
RABOURDIN Dominique, préface in : *Jean Bernier, L'amour de Laure,* Paris, Flammarion, 1978.
RACINE Nicole, *Une revue d'intellectuels communistes dans les années vingt, Clarté, 1921-1928,* FNSP, juin 1967, p. 489- 519.
RACINE Nicole, préface in : Martinet Gilles, *Les Temps maudits,* Paris, UGE, 1971, p. 7- 46.
REALISMES, 1919, 1939, Catalogue Centre Georges Pompidou, 1980, 529 p.
RIEGEL Léon, *Guerre et littérature,* Paris, Klincksieck, thèse, 1978, 649 p.
RIEUNAU Maurice, *Guerre et révolution dans le roman français, 1919-1939,* thèse, Paris, Klincksieck, 1974, 627 p.
ROLLAND Romain, *Clérambault : histoire d'une conscience libre pendant la guerre,* Paris, Michel, 1920, 318 p.
ROLLAND Romain, *Journal des années de guerre, 1914-1919, Notes et documents pour servir à l'histoire morale de l'Europe de ce temps,* Paris, Michel, 1952, 1913 p.
ROLLAND Romain, *Europe,* n° 109-110, 1955, 285 p.
ROLLAND Romain, *Au-dessus de la mêlée, Les précurseurs,* Paris, Michel, 1983, 352 p.
SERGE Victor, *Littérature et révolution, 1962,* Paris, Maspero, 1976, 122 p.
SHORT V, *The political history of the surrealist movment in France, 1918-1940,* thèse, Brigton, 1965, 682 p.
SHORT V., *The politics of surrealism, 1920-1936, Journal of contemporaray history,* 1966, p.3-25.
SIMON Paul Henri, *Histoire de la littérature française du XXe siècle,* Paris, Colin, 1956, tome 1, 343 p., tome 2, 314 p.
SIMON Pierre Henri, *L'esprit et l'histoire,* Paris, Payot, 1969, 204 p.
SIRINELLI Jean François, *Intellectuels et passions françaises. Manifestes et pétitions au XXe siècle,* Paris, Fayard, 1990 (réédition Folio Histoire) 1996, 594 p.
SOUPAULT Philippe, *Mémoires de l'oubli, 1923-1926,* Paris, Lachenal et Ritter, 1986, 189 p.
THIBAUDET Albert, *Histoire de la littérature française de 1789 à nos jours,* Paris, Stock, 1976, 587 p.
THIRION André, *Révolutionnaires sans révolution,* Paris, Laffont, 1972, 579 p.
TONNET-LACROIX Eliane, *Après guerre et sensibilités littéraires (1919-1924),* Paris, Sorbonne, 1991, 374 p.
TROTSKY Léon, *Littérature et révolution,* Paris, Julliard, 1964, 366 p.
TZARA Tristan, *Le surréalisme et l'après guerre,* Paris, Nagel, 1947, 88 p.
VIDAL Annette, *Henri Barbusse soldat de la paix,* Paris, Français réunis, 1953, 383 p.

VIENNE, *1880-1938, L'apocalypse joyeuse,* Catalogue Centre Georges Pompidou, 794 p.
WINOCK Michel, *Le siècle des intellectuels,* Paris, Seuil, 1999, 888 p.

INDEX DES NOMS DE PERSONNES

Abd el Krim : II, 35, 36, 38, 39, 112.
Acard : I, 93.
Adam E. : I, 84.
Akhmatova A. : I, 210.
Albert Charles : I, 81, 182.
Albert René (pseudonyme de Serge Victor) : I, 137.
Alexandre M. : I, 14.
Alexandre Théophile : I, 74.
Alsky : II, 164.
Altman Georges : II, 44.
Andler Charles : I, 93.
Andreïev : II, 122.
Andreyitchine : II, 178.
Annunzio (d') : I, 15, 91, 92. II, 6.
Antoine : I, 17.
Antonov-Ovesenko : II, 195.
Apollinaire Guillaume : I, 106.
Aragon Louis : I, 124. II, 11, 12, 13, 14, 15, 16, 19, 20, 36, 41, 42, 44, 46, 47, 52, 54, 55, 58, 59, 74, 94, 97, 98, 99, 100, 101, 105.
Arc (d') Jeanne : II, 7.
Arcos René : I , 33, 76, 99, 173.
Ariat (pseudonyme de Patri Aimé): II, 205.
Aron : II, 19.
Arp Hans : I, 104.
Artaud Antonin : II, 36, 39, 44, 94, 95, 107.
Arvatov : I, 222.
Asséev : I, 222.
Aucouturier G. : II, 39.
Audouin-Rouzeau Stéphane : I, 180.
Aulard : I, 49, 50.
Autant-Lara : I, 64, 80.
Averbach L.: I, 210, 213, 218.

Babel Auguste : I, 181, 223.
Bach André : I, 79, 180.
Badaïev : II, 195.
Bader J. : I, 199.
Badina : I, 80.
Bakaev : II, 201.
Bakounine Michel : I, 149.
Bakst : I, 14.
Balabanova A. : I, 244.
Baldwin : II, 120.
Balzac (de) Honoré : I, 187.
Banville : I, 166.
Barabant : I, 130.
Barbé A. : I, 75.
Barbusse Henri : I, 5, 6, 7, 14, 15, 16, 17, 18, 19, 20, 21, 22, 24, 26, 27, 28, 29, 30, 31, 32, 33, 34, 35, 36, 37, 38, 39, 40, 47, 48, 49, 52, 54, 56, 57, 59, 62, 64, 65, 66, 70, 72, 73, 74, 77, 80, 84, 85, 86, 87, 88, 89, 90, 91, 92, 95, 97, 108, 109, 110,113,117, 118, 119, 120, 121, 126, 132, 134, 142, 168, 173, 175, 178, 179, 192, 228, 229, 236, 243. II, 30, 36, 39, 40, 41, 45, 63, 68, 70, 72, 76, 80, 90, 92, 104, 106, 112, 137, 138, 139, 140, 141, 142, 143, 144, 145, 177, 181, 182, 183, 206, 207, 208, 209, 210, 211, 217.
Barrante (de) : I, 188.
Barrès Maurice : I, 9, 93, 106, 124, 125, 133, 145, 167, 173, 179, 197. II, 5, 6, 7, 8, 9, 11, 13, 15, 17, 22, 24, 30, 214.
Barsalou : II, 75.
Barthou Louis : I, 15, 78, 81, 173.
Basch Victor : I, 60, 82. II, 36.
Bataille Henri : I, 14, 17, 60.
Batillat : I, 91.
Baudelaire Charles : I, 187. II, 17, 63.

Baudouin Charles : I, 84.
Baumann : I, 167.
Bazalgette Léon : I, 14, 18, 33, 81, 86, 90, 126, 173, 182, 192, 199, 200. II, 39.
Bazire : II, 168.
Becker Annette : I, 180.
Bellamy Henri : I, 79.
Benesova B. : I, 24.
Benjalin René : I, 167
Bennett A. : I, 14.
Bérard Louis : I, 229.
Beras L. : II, 118.
Béraud Henri : I, 16, 17, 60, 92, 178.
Berger Marcel : I, 17, 92.
Bergery Gaston : II, 99.
Bergson Henri : I, 93.
Bernard Jean Pierre : I, 186.
Bernard Tristan : I, 14, 15, 16, 60.
Bernier Jean : I, 9, 32, 33, 34, 38, 40, 46, 56, 76, 78, 91, 102, 103, 106, 123, 124, 125, 126, 141, 152, 173, 177, 184, 185, 186, 187, 188, 191, 194, 206, 250, 251, 252, 253, 255. II, 6, 10, 11, 12, 13, 14, 15, 16, 17, 19, 20, 21, 22, 23, 24, 25, 26, 29, 30, 32, 37, 41, 43, 44, 45, 46, 47, 48, 49, 50, 51, 55, 57, 58, 72, 73, 74, 75, 76, 77, 78, 79, 81, 82, 85, 86, 89, 91, 99, 213, 214, 215, 216, 217.
Berth Edouard : I, 124, 126, 142, 149, 150, 152, 163, 164, 165, 166, 167, 168, 169, 171, 173, 174, 180, 186, 188, 189, 190, 191, 194, 201, 205, 206, 228, 229, 232, 242, 243. II, 7, 8, 9, 13, 17, 20, 21, 23, 24, 25, 26, 29, 39, 212, 215, 216.
Bertrand Charles : I, 178.
Bezymensky Alexandre : I, 210.
Biedny Démian : I, 219.
Biély André : I, 210, 214.
Bilek-Pospisil Jaro : I, 24.

Billiet J. : I, 199.
Binet-Valmer : I, 93, 178.
Blacker C. P. : I, 24.
Blasco-Ibanez Vicente : I, 17.
Bloch Jean Richard : I, 33, 79, 80, 81, 91, 102, 103, 121, 126, 173 181, 182, 185, 192. II, 34, 39.
Blok Alexandre : I, 214.
Blum Léon : I, 17, 52, 77.
Bodin Louis : I, 129.
Boettcher : I, 135.
Bogdanov : I, 208.
Bon J. : I, 14.
Bonbacci N. : I, 98.
Boncour Paul : I, 60. II, 113, 115, 117, 118.
Bonnard : I, 201.
Bonnefous : II, 118.
Bonnet Marguerite : II, 94, 95, 98.
Bonnot : I, 207.
Borel Emile : I, 17.
Borel Pétrus : II, 12, 63, 99, 105.
Borodine Alexandre : II, 147.
Borten : I, 134.
Bouet Louis : I, 228, 229.
Boughton R. : I, 193.
Bouhelier (de) Saint Georges : I, 17.
Boukharine Nikolaï Ivanovitch : I, 51, 211, 212, 213, 223, 224, 235. II, 121, 126, 148, 149, 154, 166, 176, 178, 180, 185, 194, 195, 199, 201, 202.
Boulanger M. : I, 70, 91.
Bounine Ivan : I, 181.
Bour A. : I, 85.
Bourgeois Léon : I, 15.
Bourget Paul : I, 167, 173.
Bourne Randolph : I, 24, 75.
Bouthonnier Paul : II, 177.
Boutroux Emile : I, 93, 173.
Brake : I, 230.
Brandès Georges : I, 17.
Brandler : I, 135, 139, 140.

Breton André : I, 9, 125. II, 11, 12, 13, 19, 20, 22, 32, 41, 43, 47, 50, 52, 53, 54, 55, 57, 58, 59, 61, 62, 63, 64, 65, 66, 67, 73, 74, 75, 76, 77, 79, 86, 90, 91, 92, 93, 94, 95, 96, 97, 98, 101, 104, 106, 107, 109, 110, 111, 174, 214, 215, 216.
Brett Vladimir : I, 5, 87, 89, 90.
Briand Aristide : I, 156, 166. II, 125.
Brik Ossip : I, 211, 222.
Brioux Lucien (Pseudonyme de Brioux Louis) : I, 229.
Brisson : I, 93.
Brocchi Virgilio : I, 24.
Broué Pierre : I, 134. II, 146, 193.
Broygo M. : I, 233.
Bru Henri (pseudonyme de Rhisis Udana) : I, 172, 173, 249, 250, 255.
Brundrit D. F. : I, 24.
Bruyère Georges : I, 73.
Buisson : I, 230.
Cachin Marcel : I, 51, 129, 131, 132. II, 68, 69, 114, 118, 123, 182.
Calzan G. : II, 192.
Castelnau (de) Edouard : I, 177.
Caubert Antoine : II, 107.
Céard Henri : I, 60.
Cello Jean (pseudonyme de Proudhommeaux André) : II, 86, 134, 135.
Cendrars Blaise : II, 104.
Cézanne Paul : I, 201.
Chabas : I, 201.
Chagall Marc : I, 203.
Chaine Pierre : I, 92.
Challaye F. : I, 14.
Chambaz Bernard : I, 5.
Chamberlain : II, 179.
Chapelant : I, 78.
Chaplin Ralph : I, 24.
Charles Ernest : I, 17, 60.

Charpentier Armand : I, 50.
Chassaigne : II, 118.
Chateaubriand François René : II, 7.
Chen Du Xiu : II, 148, 170.
Chennevrière Georges : I, 18, 81, 184, 185, 192. II, 35.
Chevenard E. : I, 84.
Chliapnikov Alexandre : I, 246.
Chou En Laï : II, 148.
Clamamus : II, 118.
Claudel Paul : I, 94, 96, 184. II, 63.
Clemenceau Georges : I, 15, 60, 78, 80, 145.
Cocteau : I, 183, 198. II, 63.
Colarossi : I, 199.
Colin Paul : I, 17, 23.
Collinet Michel : II, 86, 204, 205.
Copeau : I, 103, 104.
Cornion : I, 201.
Costes Alfred : II, 68, 191.
Courteline Georges : I, 14.
Cranowsky : I, 202.
Crastre Victor : I, 206. II, 11, 12, 15, 17, 18, 19, 20, 21, 22, 24, 30, 32, 41, 42, 43, 44, 45, 55, 57, 58, 69, 73, 74, 75, 76, 77, 214.
Crevel René : II, 36, 37.
Crucy F.: I, 18.
Cuenot Alain : II, 85, 95, 154.
Cyril Victor : I, 17, 19, 20, 21, 22, 23, 25, 60, 64, 86, 92.
Dai Ji Tao : II, 149.
Daline Viktor : II, 164.
Dalton : I, 240.
Darville Edouard (pseudonyme de Berth Edouard) : I, 149, 164, 165.
Daudet Léon : I, 78, 93, 94, 166.
Daumier Honoré : I, 177.
David M. : II, 85.
Davidenko : II, 189.
Davidovitch Léon : II, 179, 180, 183.

Debrit Jean : I, 24.
Debussy Claude : I, 15.
Decroly Ovide : I, 240.
Delagarde : I, 151.
Delaunay : I, 99.
Delcassé Théophile : I, 144.
Délépine M. : I, 14.
Delhaye : II, 192.
Dell Robert : I, 24.
Demartial Georges : I, 14, 33, 50, 75, 79, 82, 173.
Deps Eugène : I, 75.
Derain André : I, 201.
Déroulède Paul : I, 93.
Descartes René : I, 142, 190.
Descaves L. : I, 60.
Deschanel Paul : I, 92.
Desnos Robert : II, 19, 20, 46, 52, 53, 54, 55, 99. 100.
Dewey John : I, 237.
Dispan de Floran Henri : I, 178, 179. II, 40.
Dix Otto : I, 199.
Dominique Alfred : I, 17.
Donzel Maurice : I, 181.
Dorgelès Roland : I, 94, 95.
Doriot Jacques : I, 132, 169, II, 73, 118, 163, 168.
Dos Passos : I, 192.
Dostoïevsky Fiodor Mikhaïlovitch : I, 225.
Doumergue : I, 144.
Doyen Albert : I, 18, 81.
Doysie Abel : I, 119, 126, 157.
Drieu La Rochelle : I, 91, 179. II, 11, 107, 108.
Droz Humbert : I, 98, 129.
Dubreuilh : I, 50.
Duclos Jacques : II, 114, 118.
Dudilieux : II, 68.
Dufresne : I, 201.
Dufy Raoul : I, 201.

Duhamel Georges : I, 17, 20, 21, 60, 64, 76, 86, 87, 88, 92, 95, 184. II, 34.
Dumas : I, 103.
Dunan René : I, 33, 75, 80, 93.
Duncan : II, 168.
Dunois Amédée : I, 33, 129.
Dürer : I, 173.
Durkheim Emile : I, 93.
Durtain Luc : I, 76. II, 63.
Dwelshauvers Jean Jacques (dit Jacques Mesnil) : I, 54.
Eastman Max : I, 24. II, 186.
Ebert : I, 135, 136, 137, 139.
Eckert : I, 135.
Edschmid Carl : I, 24, 64.
Eekhoud Georges : I, 17, 23, 75, 78.
Ehrenbourg : I, 211, 218.
Einstein Albert : I, 79, 119.
Eluard Paul : II, 12, 13, 20, 36, 37, 44, 46, 52, 94, 97, 98, 99, 100, 101, 104, 105.
Engels Frédéric : I, 127, 170, 250. II, 74, 80.
Enstein C. : I, 199.
Ermenonville (pseudonyme de Gustave Dupin) : I, 33, 39, 40, 49, 50, 51, 57, 70, 76, 81, 82, 91, 92, 93. II, 207, 209.
Erzberger W. : I, 136.
Espenoy (d') J. : I, 92.
Espouy (d') Jean : I, 14, 16.
Essenine Serge : I, 210, 214, 227.
Eugène Marcel : I, 175, 198, 201, 204.
Evdokimov : II, 201.
Fabre Henri : I, 75, 79, 128, 130.
Fadïev Alexandre : I, 181.
Fargue Gabriel : I, 43.
Fauchois René : I, 85, 92.
Faure Sébastien : I, 55, 79.
Fauré Gabriel : I, 198.
Faydich : I, 208.

Fédine C. : I, 214, 215, 223.
Fégy Camille : II, 44, 57, 73, 75.
Feng Yun Sian : II, 162, 163.
Ferenczy : I, 202.
Ferrat André : I, 151. II, 205.
Ferrière A. : I, 238, 240, 241, 243.
Flaubert Gustave : I, 184, 186, 187, 188. II, 7.
Foch : I, 81, 177.
Fontanille : I, 16.
Forestier : II, 68.
Fort Paul : I, 14, 17.
Fouchardière (de la) : I, 80.
Fourrier Marcel : I, 6, 7, 9, 17, 20, 21, 23, 25, 30, 31, 32, 33, 34, 35, 36, 38, 39, 45, 71, 72, 91, 92, 102, 103, 104, 106, 117, 119, 121, 123, 125, 126, 141, 142, 144, 149, 152, 155, 156, 158, 159, 169, 170, 172, 173, 177, 178, 181, 184, 185, 193, 194, 197, 198, 228, 229, 236, 241, 243, 244, 253. II, 9, 10, 13, 15, 17, 18, 20, 21, 24, 25, 26, 29, 30, 32, 33, 34, 37, 38, 41, 43, 44, 45, 46, 50, 51, 57, 58, 68, 69, 70, 71, 72, 73, 74, 75, 76, 77, 79, 80, 81, 82, 85, 86, 87, 88, 89, 90, 91, 92, 93, 94, 97, 98, 99, 100, 101, 103, 106, 113, 114, 115, 117, 125, 128, 129, 135, 139, 146, 150, 151, 152, 153, 154, 205, 210, 211, 214, 216, 217.
France Anatole : I, 9, 14, 16, 17, 18, 20, 21, 40, 45, 60, 61, 64, 74, 77, 95, 106, 108, 118, 120, 124, 125, 145, 197. II, 5, 8, 9, 10, 11, 12, 13, 14, 15, 17, 18, 22, 24, 30, 105, 106, 116, 214.
Franck A. : I, 22.
Franck L. : I, 75.
Freinet Célestin : I, 236, 237, 238, 239, 240, 241, 242, 243. II, 213.
Friedenthal Joachim : I, 24.

Friedmann Georges Philippe : I, 168. II, 39, 107.
Frossard L.O. : I, 44, 49, 51, 62, 75, 77, 79, 128, 129, 130.
Frye R.: I, 192.
Fujita : I, 203.
Gagey Roland : I, 22, 25.
Galbez A. : I, 60, 74.
Galopin : II, 68.
Galtier Boissière Jean : I, 142, 173.
Gandhi : I, 71, 120.
Garnier Noël : I, 16, 17, 22, 32, 33, 34, 39, 40, 44, 46, 47, 48, 57, 60, 78, 92, 173. II, 207, 209.
Geeb : I, 237, 239, 241.
Gémier : I, 103.
Gérard Francis (pseudonyme de Rosenthal Gérard) : II, 85, 86, 177, 178, 180, 181, 183, 184, 189, 190, 191, 205, 218.
Germain A. : I, 173.
Germain Jules : I, 178.
Ghil René : I, 76.
Gide André : I, 96, 249.
Gide Charles : I, 14, 15, 17, 20, 21, 33. II, 36.
Giolitti : I, 163.
Girault Jacques : II, 107.
Gleizes Albert : I, 76, 80, 99, 100, 101, 102, 106, 181, 185, 201. II, 210.
Goemans Camille : II, 42, 101.
Goldring Douglas : I, 24.
Goll Yvan : I, 24, 102, 104, 105, 106, 185. II, 210.
Goriely B. : I, 212.
Gorki Maxime : I, 15, 21, 61, 74, 119, 120, 198, 207, 208, 211, 218. II, 10.
Gouralsky Antoine Auguste : II, 183.
Gouttenoire de Toury : I, 44, 50, 119.

Gras Ch. : I, 151.
Griffuelhes : I, 165.
Groethuysen Bernard : I, 249.
Gromaire : I, 202.
Gropuis Walter : I, 200.
Grosz Georges : I, 198, 199, 200, 206.
Guesde Jules : I, 15, 50, 52, 146, 147.
Guevrikian : I, 203.
Guilbeaux Henri : I, 14, 76, 104, 207.
Cuillain Alix : I, 202, 249, 255.
Guillaume II : I, 79.
Guisburg Shaul : I, 46.
Guitard Paul : II, 17, 44, 57, 75.
Gutermann Norbert : I, 168.
Gybal A. : I, 33.
Hall Frank : I, 24.
Hamp Pierre : I, 17. II, 35.
Hardy Thomas : I, 14, 17.
Hausmann R. : I, 199.
Hé Lang : II, 165.
Hegel : II, 107.
Henriot Philippe : I, 91.
Hensen : I, 202.
Hermitte Jean : I, 33, 39, 41, 42, 43, 46, 47, 49. II, 209.
Herriot Edouard : I, 127, 144, 145, 176, 230.
Hertz Henri : I, 81, 182.
Hervé Gustave : I, 228.
Herzfelde Wieland : I, 199.
Herzog Wilhem : I, 19, 24, 98.
Hess Lucien : I, 168.
Hikmet Nazim : I, 24.
Hiller Kurt : I, 24.
Hirsch Charles Henri : I, 17.
Hisquin H. : II, 39.
Höch H. : I, 199.
Hodges Frank : I, 24.
Hoker : I, 202.
Holitscher A. : I, 119.
Hölsenbeck, R. : I, 199.

Honegger : I, 198, 206.
Houssay : I, 70.
Hugo Victor : I, 103. II, 17, 63, 108, 206.
Huxley Aldous : I, 24.
Iakolov : I, 215.
Indy (d') Vincent : I, 167.
Ioffé : II, 147, 164, 183, 184, 189, 190, 195.
Isbach : I, 210.
Istrati Panait : I, 198.
Ivanov Vsévolod : I, 210, 213, 214, 215, 216, 217, 226.
Jacob Max : I, 184.
Jacques Henri : I, 17, 20, 21, 80.
Jammes Francis : I, 167, 184.
Janover Louis : II, 111.
Jaurès Jean : I, 48, 49, 119, 127, 145, 146, 147, 188, 230. II, 38.
Jaworsky : I, 22.
Jeanneret Charles Edouard dit Le Corbusier : I, 203.
Jérôme J. K. : I, 14.
Jésus-Christ : II, 108.
Jimel (pseudonyme de Maschl Otto) : II, 126.
Joffre : I, 81, 176, 177.
Johannet : I, 143.
Jolinon J. : I, 179.
Jolivet : I, 202.
Jouffroy Théodore : II, 65.
Jouhaux Léon : I, 45, 50, 55, 81, 133, 147. II, 133.
Jouve Pierre Jean : I, 76, 182.
Jouvenel : II, 8.
Jung F. : I, 199.
Kalinine : II, 201.
Kamenev : I, 152. II, 170, 185, 186, 190, 193, 194, 195, 197, 201.
Kautsky : I, 150, 245. II, 85.
Kavérine Andrew : I, 223.
Kemal Mustafa : I, 71, 72.
Ker A. : I, 133.
Kergentseff R. : I, 234.

234

Keynes John Maynard : I, 156, 160.
Keyserling Hermann : II, 64.
Kharitonov : II, 154.
Kilbatchine Victor : I, 207.
Kipling Rudyard : I, 15.
Klioulev : I, 210, 214.
Kollantaï Alexandra : I, 244, 245, 246, 247, 248, 255.
Kollantaï V. : I, 245.
Koltchak Alexandre : II, 195.
Koussikov : I, 215.
Kouybichev : II, 202.
Krassine : I, 74.
Kriegel Annie : I, 13, 53.
Krijanovsky : II, 202.
Krivinsky : II, 195.
Kropotkine Piotr Alekseïevitch : I, 75.
Kroupskaïa N. : I, 147, 244. II, 186, 195.
Kun Bela : I, 21, 202.
Labourde Jeanne : I, 60.
Lachévitch : II, 195.
Lafargue : I, 245.
Lafont E. : I, 77.
Laforge : I, 126.
Laforgue : I, 187.
Laine Mac : I, 98.
Lange Ch. : I, 192.
Langlois Ch. V. : I, 14.
Lantelme Paul : I, 92.
Lapis : I, 201.
Laport : I, 132.
Lasalle : I, 249.
Latzko Andréas : I, 17, 24, 74.
Laurat Lucien : II, 86, 126.
Lautréamont : II, 17, 43, 99, 100, 101.
Le Corbusier : I, 201, 203, 204, 206.
Le Fauconnier : I, 99.
Le Troquer A. : I, 16, 92.
Lebedeff : II, 154.
Lefebvre Henri : II, 107.
Lefebvre Raymond : I, 13, 14, 15, 16, 17, 20, 21, 22, 25, 32, 33, 34, 40, 41, 46, 53, 54, 55, 56, 57, 60, 73, 74, 77, 78, 80, 85, 86, 87, 88, 89, 90, 91, 92, 93, 94, 95, 96, 97, 98, 127, 168, 173. II, 206, 207, 208, 209, 210.
Léger Fernand : I, 201.
Leiris Michel : II, 46, 52, 58, 73, 97, 98, 99, 100.
Lélévitch Georges : I, 210, 213, 218.
Lénine Vladimir Illitch Oulianov dit : I, 21, 36, 52, 54, 61, 68, 75, 97, 99, 102, 144, 146, 147, 148, 149, 150, 153, 165, 177, 181, 208, 211, 222, 225, 235, 239, 244, 245, 248. II, 8, 17, 32, 34, 38, 41, 43, 47, 69, 74, 85, 90, 108, 119, 126, 137, 148, 154, 158, 159, 161, 162, 166, 167, 169, 173, 178, 179, 181, 182, 185, 186, 187, 191, 193, 195, 197, 200.
Lepetit : I, 53.
Lhote André : I, 201.
Li : II, 152.
Li Da Zhao : II, 148.
Libedinsky J. : I, 210, 212, 218, 219.
Liebknecht Karl : I, 68, 75, 79, 102.
Lietz : I, 237, 239, 241.
Lilina Z. : I, 112, 244.
Lindenberg Daniel : I, 150, 233.
Lloyd Georges David : I, 48, 156, 157.
Loez André : I, 180.
Lominadzé : II, 170.
Longuet Jean : I, 14, 52.
Loporov-Skoblo R. : I, 235.
Loriot : I, 129, 151. II, 190.
Loti Pierre : I, 92.

Louis Paul : I, 33, 62, 63, 67, 68, 69, 71, 72.
Louis Pierre : I, 14.
Lounatcharsky Anatoli Vassillievitch : I, 61, 97, 98, 99, 119, 187, 208, 211, 213, 233, 234. II, 55, 180, 181.
Lounts : I, 208.
Loutovinov : I, 246.
Louvat Paul : I, 155.
Louzon Robert : I, 153 II, 99.
Lovestone Jay : II, 131.
Lozeray Henri : I, 132.
Lozovsky : I, 135.
Lubeck Mathias : II, 85.
Lucidi Gugliemo : I, 24, 119.
Ludwig Kaiser E. : I, 156.
Lurçat André : I, 203, 206.
Lurçat Jean : I, 201, II, 35.
Luxemburg Rosa : I, 43, 68, 75, 79, 102, 245, 249.
Lyautey : I, 70, 173. II, 35, 36.
Mac Donald Ramsey : II, 166.
Mac Orlan Pierre : I, 199.
Maeterlinck Maurice : I, 15, 16, 18.
Magre Maurice : I, 17.
Maïakovsky : I, 209, 218, 219, 220, 221, 222, 226, 227. II, 180, 212.
Maigret R. : I, 84.
Maistre (de) : II, 7.
Maitron Jean : I, 13, 14, 15, 16.
Mallarmé : I, 106, 183.
Malleret Michel : II, 86.
Malleson Miles : I, 24.
Malraux André : I, 249.
Man (de) Henri : II, 126.
Manet : I, 201.
Mangin : I, 81, 177.
Mann Heinrich : I, 24.
Manouilsky : II, 121.
Mao Tsé Toung : II, 148, 161.
Maran René : II, 35.

Marchand René : I, 207.
Margueritte Victor : I, 17, 50, 250, 251, 252.
Marinetti : I, 183, 197.
Maring : II, 148.
Marion Pierre : II, 68, 69, 70, 72, 140.
Mariot Nicolas : I, 180.
Marrane : II, 68, 140.
Martin du Gard Roger : I, 14. II, 36.
Martinet Marcel : I, 76, 81, 90, 113, 126, 173, 182, 185.
Martonne (de) : I, 14.
Marty : I, 80.
Marty André : II, 114, 132, 177.
Marx Henri : I, 80, 92.
Marx Karl : I, 99, 127, 149, 150, 165, 169, 170, 186, 190, 194, 196, 225. II, 17, 23, 69, 78, 80, 108, 127, 138, 180, 181.
Marx Magdeleine (pseudonyme de Magdeleine Paz) : I, 17, 20, 21, 22, 33, 34, 60, 78, 92, 112, 113, 126.
Maschl Otto : II, 126.
Maserel Franz : I, 74, 76.
Massis : II, 65.
Masson : II, 74.
Mathiez Albert : I, 121, 186, 188, 189.
Matisse Henri : I, 201.
Matteotti : I, 168.
Maublanc : II, 39.
Maupas Blanche : I, 78.
Mauriac François : II, 36.
Maurras : I, 133, 149, 166, 167, 168. II, 12, 65.
Mécat Jean : II, 129.
Mehring W. : I, 199.
Melnikoff : I, 204.
Mercereau A. : I, 16.
Méric Victor : I, 49, 78, 79.

Mesnil Jacques : I, 14, 33, 54, 55, 113, 162, 171, 207.
Messager Charles : I, 81.
Métayer R. : I, 129.
Metzinger : I, 99.
Michael Georges : I, 71, 123, 124, 125, 126, 127, 141, 142, 149, 152, 153, 160, 169, 194, 195, 196, 198, 206, 229, 230, 231, 232, 242, 248, 249, 255. II, 7, 13, 17, 20, 21, 22, 23, 24, 25, 26, 27, 28, 29, 30, 39, 46, 211, 214, 215.
Michel Louise : I, 75, 78.
Mikoyan : II, 194, 202.
Millerand Alexandre : I, 48, 81, 143.
Milosz : I, 14.
Mirbeau Octave : I, 15.
Molière : I, 103, 186, 187, 188.
Mollet Guy : II, 126.
Molotov : II, 124, 194, 201.
Monatte Pierre : I, 33, 54, 60, 75, 113, 126, 148, 151, 152, 153, 154, 182. II, 190.
Monmousseau : II, 175, 176.
Montaigne : I, 237, 241.
Montrevel Jean : I, 168, 169, 252, 253, 255. II, 39, 213.
Morand : I, 198.
Moreau : I, 201.
Morel E. D. : I, 17, 23, 24, 65, 75.
Morel Jean Pierre : I, 208.
Morhange Pierre : I, 168.
Morhardt Mathias : I, 50, 75.
Morise Max : II, 97.
Morizet A. : I, 119, 207.
Mouralov : II, 195, 201.
Moussinac Léon : I, 177, 181, 241.
Munzenberg W. : I, 120.
Murphy : I, 202.
Mussolini : I, 147, 163, 165, 166, 168, 169, 170.
Mutter Mela : I, 126.

Nadeau Maurice : II, 41, 101, 102, 103, 104, 111.
Nansen : I, 120.
Napoléon III : I, 169.
Naville Denise : II, 93, 94, 95, 174.
Naville Pierre : I, 6, 9, 113, 169, 241, 253. II, 11, 47, 54, 58, 59, 60, 61, 62, 64, 65, 66, 67, 85, 86, 87, 88, 89, 90, 91, 92, 93, 94, 95, 96, 97, 98, 99, 100, 101, 102, 103, 104, 105, 106, 107, 108, 109, 110, 111, 114, 121, 122, 126, 128, 129, 135, 137, 138, 139, 140, 141, 142, 143, 144, 145, 153, 154, 155, 172, 173, 174, 175, 176, 177, 178, 179, 180, 181, 182, 183, 184, 185, 186, 187, 189, 190, 191, 192, 204, 205, 215, 216, 217, 218, 219, 220.
Nearing Scott : I, 24.
Nerval Gérad : II, 17.
Neuman K. Stanislas : I, 24.
Neumann H. : II, 170.
Neumans V. C. : I, 119.
Nietzsche : II, 6, 8.
Nikitine : I, 210, 215, 218.
Nin A.: II, 154.
Nivelle : I, 172, 176, 177. II, 33.
Nizan Paul : II, 107.
Noailles Anna : I, 15.
Nollet : I, 144.
Nougé Paul : II, 42, 101.
Offenstadt Nicolas : I, 78, 79, 176, 180.
Ohry Jules : I, 17.
Olbracht Ivon : I, 24.
Olivier Marcel : I, 151, 152.
Ordjonikidzé Grigori : II, 200.
Ossinsky : II, 132.
Oustrialov : II, 187.
Painlevé Paul : I, 15, 62, 127, 172. II, 12, 113.
Parijanine (pseudonyme de Donzel Maurice) : I, 33, 126, 147,

181, 182, 183, 184, 185, 192, 205. II, 6, 100, 115.
Pappalardi Michelangelo : II, 135.
Pascal Blaise : I, 186, 189, 190.
Pascal Pierre : I, 147, 157, 207.
Pascin J. : I, 199.
Patri Aimé : II, 86, 205.
Paul Lucien : I, 155, 160.
Paz Magdeleine : I, 113.
Paz Maurice, : I, 113. II, 190, 192.
Pédroncini Guy : I, 180.
Péguy Charles : II, 14.
Percin : I, 80.
Péret Benjamin : II, 21, 45, 54, 58, 85, 98, 101, 105.
Péri Gabriel : I, 132. II, 168.
Perret A. : I, 204.
Pestalozzi : I, 236, 237, 241.
Pétain : I, 81. II, 112.
Peterson : II, 201.
Piatakov : I, 135. II, 194, 195.
Picard Edmond : I, 17, 23.
Picasso Pablo : I, 192.
Pie X : I, 75.
Pierre André : I, 63.
Pierre José : II, 101.
Pierrefeu : I, 175.
Pillot : II, 191.
Pilniak Boris : I, 181, 210, 211, 213, 214, 215, 216, 218, 223, 226.
Pilsudsky : I, 63.
Pioch Georges : I, 33, 60, 61, 64, 75, 78, 79, 80, 81, 93, 94, 95, 96, 185. II, 35.
Piscator E.: I, 199.
Pivert Marceau : II, 205.
Plekhanov Georgi : I, 150, 245.
Plutarque : I, 175.
Poincaré Raymond : I, 50, 78, 81, 133, 144, 156, 173, 176. II, 63, 113, 118, 124, 125, 136, 176, 179.
Poliansky : I, 98.
Politzer Georges : I, 168. II, 107.
Pong Paï : II, 148.
Posner : I, 202.
Poulaille Henri : II, 34.
Prax : I, 201.
Prenat : I, 14.
Préobrajensky : I, 151, 208, 235. II, 170, 178, 179, 194, 195.
Pressemane : I, 55. II, 115.
Prévert Jacques : II, 98.
Primus (pseudonyme de Maschl Otto) : II, 126.
Prochasson Christophe : I, 93.
Proudhommeaux André : II, 86.
Proudhon : I, 142, 149, 150, 165, 189, 190, 191, 194. II, 23, 74, 142.
Proust Marcel : I, 94, 96.
Purcell : II, 120.
Rabelais : I, 237, 241.
Rabourdin Dominique : II, 12, 74, 77, 79, 80, 82.
Racine Jean : I, 103.
Racine Nicole : I, 5, 128.
Radek Karl : I, 63, 133, 134, 135, 138, 212, 223. II, 148, 154, 155, 164, 179, 180, 195.
Rakovsky Khristian : II, 136, 170, 177, 178, 179, 183, 184, 195, 201.
Rappoport Charles : I, 60, 61.
Rasmussen Anne : I, 93.
Ravel Maurice : I, 15.
Ray Marcel : I, 199.
Raynaud Henri : I, 152, 153, 154.
Raynaud Julien : I, 153.
Reed John : I, 75.
Regnault Henri : I, 16.
Régnier (de) Henri : I, 184.
Reinhardt : I, 104.
Rémizov Alexis : I, 208.
Renan Ernest : I, 186, 189.
Renaud Jean : II, 114, 140.
Renaudel : I, 55.
Renoir Jean : I, 201.
Renoult Daniel : I, 129.

Reuillard Gabriel : I, 32, 33, 39, 40, 49, 50, 52, 53, 76, 78, 81. II, 207, 209.
Revo Lucien : II, 86, 126, 127, 188, 203, 204.
Reynaud Paligot Carole : II, 111.
Rhisis Udana : I, 249.
Richet Charles : I, 14, 15, 16, 17, 20, 21, 33, 80. II, 36.
Richter H. : I, 199.
Rilke Rainer Maria : I, 24.
Rimbaud Arthur : I, 187. II, 17, 63, 74, 99, 100, 101.
Rinner Anne : I, 80.
Robespierre : II, 17.
Robrieux Philippe : I, 128.
Rodin : I, 201.
Rodov Serge : I, 210, 218.
Roland-Holst Henriette : I, 24, 43, 75.
Rolland Denis : I, 180.
Rolland Romain : I, 14, 16, 17, 18, 19, 49, 50, 74, 75, 76, 79, 80, 81, 86, 87, 88, 89, 90, 95, 104, 108, 109, 120, 121, 168, 182, 192. II, 34, 97, 116.
Romains Jules : I, 17, 76, 79, 99, 106, 183, 184. II, 104.
Rosenberg Arthur : I, 136, 137.
Rosenthal Gérard : II, 86, 177, 181.
Rosmer Alfred : I, 148, 151. II, 186.
Rosny Joseph Henri : I, 17.
Rostand Edmond : I, 15.
Rothschild : I, 95.
Rousseau Jean Jacques : I, 241, 243.
Roy E. : I, 120.
Rubiner L. : I, 75.
Russell Bertrand : I, 14, 24, 75, 119.
Ruyssen T. : II, 36.
Rykov : II, 154, 200, 202.

Sade : II, 12, 99, 105.
Sadoul Jacques : I, 60, 75, 147, 207. II, 182.
Saint Just : II, 17.
Saint Prix (de) Jean : I, 50.
Saldana Quintiliano : I, 24.
Salmon André : I, 17.
Sand Georges : I, 250.
Sandburg Carl: I, 24.
Sarraut Albert : I, 15. II, 118.
Sassoon Siegfried : I, 24.
Saussure (de) Ferdinand : I, 84.
Schickelé René : I, 17, 24, 104.
Schlageter Albert Léo : I, 135.
Schlichter R. : I, 199.
Scholz Georges : I, 199.
Sée Edmond : I, 17.
Seeck (von) : I, 139.
Segonzac : I, 201.
Seignobos : I, 188.
Sellier Louis : I, 129.
Selves : I, 144.
Semard Pierre : II, 118, 123, 139, 166.
Sembat Marcel : I, 50.
Serafimovitch Alexandre : I, 218.
Sérébriakov : II, 195.
Serge Victor : I, 113, 123, 124, 137, 138, 139, 140, 147, 148, 181, 207, 208, 214, 215, 216, 217, 218, 219, 220, 221, 222, 223, 224, 225, 226, 227, 233, 252, 253, 254, 255. II, 86, 90, 114, 146, 153, 154, 155, 156, 157, 158, 159, 160, 161, 162, 163, 164, 165, 166, 167, 168, 169, 170, 171, 172, 174, 177, 178, 181, 182, 183, 184, 193, 197, 198, 199, 200, 201, 203, 204, 212, 213, 218.
Séverine : I, 15, 17, 20, 21, 33, 64, 75, 78, 112, 202, 248, 255. II, 10.
Sevrank: I, 202.
Shaw Bernard : I, 14.

Shaw G. B. : I, 24.
Short V. : II, 45, 111.
Siems : I, 237.
Signac Paul : I, 14, 18, 81, 201, 202. II, 39.
Sinclair Upton : I, 17, 24.
Sitwell O.: I, 24.
Sizoff Paul (pseudonyme de Collinet Michel) : II, 86, 204, 205.
Smilga : II, 170, 195, 201.
Smirnov Yvan Nikititch : I, 97. II, 195.
Soloviev : I, 147.
Sorel Georges : I, 142, 143, 149, 150, 151, 164, 165, 166, 167, 188, 189, 190, 191, 194, 196, 201, 230, 231. II, 23, 27, 141.
Sosnovsky : I, 218. II, 195.
Soupault Philippe : II, 96, 97.
Souvarine Boris : I, 60, 68, 128, 129, 130, 148, 151, 207. II, 63, 86, 99, 126, 186, 190, 204.
Stadler : I, 104.
Staline : I, 152, 213, 246, 254. II, 121, 122, 132, 146, 148, 149, 152, 153, 154, 155, 160, 161, 162, 163, 164, 170, 172, 174, 178, 182, 185, 186, 193, 195, 196, 197, 200, 201.
Stassova Hélène : II, 183.
Steinlen : I, 17, 45, 74, 80.
Stern J. L. : I, 119.
Stinnes : I, 136, 138.
Stössinger Félix : I, 24.
Stresemann : I, 137.
Sturzo (don) : I, 163, 170.
Sun Fo : II, 163.
Sun Yat Sen : II, 147, 149, 150, 151, 157, 163, 183.
Supervielle Jules : II, 63.
Sverdlov : I, 110. II, 195.
Szamuely Taibor : I, 75.
Tagore Rabindranah : I, 14, 71.
Taihade Laurent : I, 17, 20, 21.

Taine Hippolyte : I, 186, 188.
Talheimer August : I, 140.
Tan Ping Shan : II, 148, 170.
Tan Shen Shi : II, 162.
Tang Pin San : II, 165.
Tanguy Yves : II, 98.
Tarrasov-Rodianov, Alexandre : I, 218.
Tatline : I, 97
Tchang Kaï Chek : II, 147, 149, 151, 152, 153, 155, 156, 157, 158, 159, 161, 162, 163, 164, 166, 168.
Tchang Tso Lin : II, 163.
Tchen Dou Siou : II, 168.
Tchitcherine : I, 61, 63, 157. II, 132.
Teilhard de Chardin : I, 244.
Tharaud : I, 167.
Thiers : I, 188.
Thirion André : II, 71, 73, 172, 173, 174.
Thomas Albert : I, 51, 81
Thorez Maurice : I, 182. II, 68.
Tiedt Karl : I, 24.
Tikhonov : I, 218, 223.
Tobler : I, 237, 239, 241.
Tohoujak : I, 237.
Tolstoï : I, 61, 95, 104, 214, 225.
Tomsky Mikhaïl : II, 120, 121.
Torres Henri : I, 16, 92. II, 177.
Travaux J. : I, 119.
Tréat Francis (pseudonyme de Tréat Ida) : I, 24, 126, 138, 159, 244.
Tréat Ida : I, 138, 244.
Trebitsch Michel : II, 107.
Treint Albert : I, 129, 151, 152, 171. II, 135.
Trétiakov Serge : I, 222.
Trotsky Léon : I, 21, 61, 75, 113, 135, 140, 148, 181, 208, 210, 211, 212, 217, 223, 224, 225, 227, 245, 246, 248, 254. II, 47, 121, 122, 128, 129, 130, 145, 148, 149, 154,

155, 158, 164, 167, 168, 170, 172, 173, 174, 178, 179, 180, 181, 182, 183, 184, 185, 186, 187, 190, 193, 195, 197, 201, 205.
Tzara Tristan : I, 93, 104.
Uitz Bela : I, 201, 202, 203, 206.
Unik Pierre : II, 45, 98, 101.
Uter : I, 202.
Utrillo Maurice : I, 201.
Vaillant Couturier Paul : I, 13, 14, 16, 17, 20, 21, 22, 25, 32, 33, 34, 35, 36, 39, 40, 41, 42, 45, 46, 47, 57, 60, 61, 62, 67, 72, 73, 77, 79, 80, 91, 92, 97, 119, 121, 126, 128, 129, 130, 131, 133, 138, 140, 148, 157, 158, 160, 173, 177, 185, 207, 244. II, 39, 45, 68, 69, 72, 76, 80, 118, 140, 182, 207, 209, 211, 217.
Valéry Paul : I, 106, 184. II, 65, 108.
Valois Georges : I, 149, 165, 166, 167, 168.
Varagnac André (pseudonyme de Georges Michael) : I, 71, 142.
Vardine Ilya : I, 210, 211, 212, 213, 218.
Vasconcellos (de) Faria : I, 237, 239, 241.
Velde, (de) van Henri : I, 23.
Verfeuil Raoul : I, 130.
Vergeat : I, 53.
Verger E. : I, 92.
Verhaeren Emile : I, 183.
Vernolles : I, 202.
Viau (de) Théophile : I, 184.
Victor-Emmanuel : I, 163.
Vidal Annette : I, 87, 89, 90.
Vidal E. : I, 16.
Vidal Georges : I, 16. II, 117.
Vidal de la Blache Paul : I, 93.
Vigny Alfred : I, 187. II, 17.
Vildrac Charles (pseudonyme de Charles Messager) : I, 14, 18, 33, 76, 81, 82, 99, 172, 182, 184.

Vilensky-Sibiriakov : II, 164.
Villain : I, 147.
Vital G. : II, 118.
Vlaminck (de) Maurice : I, 201.
Voline B. : I, 218.
Volochine : I, 218.
Voltaire : II, 108.
Voronsky Alexandre : I, 208, 209, 211, 213, 223, 224.
Vrbensky B. : I, 24.
Vuillard : I, 201.
Wallace Abright Arthur : II, 131.
Wang Chin Wei : II, 149.
Wang Iung Wie : II, 153.
Wang Jing Wei : II, 161, 162.
Weissman Susan : I, 137.
Wells H. G. : I, 17, 24.
Werth Léon : I, 14, 18, 81.
Whitman Walt : I, 75, 192.
Williams Robert : I, 24. II, 168.
Wilson : I, 19, 20, 27, 28, 65, 74, 157.
Wittelsbach : I, 134.
Wolf F. : II, 154.
Wolfe Betram D. (pseudonyme de Wallace Abright Arthur) : II, 132.
Wullens Maurice : I, 181, 192. II, 10.
Yé Sing : II, 165.
Yuan Che Kaï : II, 146.
Zadkine : I, 201.
Zaitsev B. : I, 181.
Zamiatine Eugène : I, 208, 210, 213.
Zangwill Israël : I, 14, 17, 24.
Zech Paul : I, 24.
Zeigner Erich : I, 135.
Zelensky : I, 209.

DEUXIÈME PARTIE (suite)
CLARTÉ **DÉCEMBRE 1924-JUIN 1926** 3
   Chapitre XI 5
      Contre Maurice Barrès et Anatole France 5
      « Barrès, fossoyeur et faussaire » 5
      « Anatole France, social-démocrate, social-traître, social-chauvin » 8
      Vers un rapprochement clartéistes-surréalistes 11
      La polémique Aragon-Bernier 12
   Chapitre XII 17
      Pour une entente entre clartéistes et surréalistes : le rôle de Jean Bernier et Victor Crastre 17
      La seconde crise de *Clarté*, octobre 1925 22
   Chapitre XIII 32
      La guerre du Maroc 32
      L'appel d'Henri Barbusse 39
      « La révolution d'abord et toujours » 41
      Vers une action commune 44
   Chapitre XIV 57
      La Guerre civile 57
      La polémique André Breton-Pierre Naville 58
   Chapitre XV 68
      L'hostilité du PCF 68
   Chapitre XVI 73
      Les conflits de personnes (Marcel Fourrier, André Breton, Jean Bernier) . 73

TROISIÈME PARTIE
CLARTÉ **JUIN 1926-JANVIER 1928** 83
   Chapitre I 85
      Clarté, juin 1926 85
   Chapitre II 91
      Les surréalistes 91
   Chapitre III 112
      La guerre du Maroc et l'échec de la révolution rifaine 112
      Contre l'impérialisme et le militarisme français 113
      La grève des mineurs anglais 119
      Rationalisation et crise du capitalisme international 123
      L'impérialisme américain 128
      Les dangers de guerre contre la Russie 132
   Chapitre IV 137
      La critique du « Jésus » d'Henri Barbusse 137
      La mise en accusation d'Henri Barbusse 140
   Chapitre V 146
      La révolution chinoise 146
      L'analyse de Marcel Fourrier 150
      L'étude de Victor Serge 153

Chapitre VI 172
    La publication de l'ouvrage de Léon Trotsky : « Vers le capitalisme ou vers le socialisme » 172
Chapitre VII 175
    La stabilisation du capitalisme 175
Chapitre VIII 177
    Voyage de Pierre Naville en Russie 177
Chapitre IX 185
    De retour de Russie 185
Chapitre X 193
    Les problèmes économiques de la Russie 193
    La fin de *Clarté* 205
    Conclusion générale 206

LISTE DES SIGLES **219**

BIBLIOGRAPHIE **220**
    Sources primaires 220
    Etudes ou essais politiques, historiques, sociologiques 221
    Ouvrages d'histoire littéraire et artistique 224

INDEX DES NOMS DE PERSONNES **229**

Henri Barbusse, soldat.

Paul Vaillant Couturier, Henri Barbusse, Raymond Lefebvre, fondateurs de *Clarté*.

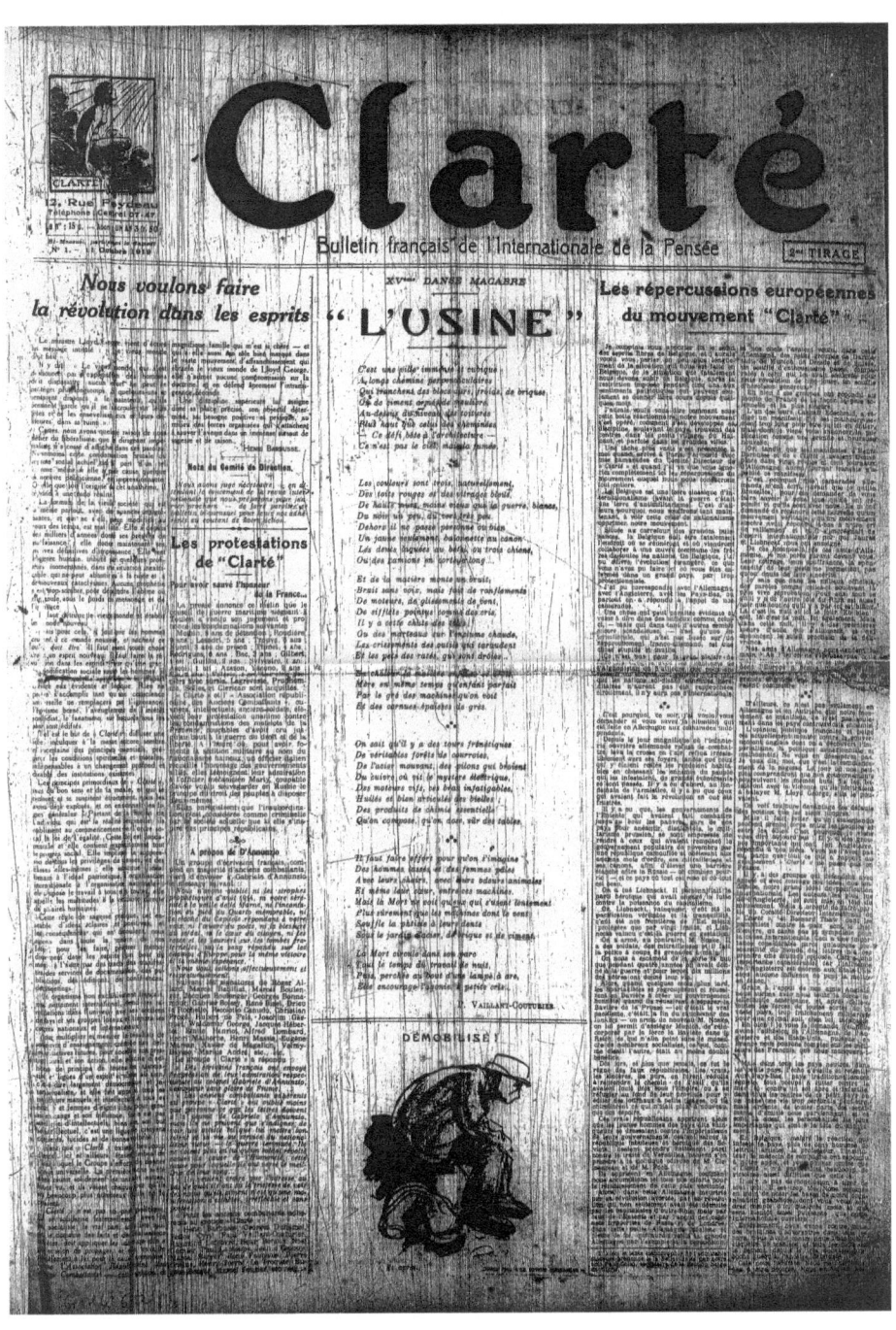

Le journal *Clarté*, Nous voulons faire la révolution dans les esprits, n° 1, 11 octobre 1919.

La délégation française à Moscou en juillet-août 1920 : de gauche à droite, Lepetit, Raymond Lefebvre, Marcel Vergeat. Au côté de Vergeat, Rakovsky.

Le journal *Clarté,* Souvenez-vous ! Aujourd'hui plus que jamais…n°28, 7 août 1920.

Couverture de la revue *Clarté*, n° 36, 10 mai 1923.

Couverture de la revue *Clarté*, n° 41, 15 août 1923.

Couverture de la revue *Clarté*, n° 37, juin 1923.

Couverture de la revue *Clarté*, n° 46, 1er novembre 1923.

Morts pour tuer la guerre. *Clarté*, n° 63, 1924.

Rien n'empêche que ce qui est beau lui apparaisse plus que beau, et que sa chanson ne tremble de bas en haut.
— Ferme ! soufflent et grondent les camarades.

Ce qui subsistait en lui, du soldat dressé au travail nocturne, lui permettait de supputer qu'il n'y avait pas de danger immédiat : on était encore bien loin des premières lignes, et, du reste, l'officier continuait à commander en personne le détachement, ce qu'il cessait toujours de faire à un moment donné. Mais aussi, comme je l'ai dit, c'était plus fort que lui. Il ne pouvait plus rester désormais collé au silence comme un écolier puni. Il était en proie à la simplicité de son cœur, et sa voix chantait toute seule, sans daigner se rendre compte du lieu et de l'heure.

Alors, tous ceux qui étaient là, eurent peur de cet homme étrange à la voix inextinguible. On était trop loin pour le renvoyer. Les ombres s'arrêtèrent en désordre, en proie à la panique.

— Faites-le taire, n'importe comment ! dit l'officier en tremblant, sans doute de fureur — à l'adjudant.

L'adjudant rentra le cou, grogna et s'enfonça furieusement dans le noir, — et bientôt un grand silence, un silence universel, retomba sur la plaine.

A l'aube, l'adjudant ramena la corvée dans la tranchée et se trouvant face à face avec le capitaine, lui dit :

— Il en manque un.

— C'est embêtant, dit le capitaine qui tenait à ses hommes.

Il remarqua du sang sur le galon du sous-officier.

— Vous êtes blessé ?

— Non, mon capitaine, au contraire, c'est mon couteau.

— Ah très bien ; dit le capitaine, pressentant quelque prouesse.

Dessin de Luc-Albert Moreau, tiré du Crapouillot, *Clarté*, n° 18, 1921-1922.

LES ENCHAÎNEMENTS

(Suite)

Nos lecteurs ont pu, par nos précédents extraits, se faire une idée de la succession historique des Enchaînements, *dont il nous est impossible, étant donné l'importance, de donner des coupures séparées et raccordées artificiellement les unes aux autres.*

Voici, aujourd'hui, le début d'un chapitre capital du livre, celui où Clément Trachel revit la guerre.

Ce qui fut, sera

(Dessin de Otto Dix)

Je suis étendu au milieu du bourdonnement. Ce qui reste des cercles du jour est écrasé en bas du ciel. Je suis près d'eux et loin d'eux comme toujours. Je pense au mystère mondial de la Passion, au grand jeu des Pauvres, à la chose shakespearienne faite par l'histoire universelle.

Tout ce qui fut fait sera refait. Je ferme à demi les yeux sur cette genèse. La guerre et l'homme à travers. Le drame d'un homme contre la guerre. Un homme, moi, le point central, moi le résultat des durées. Je suis le recommencement.

•

La lune s'était éteinte. La nuit s'étendait à mes pieds, et tout l'abîme noir sursautait d'éclairs sourds.

Après des heures étouffantes et lancinantes de machine à écrire, au Poste de Commandement, sous la poire électrique coupée crue, j'avais lâché un instant ma besogne de scribe ; par la petite porte du baraquement, je m'étais engouffré dans l'espace, et j'étais là, penché sur l'étendue nocturne, rafraîchi par le vent infini. Des hauteurs de la butte de glaise qu'on appelait le Perron et où se dissimulait le Poste de Commandement du Corps d'Armée, je dominais sans la voir cette longue vallée du Clénarcisse parcourue d'un grondement spacieux et semée de météores.

Çà et là, à la lueur instantanée des obus ou des batteries aux flammes coupées, quelques points épars du contour immense au bord duquel j'étais juché, apparaissaient, puis retombaient dans l'ombre... des fragments de l'horizon en un chaos tonitruant et blafard ; et, parallèles à l'horizon, des tronçons polis de la rivière foudroyée au fond du gouffre ; les vagues ossements d'une maison proche ou d'agglomérations lointaines, blanchis par les brusques clartés disparaissantes ; et parfois les filaments phosphorescents d'un carrefour de routes, noyés ensuite dans les profondeurs avec une rumeur d'échos.

Par moments, une rafale ininterrompue roulait à l'horizon, et maintenait quelques secondes, comme au cinématographe, un écran de pâles glaciers.

A gauche — à l'ouest, puisque j'étais au nord — des fusées appelaient les regards, et sifflaient. Les tiges feuillues de feu, s'étiraient avec précipitation, se mêlaient, s'incurvaient, et jetaient à la volée leurs lustres d'étincelles rouges et vertes, où laissaient aller le point bleu aveuglant de leur planète de magnésium environnée de mousselines belles comme le jour. Ce feu d'artifice silhouettait, en un portant de décor d'un noir intense, la rondeur

Les Enchaînements d'Henri Barbusse, illustration d'Otto Dix, *Clarté*, n° 67, 1924.

Au Riff, on coupe les têtes des « rebelles »

A Damas, on pend les « bandits druses » (Photo Wide-World).

La « paix française » : au Rif, on coupe les têtes des « rebelles » ; à Damas, on pend les « bandits druzes ». *Clarté,* n° 1, 15 juin 1926.

Victor Serge à Moscou.

Léon Trotsky, *Clarté*, n° 15, novembre 1927.

Pierre Naville à l'époque de *Clarté*.
Coll. CEDIAS-Musée social/Fonds Naville.

L'Harmattan, Italia
Via Degli Artisti 15; 10124 Torino

L'Harmattan Hongrie
Könyvesbolt ; Kossuth L. u. 14-16
1053 Budapest

L'Harmattan Burkina Faso
Rue 15.167 Route du Pô Patte d'oie
12 BP 226 Ouagadougou 12
(00226) 76 59 79 86

Espace L'Harmattan Kinshasa
Faculté des Sciences sociales,
politiques et administratives
BP243, KIN XI ; Université de Kinshasa

L'Harmattan Congo
67, av. E. P. Lumumba
Bât. – Congo Pharmacie (Bib. Nat.)
BP2874 Brazzaville
harmattan.congo@yahoo.fr

L'Harmattan Guinée
Almamya Rue KA 028, en face du restaurant Le Cèdre
OKB agency BP 3470 Conakry
(00224) 60 20 85 08
harmattanguinee@yahoo.fr

L'Harmattan Côte d'Ivoire
M. Etien N'dah Ahmon
Résidence Karl / cité des arts
Abidjan-Cocody 03 BP 1588 Abidjan 03
(00225) 05 77 87 31

L'Harmattan Mauritanie
Espace El Kettab du livre francophone
N° 472 avenue du Palais des Congrès
BP 316 Nouakchott
(00222) 63 25 980

L'Harmattan Cameroun
BP 11486
Face à la SNI, immeuble Don Bosco
Yaoundé
(00237) 99 76 61 66
harmattancam@yahoo.fr

L'Harmattan Senegal
« Villa Rose », rue de Diourbel X G, Point E
BP 45034 Dakar FANN
(00221) 33 825 98 58 / 77 242 25 08
senharmattan@gmail.com

581780 - Octobre 2014
Achevé d'imprimer par